# 汽车电气设备结构与拆装

主　编　张世军
副主编　马　丽　孙春玲
　　　　唐　毅　张艳飞
参　编　薛瑞玲
主　审　王国林

"互联网+"教材

全书富媒体资源

北京理工大学出版社
BEIJING INSTITUTE OF TECHNOLOGY PRESS

## 内 容 简 介

"汽车电气设备结构与拆装"是汽车类专业教学体系中的一门专业必修课程。本书系统介绍了汽车电气设备的结构、原理、性能及拆装方法，内容选取注重理论与实践相结合，按照基于工作过程的情境教学组织教材，重点突出学生实践技能的培养，内容全面，实用性强。

本书分为10个学习任务，内容主要有汽车电源系统、起动系统、照明与信号系统、仪表与报警系统、辅助电气设备、空调系统、防盗系统、安全气囊、车载网络系统、全车线路，内容新颖，浅显易懂。

本书可作为高职高专汽车运用技术、汽车电子技术、汽车检测技术、汽车整形技术、汽车定损与评估技术、汽车技术服务与营销等专业教学用书，也可作为从事汽车相关工作的工程技术人员参考用书。

**版权专有　侵权必究**

### 图书在版编目（CIP）数据

汽车电气设备结构与拆装／张世军主编．—北京：北京理工大学出版社，2019.2（2023.1重印）
　ISBN 978－7－5682－6573－7

Ⅰ.①汽…　Ⅱ.①张…　Ⅲ.①汽车-电气设备-结构　②汽车-电气设备-装配（机械）　Ⅳ.①U463.6

中国版本图书馆CIP数据核字（2018）第297789号

| | |
|---|---|
| 出版发行 / | 北京理工大学出版社有限责任公司 |
| 社　　址 / | 北京市海淀区中关村南大街5号 |
| 邮　　编 / | 100081 |
| 电　　话 / | （010）68914775（办公室） |
| | （010）82562903（教材售后服务热线） |
| | （010）68944723（其他图书服务热线） |
| 网　　址 / | http://www.bitpress.com.cn |
| 经　　销 / | 全国各地新华书店 |
| 印　　刷 / | 三河市天利华印刷装订有限公司 |
| 开　　本 / | 787毫米×1092毫米　1/16 |
| 印　　张 / | 16 |
| 字　　数 / | 373千字 |
| 版　　次 / | 2019年2月第1版　2023年1月第5次印刷 |
| 总 定 价 / | 48.00元 |
| 责任编辑 / | 多海鹏 |
| 文案编辑 / | 多海鹏 |
| 责任校对 / | 周瑞红 |
| 责任印制 / | 李志强 |

图书出现印装质量问题,请拨打售后服务热线,本社负责调换

# 编审委员会

**主　任**　王建良
**副主任**　王福忠　丁在明　张宏坤
**委　员**　刘文国　李　勇　冯益增
　　　　　许子阳　张世军　崔　玲
　　　　　孙静霞

# 前 言
PREFACE

《汽车电气设备结构与拆装》一书是根据教育部高职高专示范院校教材建设要求，围绕培养高素质技能型人才的目标，以能力为本位，以工作过程为导向而编写的。该书可供高职高专汽车类相关专业教学使用，也可作为从事汽车相关工作的工程技术人员参考用书。

全书分为10个学习任务，内容主要有汽车电源系统、起动系统、照明与信号系统、仪表与报警系统、辅助电气设备、空调系统、防盗系统、安全气囊、车载网络系统、全车线路。内容选取注重理论与实践相结合，按照基于工作过程的情境教学组织教材，按照企业岗位需求设置教材重点，强化学生实践技能的培养。编写中坚持"实际、实践、实用、够用"的原则，遵循"宽、新、浅、用"的要求，"宽"是知识面宽，适用车型广；"新"是新车型、新知识、新技术、新工艺、新方法；"浅"是以够用为度，通俗易懂；"用"是注重实用。

全书由山东交通职业学院张世军担任主编，山东交通职业学院马丽、孙春玲、唐毅、张艳飞担任副主编，山东潍坊宝利汽车有限公司薛瑞玲参与了编写工作。其中，绪论、学习任务1和学习任务9由孙春玲编写，学习任务2和学习任务6由张世军编写，学习任务3和学习任务4由张艳飞编写，学习任务5由唐毅编写，学习任务7、学习任务8和学习任务10由马丽、薛瑞玲编写。

本书在编写过程中参阅了大量国内外公开出版的教材和发表的论文文献资料，同时得到了山东交通职业学院东风标致雪铁龙培训中心的大力支持，在此一并表示感谢。由于时间仓促，加之水平有限，错误和不妥之处在所难免，敬请读者提出宝贵意见并批评指正。

编 者

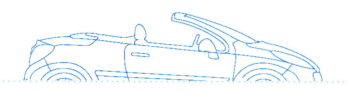

# 目 录

**绪论** ............................................................. 001
 工作情境 ........................................................ 001
 学习目标 ........................................................ 001
 一、知识准备 .................................................... 001
  （一）汽车电气设备的发展状况 ................................ 001
  （二）汽车电气设备的组成 .................................... 002
  （三）汽车电气设备的基本特点 ................................ 003
 二、本课程的性质、任务和重要性 .................................. 004

**学习任务 1　汽车电源系统结构与拆装** ............................. 005
 工作情境 ........................................................ 005
 学习目标 ........................................................ 005
 一、知识准备 .................................................... 005
  （一）电源系统概述 .......................................... 005
  （二）蓄电池 ................................................ 006
  （三）交流发电机 ............................................ 010
  （四）电压调节器 ............................................ 019
  （五）电源系统电路 .......................................... 022
 二、任务实施 .................................................... 024
  项目（一）电源系统的组成 .................................... 024
  项目（二）蓄电池的就车拆装 .................................. 027
  项目（三）交流发电机的就车拆装 .............................. 029
  项目（四）交流发电机的解体与装配 ............................ 031
 三、拓展学习 .................................................... 035

**学习任务 2　汽车起动系统结构与拆装** ............................. 037
 工作情境 ........................................................ 037
 学习目标 ........................................................ 037

　　一、知识准备 ·········································································· 037
　　　（一）起动系统概述 ····························································· 037
　　　（二）起动机 ········································································ 039
　　　（三）起动系统的控制电路 ·················································· 044
　　二、任务实施 ·········································································· 047
　　　项目（一）起动机的就车拆装 ············································· 047
　　　项目（二）起动机的解体与装配 ········································· 049
　　三、拓展学习 ·········································································· 052

**学习任务 3　汽车照明与信号系统结构与拆装** ······························· 056

　　工作情境 ················································································ 056
　　学习目标 ················································································ 056
　　一、知识准备 ·········································································· 056
　　　（一）汽车灯系的组成和作用 ············································· 056
　　　（二）前照灯 ········································································ 058
　　　（三）转向灯与危险报警灯 ·················································· 066
　　　（四）制动信号装置 ··························································· 069
　　　（五）倒车信号装置 ··························································· 070
　　　（六）喇叭 ·········································································· 071
　　二、任务实施 ·········································································· 074
　　　项目　前照灯的就车拆装 ···················································· 074
　　三、拓展学习 ·········································································· 077

**学习任务 4　汽车仪表与报警系统结构与拆装** ······························· 079

　　工作情境 ················································································ 079
　　学习目标 ················································································ 079
　　一、知识准备 ·········································································· 079
　　　（一）概述 ·········································································· 079
　　　（二）汽车仪表 ··································································· 080
　　　（三）报警装置 ··································································· 085
　　二、任务实施 ·········································································· 089
　　　项目（一）组合仪表的拆装 ·················································· 089
　　　项目（二）机油压力传感器的拆装 ········································ 093
　　三、拓展学习 ·········································································· 094
　　　（一）电子仪表的特点及组成 ············································· 094
　　　（二）电子仪表的显示器件 ·················································· 095

（三）电子仪表的传感器 ·············································································· 095

## 学习任务 5　汽车辅助电气设备结构与拆装 ········································· 097

　工作情境 ······························································································· 097
　学习目标 ······························································································· 097
　一、知识准备 ·························································································· 097
　　（一）风窗刮水器 ·················································································· 097
　　（二）电动车窗 ······················································································ 104
　　（三）中控门锁 ······················································································ 107
　　（四）电动座椅 ······················································································ 109
　　（五）电动后视镜 ·················································································· 114
　二、任务实施 ·························································································· 117
　　项目（一）车锁锁芯的拆装与更换 ··························································· 117
　　项目（二）后视镜的拆装与更换 ······························································· 119
　三、拓展学习 ·························································································· 122
　　（一）可加热电动后视镜 ········································································ 122
　　（二）自动防炫目后视镜 ········································································ 122
　　（三）运动座椅 ······················································································ 122
　　（四）刮水片 ························································································· 123

## 学习任务 6　汽车空调系统结构与拆装 ················································· 124

　工作情境 ······························································································· 124
　学习目标 ······························································································· 124
　一、知识准备 ·························································································· 124
　　（一）概述 ····························································································· 124
　　（二）空调制冷系统 ··············································································· 126
　　（三）空调暖风系统 ··············································································· 135
　　（四）空调调节系统 ··············································································· 137
　　（五）空调空气净化系统 ········································································ 140
　　（六）空调控制系统 ··············································································· 141
　二、任务实施 ·························································································· 145
　　项目（一）空调压缩机的就车拆装与分解 ················································ 145
　　项目（二）储液干燥器的拆装 ·································································· 150
　　项目（三）制冷管路的拆装 ····································································· 150
　　项目（四）冷凝器的拆装 ········································································ 150
　　项目（五）膨胀阀的拆装 ········································································ 150

| | |
|---|---|
| 项目（六）蒸发器的拆装与分解 | 151 |
| 三、拓展学习 | 151 |
| （一）空调自动控制系统的组成 | 151 |
| （二）传感器 | 152 |
| （三）空调电控单元 | 153 |

## 学习任务 7　汽车防盗系统结构与拆装　155

工作情境　155
学习目标　155
一、知识准备　155
　（一）汽车防盗系统的种类　155
　（二）汽车防盗系统的组成　156
　（三）汽车防盗系统主要部件的结构与原理　157
二、任务实施　161
　项目　汽车防盗器的安装　161
三、拓展学习　164

## 学习任务 8　安全气囊结构与拆装　165

工作情境　165
学习目标　165
一、知识准备　165
　（一）安全气囊的类型　166
　（二）对安全气囊的要求　166
　（三）安全气囊的工作过程　167
　（四）安全气囊系统的组成　168
　（五）典型车型安全气囊的电路图　172
二、任务实施　173
　项目　方向盘安全气囊的拆装　173
三、拓展学习　176

## 学习任务 9　车载网络系统结构与拆装　177

工作情境　177
学习目标　177
知识准备　177
　（一）车载网络系统的概念　177
　（二）车载网络可用的传输介质　178

（三）车载网络的分类 …… 180
（四）CAN 总线 …… 180
（五）LIN 总线 …… 182
（六）MOST 总线 …… 183

## 学习任务 10　全车线路结构与拆装 …… 185

工作情境 …… 185
学习目标 …… 185
一、知识准备 …… 185
　（一）汽车电路元件 …… 185
　（二）汽车电路图的种类 …… 190
　（三）汽车电路图中的符号 …… 193
　（四）汽车电路识图方法 …… 194
　（五）汽车电路识图实例 …… 196
二、拓展学习 …… 197

**参考文献** …… 198

# 绪　论

　　一位顾客到 4S 店准备买一辆东风标致 307 汽车，4S 店的销售人员将首先为他介绍该车型的电气设备系统，试问：如果你是销售人员，该如何介绍？

　　通过本任务的学习，应能：
　　1. 叙述汽车电气设备的发展概况；
　　2. 熟悉汽车电气设备的组成及特点。

## ✦ 一、知识准备

　　汽车的发展给人类生活以及整个世界都带来了巨大的变化，汽车电气设备已成为汽车上越来越重要的组成部分。汽车电气设备的结构是否合理、性能是否优良、技术状况是否正常等，对汽车的动力性、经济性、安全性、可靠性、舒适性和排放水平有着越来越重要的影响。随着人们对汽车在高速、灵活、专用、可靠、自动、安全、经济、排放等方面要求的提高，加之电子工业特别是大规模集成电路和计算机技术的飞速发展，汽车电气设备发生了巨大的变化，各个系统在结构方面向轻量化、小型化方向发展，在性能方面向免维护（或少维护）、长寿命、高可靠性方向发展。机电一体化、高性能、智能化已成为汽车电气设备的发展趋势。

### （一）汽车电气设备的发展状况

　　自汽车问世以来，在很长一段时间内其技术发展主要表现在机械设备的更新换代。20世纪 50 年代以后，随着电子技术的发展、社会的需求、相关法规的推动，汽车电子技术的运用与发展已成为汽车技术发展的主流和趋势。

　　汽车电气设备主要经历了三个迅速发展的阶段。

　　（1）在汽车发展的最初阶段，汽车上除点火系统以外几乎没有电气设备。点火系统也只是采用磁电机点火方式，汽车的安全性无法得到保证，直到美国通用汽车公司在 1910 年发明了蓄电池点火系统和电气起动系统，才使汽车在安全性和操纵性方面有了明显的改善，汽车电气设备从此进入了第一个迅速发展阶段。

（2）汽车电气设备的第二个迅速发展阶段是 20 世纪 60 年代初至 70 年代末，其主要特征是电子装置代替机械部件。由于点火系统对汽油机的动力性、经济性、可靠性和排放水平等有直接影响，因此，其在整个电气系统中变化较快，也反映着各种先进技术在汽车上的应用水平。1960 年，二极管整流技术将交流电变为直流电，交流发电机得到广泛应用，减小了发电机的质量和体积，提高了发电机的可靠性。之后，电子式电压调节器逐步替代了传统的触点式电压调节器，使发电机输出的电压更加稳定，并大大减少了维护的工作量。1973 年前后，美国三大汽车制造厂开始广泛使用完全由晶体管控制的点火系统——普通电子点火系统，它不但改善了发动机的动力性、经济性，还大大提高了发动机工作的可靠性，减少了发动机的有害物排放量。

（3）汽车电气设备的第三个迅速发展阶段是 20 世纪 70 年代末，其主要特征是微机开始在汽车上获得应用，并实现了对诸多功能的集中控制。主要表现在三个方面：一是部分电气设备实现微机控制；二是发动机和底盘上的许多机械部分实现微机控制；三是微机控制新设备不断出现。

汽车电气设备的发展极大地提高了汽车的动力性、经济性、安全性、可靠性和舒适性，降低了排放水平，给人类带来了巨大的经济效益和社会效益。

### （二）汽车电气设备的组成

现代汽车电气设备的种类和数量很多，但总的来说，可以分为三大部分，即电源、用电设备和全车电路及配电装置。

**1. 电源**

汽车电源包括蓄电池、发电机及调节器。蓄电池的作用是发动机不工作时向起动机及其他用电设备供电。发动机起动后，发电机作为电源向用电设备供电，同时也给蓄电池充电。调节器的作用是在发电机工作时，保持其输出电压的稳定性。

**2. 用电设备**

（1）起动系统。

起动系统主要包括起动机及其控制电路，其作用是起动发动机。

（2）点火系统。

点火系统用来产生电火花，点燃汽油机中的可燃混合气。其结构主要包括点火线圈、点火器、分电器、火花塞等。

（3）照明系统。

照明系统包括车外和车内的照明灯具，用来提供车辆安全行驶的必要照明。

（4）信号装置。

信号装置包括音响信号和灯光信号两类，用来提供行车所必需的信号。

（5）仪表及报警装置。

仪表及报警装置用来监测发动机及汽车的工作情况，使驾驶员能够通过仪表、报警装置及时监视发动机和汽车运行的各种参数及异常情况，确保汽车正常运行。其主要包括车速里程表、发动机转速表、水温表、燃油表、电压（电流）表、机油压力表、气压表和各种报警灯等。

(6)辅助电气设备。

辅助电气设备包括风窗电动刮水器、风窗洗涤器、空调系统、汽车视听设备、车窗玻璃电动升降器、电动座椅、电动天窗、电动后视镜等。车用辅助电气设备有日益增多的趋势，主要向舒适、娱乐、保障安全等方面发展。一般车辆的豪华程度越高，辅助电气设备就越多。

(7)汽车电子控制系统。

汽车电子控制系统主要是指利用微机控制的各个系统。

随着汽车电子技术的不断发展，越来越多的电子设备将应用于汽车上，以提高汽车的安全性、舒适性和方便性。

### 3. 全车电路及配电装置

全车电路及配电装置包括中央接线盒、保险装置、继电器、电气线束及插接件、电路开关等，它们使全车电路构成一个统一的整体。

现代汽车所采用的电控系统越来越多，所占的比例也越来越大，且汽车电控系统往往自成系统，将电子控制与机械装置相结合，形成了较为典型的机电一体化系统。因此，本教材重点涉及传统汽车电气设备中的电子控制装置及电路，不涉及诸如电控燃油喷射、电子点火系统、电控自动变速器、制动防抱死系统等，这些微机控制系统将在发动机和底盘的教材中予以介绍。

## （三）汽车电气设备的基本特点

与普通电气设备相比，汽车电气设备具有以下特点。

### 1. 两个电源

发电机为主电源，提供汽车运行时各用电设备的用电；蓄电池为辅助电源，主要提供发动机起动时的用电。各用电设备均与蓄电池、发电机并联。

### 2. 低压直流电

蓄电池作为汽车上的电源之一，始终是直流电，主要在发动机起动时为起动机供电。蓄电池电放完后必须由直流电源对其进行充电，因此，汽车上的发电机必须输出直流电。

汽车电气系统的额定电压一般为直流 12 V 和 24 V。目前，汽车上普遍采用 12 V 电源，重型柴油机多采用 24 V 电源。

随着汽车上电气设备的增多，电气负荷越来越大，要求汽车采用能量大、体积小的电源。目前，已有汽车公司在研究使用 36 V、42 V 新型电源的课题。从效率的角度考虑，使用 42 V 电压系统，有利于减小电流，进而减小能量损耗，并且能够减小所需电子设备的体积，节省空间。

### 3. 并联双线或单线

汽车上的用电设备采用并联电路，以保证各支路的电气设备相互独立控制。用电设备与电源的连接一般有两条导线：公共的火线和公共的零线。

所谓单线连接，是指汽车上用电设备的正极均采用导线相互连接且与蓄电池的正极相连，而所有负极则直接或间接通过导线与车身金属部分连接，使汽车车身的金属机体作为一条公共的导线，从而达到节约导线，使电气线路简单、安装维修方便的目的。

所谓双线制，是现代轿车为了保证电子控制系统工作的可靠性，要求线路的搭铁良好，而对电气部件采用专门的搭铁线来连接。

**4. 负极搭铁**

汽车车身的金属机体作为公共的导线，在接线时电源的某极必须与金属机体相连，这样的连接称为搭铁。对于直流电来说，电气系统的正极或负极均可作为搭铁极，但按照国际通行的做法和我国国家标准 GB 2261—1971《汽车、拖拉机用电设备技术条件》的规定，汽车电气系统为负极搭铁。负极搭铁能减少蓄电池电缆铜端子在车架车身连接处的电化学腐蚀，提高搭铁的可靠性。

## 二、本课程的性质、任务和重要性

"汽车电气设备结构与拆装"是以"汽车构造""电工学"等为基础，同时又与自动化技术、计算机技术有着密切联系的一门专业课。它是汽车运用技术、汽车电子技术等专业的一门重要的、实践性很强的专业课程，同时也是学好汽车运用技术、汽车电子技术等专业其他课程的必要基础。其主要任务是讲解汽车电气设备的结构、基本工作原理、使用与维修、检测与调试、故障诊断与排除等方面的内容，为进一步学习和应用新知识、新技术打好基础。

学生通过本课程的学习，应能够正确使用汽车电气设备维修中常用的工具、设备和仪器；掌握汽车电气设备的结构、原理、使用和维修；读懂汽车电路图，学会用电路图分析汽车电路的基本工作情况；能根据具体电路进行汽车电气设备常见故障的诊断与排除；能独立地完成常用汽车电气设备的拆装与检修。

# 学习任务 1
## 汽车电源系统结构与拆装

 工作情境

王先生于 2014 年 2 月购买了一辆东风雪铁龙爱丽舍汽车,近期,早晨起动时起动机运转无力、起动困难;当车辆正常工作后熄火,再次起动,故障消失;在正常行驶中充电指示灯经常突然亮起。该车被送入 4S 店进行检修,请对车辆进行检查及维护,并排除故障。

 学习目标

通过本任务的学习,应能:
1. 正确认识铅酸蓄电池的结构,了解蓄电池的类型及型号;
2. 正确认识交流发电机的构造及主要部件之间的相互关系;
3. 分析交流发电机的工作原理及工作过程;
4. 根据维修手册,正确选用拆装工具和相应的设备,在 90 min 内安全规范地进行发电机的拆装。

 一、知识准备

### (一) 电源系统概述

汽车电气设备所使用的电源是直流电源,它来自蓄电池或发电机。由蓄电池、发电机、调节器及充电状态指示装置、开关和导线等连接而成的电气系统称为电源系统(简称电源系),如图 1-1 所示。

电源系统的工作过程如图 1-2 所示。电源系统内蓄电池和发电机是并联工作的,在发动机正常工作时,由发电机向用电设备供电并向蓄电池充电;起动时,蓄电池向起动机供电。由于发电机是由发动机通过传动带驱动旋转的,故当发动机转速变化时,发电机输出电压也会发生变化。为满足汽车用电设备及蓄电池充电恒定电压的要求,电源系统内均设置电压调节器,以保证发电机输出的电压稳定在一定范围内,防止因电压起伏过大而烧毁用电设备,而系统中的充电状态指示装置用于指示蓄电池的充放电状况。

目前,汽车上的电源系统可分为 12 V 电源系统和 24 V 电源系统,且普遍采用交流发电机与电子调节器。按电子调节器的安装方式不同,电源系统的布置形式可分为分离式和整体式两种。

近年来,随着人们对汽车乘坐舒适性、燃油经济性、排放环保性要求的日益提高,新的电气装置在汽车上广泛应用,汽车电子附件所占的比例大幅度提高,如各种电控系统(电

控喷射、电控自动变速器、电控悬架）、巡航控制、车载计算机网络等；一些电磁或电动执行器也逐渐取代了液压传动和气压传动执行器，从而大大增加了电气系统的负荷，这就要求汽车的电源系统能提供更高的电能。

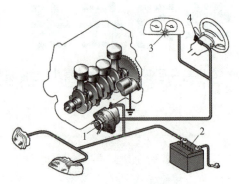

图1-1 电源系统的组成

1—发电机；2—蓄电池；3—充电指示灯；4—点火开关

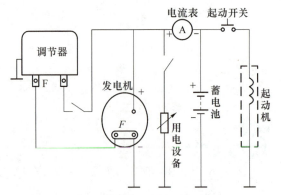

图1-2 电源系统的工作过程

## （二）蓄电池

### 1. 蓄电池的作用

（1）在起动发动机时，向起动机提供强大的起动电流，同时给点火系统、电子燃油喷射系统、仪表系统等用电设备供电。

（2）当发电机不发电或电压较低时，向交流发电机磁场绕组、点火系统以及其他用电设备供电。

（3）当发电机正常供电时，将发电机剩余的电能转换为化学能储存起来。

（4）当发电机过载时，协助发电机向用电系统供电。

（5）稳定电源电压，保护电子设备。蓄电池相当于一只大容量电容器，不仅能保持电源系统的电压稳定，而且还能吸收电路中出现的瞬时过电压，防止损坏电子设备。

### 2. 蓄电池的基本结构

蓄电池主要由极板、隔板、壳体、链条、电解液、极桩等组成，如图1-3所示。额定电压12 V的蓄电池由6个单格电池串联而成，每个单格电池的电压为2 V。

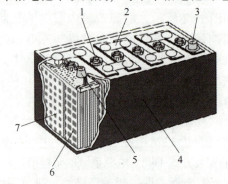

图1-3 蓄电池的基本结构

1—加液孔盖；2—链条；3—负极桩；4—壳体；5—正极桩；6—正极板；7—负极板

(1) 极板。

极板是蓄电池的核心部件,蓄电池的充放电过程是由极板上的活性物质与电解液的电化学反应来实现的。极板分正极板和负极板两种。

极板由栅架及铅膏涂料组成,其形状如图1-4所示。

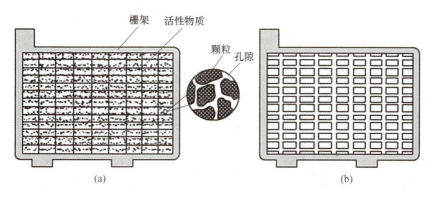

图1-4 极板的形状

(a)极板;(b)极板栅架

栅架的作用是固结活性物质,它通常由铅锑合金烧铸而成。为延长蓄电池的使用寿命,目前多采用铅-低锑合金栅架或铅-钙-锡合金栅架。

正极板上的活性物质为二氧化铅($PbO_2$),呈深褐色;负极板上的活性物质为海绵状纯铅(Pb),呈青灰色。

一片正极板和一片负极板浸入电解液中,可得到2 V左右的电动势。为增大蓄电池容量,常将多片正、负极板分别并联组成正、负极板组,如图1-5所示。

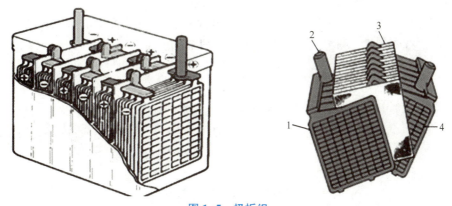

图1-5 极板组

1—正极板;2—极板同极连接片和连接点;3—隔板和玻璃纤维板;4—负极板

正极板的强度较低,因此在单格电池中,负极板总片数比正极板多一片,从而使每一片正极板都处于两片负极板之间,保持其放电均匀,且防止变形。

(2) 隔板。

为减少蓄电池的内阻和体积,正、负极板安装时应尽可能地靠近。为避免正、负极板彼此接触而造成短路,在正、负极板之间装上隔板。隔板的作用是将正、负极板隔离,防止两极板短路。

（3）电解液。

电解液由蒸馏水和 15 ℃时相对密度为 1.83~1.84 g/cm³ 的化学纯硫酸按一定比例配制而成。电解液的密度视厂家要求与当地最低气温确定，一般为 1.24~1.30 g/cm³。

电解液在蓄电池充放电化学反应中起离子间的导电作用，其纯度是影响蓄电池电气性能和使用寿命的重要因素。因此，蓄电池电解液必须符合专业标准 ZBK 84003—1989《铅酸蓄电池用电解液》的规定。工业硫酸和普通水中含铜、铁等杂质较多，会加速蓄电池自放电，故不能用于蓄电池。

图 1-6 对焊式连接结构

1—链条；2—格壁；3—隔板；4—汇流条

（4）外壳。

蓄电池外壳由电池槽和电池盖组成，其功用是盛装电解液和极板组。

目前使用的蓄电池外壳大多采用耐酸塑料，电池槽和电池盖之间采用热压工艺黏合为整体结构，其优点为体积小、质量轻、强度高、耐腐蚀。

每个单格都有一个加液孔，用于加注电解液或检测电解液密度。加液孔用螺塞或盖板密封，以防止电解液外溢。在加液孔盖上设有通气孔，以便排出化学反应所放出的气体。该通气孔在使用中应保持畅通，以防止外壳膨胀或发生事故。

（5）链条。

蓄电池各单格电池之间采用链条串联连接，如图 1-6 所示。

（6）接线柱。

蓄电池首、尾两极板组的横板上焊有接线柱，接线柱的形状有侧置式、圆锥式和 L 形 3 种，如图 1-7 所示。

 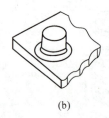 

(a) (b) (c)

图 1-7 蓄电池接线柱外形

(a) 侧置式；(b) 圆锥式；(c) L 形

接线柱分为正接线柱和负接线柱。为了便于区分，正接线柱的直径通常做得较粗，且用符号"+"或"P"表示，表面常涂红色油漆；负接线柱的直径通常做得较细，且用符号"-"或"N"表示，表面可涂成蓝色或不涂颜色。

1-1 蓄电池的结构及其原理

**3. 蓄电池的类型**

蓄电池可分为碱性蓄电池和酸性蓄电池两大类。汽车上一般采用铅酸蓄电池，其电解液为稀硫酸。根据加工工艺的不同，车用铅酸蓄电池可分为普通蓄电池、干荷电蓄电池、湿荷电蓄电池、少维护蓄电池和免维护蓄电池 5 种，下面具体介绍其中的 3 种。

（1）干荷电蓄电池。

干荷电蓄电池全称为干式荷电铅酸蓄电池，其极板在完全干燥状态下能够长期（一般为 2 年）保存化学过程中所得的电荷，在规定的保存期内，只需加注符合规定密度的电解液，静置 30 min 即可使用，无须进行初充电，它是应急的理想电源。

（2）湿荷电蓄电池。

湿荷电蓄电池全称为湿式荷电铅酸蓄电池，其极板在湿润状态下能够较长时间保存制造过程中所得的电荷。湿荷电蓄电池在存放期（6 个月）内加注标准电解液即可投入使用，其首次放电量可达额定容量的 80%。存放期在一年左右的蓄电池，加注电解液后立即放电，其放电量可达额定容量的 50%，但首次使用应先进行初充电，才能达到额定容量。

湿荷电蓄电池适用于无须长期存放的场合。

（3）免维护蓄电池。

免维护蓄电池是现代汽车广泛使用的一种新型蓄电池，其含义是：在汽车合理使用时，无须对蓄电池进行如加注蒸馏水、检查电解液面高度、检查电解液密度等内容的维护作业。免维护蓄电池表面装有视液镜，通过观察视液镜的颜色可以判断蓄电池的状态。

1-2 免维护蓄电池的结构特点

免维护蓄电池在结构和材料方面进行了改进，它与普通蓄电池相比具有以下优点：

① 使用过程中不需要加注蒸馏水；

② 自放电少，可储存 2 年以上；

③ 耐过充电性能好，在相同充电电压和温度下，过充电电流小。充足电时，电流接近于零，而普通蓄电池充足电时，始终保持 1.1 A 的电流，因而减少了免维护蓄电池内电解液的消耗。

④ 使用寿命长，一般可用 4 年左右，为普通蓄电池的 2 倍多。

⑤ 具有较高的冷起动放电率。

### 4. 蓄电池的型号

按机械工业部 JB 2599—1985《铅蓄电池产品型号编制方法》标准规定，铅酸蓄电池的型号由三部分组成，各部分之间用"-"分开，型号内容及排列情况如图 1-8 所示。

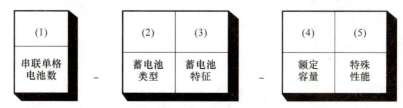

图 1-8 铅酸蓄电池型号内容及排列情况

如型号 6-QA-60 代表额定电压 12 V、额定容量 60 A·h 的起动型干荷电铅酸蓄电池。蓄电池型号的含义见表 1-1。

表1-1 蓄电池型号的含义

| 第一部分 | 第二部分 | | 第三部分 | |
|---|---|---|---|---|
| 串联的单格电池数 | 蓄电池的类型 | 蓄电池的特征 | 蓄电池的额定容量 | 蓄电池的特殊性能 |
| 用阿拉伯数字表示 | 用大写的汉语拼音字母表示：<br>如：Q—起动用蓄电池；<br>N—内燃机车用蓄电池；<br>M—摩托车用蓄电池 | 用大写的汉语拼音字母表示：<br>如：A—干荷电蓄电池；<br>H—湿荷电蓄电池；<br>W—免维护蓄电池；<br>B—薄型极板；<br>无字母—普通蓄电池 | 20 h放电率的额定容量，单位为A·h，单位可略去不写 | 用大写的汉语拼音字母表示：<br>如：G—高起动率；<br>D—低温性能好；<br>S—塑料槽蓄电池 |

### 5. 蓄电池的工作过程

蓄电池的工作过程就是化学能与电能的转换过程。放电时将化学能转换为电能供用电设备使用；充电时将电能转化为化学能储存起来。在充足电的状态下，蓄电池的正极是二氧化铅（$PbO_2$），负极是海绵状纯铅（Pb），电解液是纯净硫酸的水溶液，完全放电后，两个极板上均变成硫酸铅。蓄电池在充放电过程中的化学反应是可逆的：

$$PbO_2 + 2H_2SO_4 + Pb \underset{充电}{\overset{放电}{\rightleftharpoons}} 2PbSO_4 + 2H_2O$$

1-3 铅酸蓄电池的工作原理1

1-4 铅酸蓄电池的工作原理2

1-5 铅酸蓄电池的性能指标

1-6 影响铅酸蓄电池性能的因素

### （三）交流发电机

发电机作为汽车运行中的主要电源，担负着向起动系统之外所有用电设备供电和向蓄电池充电的任务。目前，汽车上一般采用三相同步交流发电机，它是利用硅二极管将其定子绕组中所感应的三相交流电整流为直流电的，因此也称为硅整流交流发电机。

## 1. 交流发电机的工作原理

交流发电机由定子、转子及整流器等组成。发电机三相定子绕组按一定规律分布在发电机的定子槽中,彼此相差120°;转子是产生旋转磁场的部件。发电机发电的工作原理如图1-9所示。

1-7 交流发电机的发电原理

当转子旋转时,磁场交替地在定子铁芯中间穿过,形成一个旋转的磁场,它与固定不动的三相定子绕组之间产生相对运动,在三相定子绕组中产生了三相交流电动势,各电动势的频率相同、幅值相等、相位角相差120°。转子磁极呈马嘴形,可使三相定子绕组感应的电动势近似于正弦曲线的形状,如图1-10所示。

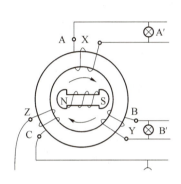

图1-9 发电机发电的工作原理

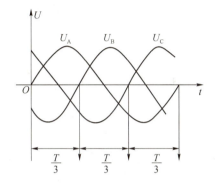

图1-10 发电机输出电压波形

## 2. 交流发电机的整流原理

交流发电机定子的三相绕组中感应产生的是交流电,而汽车上使用的是直流电。将交流电变为直流电是通过6只二极管组成的三相桥式整流电路完成的,如图1-11所示。

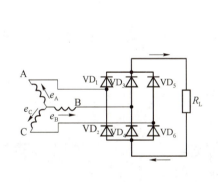

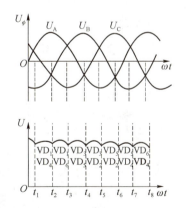

图1-11 三相桥式整流电路及电压波形

二极管具有单向导电性,当给二极管加上正向电压时,二极管导通;当给二极管加上反向电压时,二极管截止。在三相桥式整流电路中,$VD_1$、$VD_3$、$VD_5$的负极连在一起,在某一瞬间,正极电位最高的二极管导通。同样,$VD_2$、$VD_4$、$VD_6$的正极连在一起,在某一瞬间,负极电位最低的二极管导通。但同时导通的二极管总是两个,即正、负二极管各一个。

1-8 交流电发电机整流原理

**3. 交流发电机的励磁方式**

当硅二极管的正向电压小于其死区电压（约 0.6 V）时，二极管呈现较大电阻而不能导通，加上硅整流发电机磁极尺寸小，保留的剩磁很弱，所以硅整流发电机在低速时，仅靠剩磁产生的电动势（小于 0.6 V）不能使二极管导通，发电机也就不能自励（即励磁电流由发电机自己供给）发电。

硅整流发电机低速时不能发电，因此不能及时向蓄电池供给电流。为了克服这一缺点，在发电机低速运转、电压低于蓄电池电压时，采用他励方式，由蓄电池提供励磁电流。此时，发电机具有较强的磁场，输出电压迅速提高，从而实现低速便可向蓄电池充电的要求。

图 1-12 所示为硅整流发电机的励磁电路。当点火开关 S 接通时，蓄电池通过调节器向发电机励磁绕组提供励磁电流，发电机他励发电，输出电压随发电机转速升高而升高。当发电机输出电压略高于蓄电池电压时，发电机向蓄电池充电，同时励磁电流由发电机自己提供，发电机由他励发电转为自励发电。

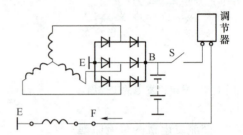

图 1-12　硅整流发电机的励磁电路

**4. 交流发电机的结构**

普通交流发电机一般由转子、定子、整流器、前后端盖、风扇和带轮等组成。图 1-13 所示为 JF132 型 6 管普通交流发电机解体图。

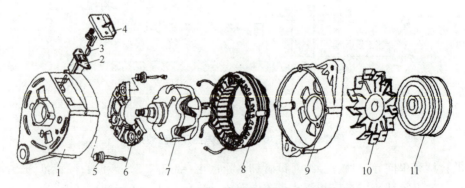

图 1-13　JF132 型 6 管普通交流发电机解体图

1—后端盖；2—电刷架；3—电刷；4—电刷弹簧压盖；5—硅二极管；6—元件板；
7—转子；8—定子；9—前端盖；10—风扇；11—带轮

1-9 汽车发电机整件认识

（1）转子。

转子的功用是产生磁场。它主要由爪极、磁轭、励磁绕组、滑环、转子轴等组成，如图 1-14 和图 1-15 所示。

转子轴上压装着两块爪极，爪极被加工成鸟嘴形状，爪极空腔内装有励磁绕组和磁轭。

滑环由两个彼此绝缘的铜环组成，压装在转子轴上并与轴绝缘，两个滑环分别与励磁绕组的两端相连。两个电刷装在与端盖绝缘的电刷架内，通过弹簧力使其与滑环保持接触。

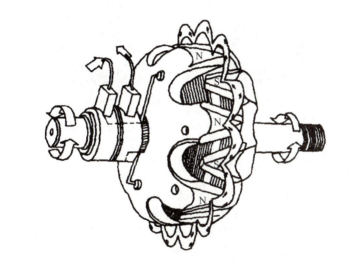

图 1-14 交流发电机的转子总成

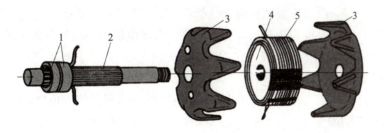

图 1-15 交流发电机的转子总成分解图

1—滑环；2—转子轴；3—爪极；4—磁轭；5—励磁绕组

发电机工作时，两电刷与直流电源连通，通过两滑环为励磁绕组通入直流电，励磁绕组中有电流通过即产生轴向磁通，使爪极中一块被磁化为 N 极，另一块被磁化为 S 极，从而形成 6 对（或 8 对）相互交错的磁极。当转子转动时，就形成了旋转的磁场。

(2)定子。

定子的功用是产生和输出交流电。它安装在转子的外面,与发电机的前后端盖固定在一起,当转子在其内部转动时,引起定子绕组中的磁通变化,定子绕组中就产生交变的感应电动势。

1-10 定子绕组连接

定子由定子铁芯和定子绕组(线圈)组成,如图 1-16 所示。

定子铁芯由内圈带槽、互相绝缘的硅钢片叠成。

定子绕组有三组线圈,它们对称地嵌放在定子铁芯的槽中。三相绕组的连接有星形接法和三角形接法两种,如图 1-16(a)和图 1-16(b)所示。一般硅整流发电机均采用星形连接,即每相绕组的首端分别与整流器的硅二极管相接;每相绕组的尾端接在一起,形成中性点(N)。

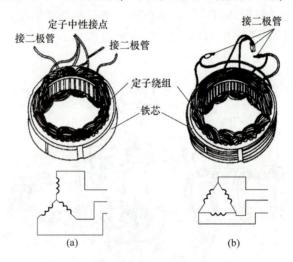

图 1-16 交流发电机定子总成及连接方式

(a)定子绕组星形连接;(b)定子绕组三角形连接

(3)整流器。

整流器的作用是将定子绕组产生的三相交流电转变成直流电输出,并阻止蓄电池的电流向发电机倒流。整流器由整流板和整流二极管组成,如图 1-17 所示。整流二极管分为正极管和负极管两种,引出电极为正极的称为正极管,引出电极为负极的称为负极管。

整流二极管分别压装(或焊装)在相互绝缘的两块板上,3 只正极管安装在其中的一块板上,称为正极板(带有输出端螺栓);3 只负极管安装在另一块板上,称为负极板。负极板和发电机外壳直接相连(搭铁),也可以将发电机的后盖直接作为负极板。

(4)端盖及电刷组件。

端盖分两部分,即前端盖和后端盖,起支撑转子、定子、整流器和电刷组件的作用。一般用非导磁性材料铝合金铸造,一是可有效地防止漏磁,二是散热性能好。汽车上使用的发电机的前、后端盖上通常设有通风口。当传动带轮和风扇一起旋转时,空气高速流经发电机内部进行冷却。后端盖上装有电刷组件。

电刷组件由电刷、电刷架和电刷弹簧组成,如图 1-18 所示。

电刷的作用是将电源通过滑环引入励磁绕组,如图 1-19 所示。两个电刷分别装在电刷架的孔内，借助弹簧压力与滑环保持接触。

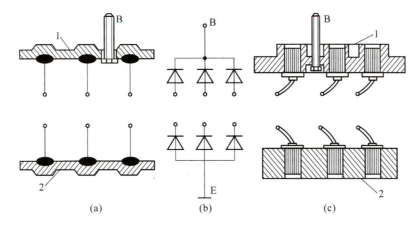

图1-17 交流发电机整流二极管安装示意图
(a) 焊接式；(b) 电路图；(c) 压装式
1—正整流板；2—负整流板

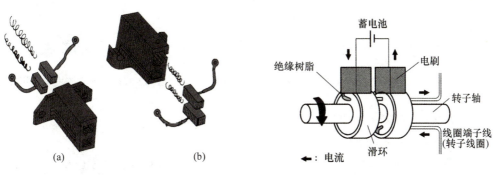

图1-18 电刷组件　　　　　图1-19 电刷与滑环原理

根据电刷和外电路的连接形式不同，发电机分为内搭铁型和外搭铁型两种，如图1-20所示。

① 内搭铁型交流发电机：励磁绕组的一端经搭铁电刷（E）引出后与后端盖直接相连（直接搭铁）的发电机，如图1-20（a）所示。

② 外搭铁型交流发电机：励磁绕组的两端（$F_1$和$F_2$）均与端盖绝缘的发电机，如图1-20（b）所示。

(5) 传动带轮及风扇。

交流发电机的前端装有带轮和风扇，由发动机通过传动带驱动发电机的转子轴和风扇一起旋转。

带轮通常用铸铁或铝合金制成，分单槽和双槽两种，利用半圆键装在风扇外侧的主轴上，再用弹簧垫片和螺母紧固。发动机工作时通过皮带带动带轮转动，并传给发电机。

发电机工作时，定子绕组和励磁绕组中都会有热量产生，若温度过高会烧坏导线的绝缘，导致发电机不能正常工作，因此为发电机进行散热是必需的。为了提高发电机的散热能力，在发电机中装有风扇。

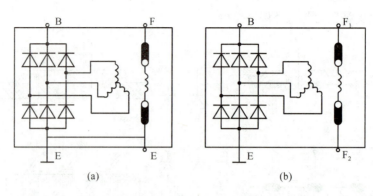

图 1-20 交流发电机类型

(a) 内搭铁型交流发电机；(b) 外搭铁型交流发电机

风扇一般用 1.5 mm 厚的钢板冲制或用铝合金压铸而成，并用半圆键装在前端盖外侧的转轴上。

1-11 交流发电机的部件组成　　1-12 汽车电器交流发电机拆装（1）　　1-13 汽车电器交流发电机拆装（2）

**5. 交流发电机的类型**

（1）按总体结构分类。

车用交流发电机按总体结构可分为：普通交流发电机、整体式交流发电机、带泵的交流发电机、无刷交流发电机和永磁交流发电机。

① 普通交流发电机。

普通交流发电机既无特殊装置，也无特殊功能特点，使用时需要配装电压调节器。如东风 EQ1090 型载货汽车选用的 JF132 型交流发电机及解放 CA1091 型载货汽车选用的 JF1552A 型交流发电机均属于普通交流发电机。

② 整体式交流发电机。

整体式交流发电机是发电机和调节器制成一个整体的发电机，如一汽奥迪 A4、桑塔纳 LX 轿车选用的 JFZ1813Z 型交流发电机。

③ 带泵的交流发电机。

带泵的交流发电机是发电机与汽车制动系统用真空助力泵安装在一起。发电机的转子轴伸出后端盖，轴上的外花键与真空泵转子的内花键相连接，驱动真空泵与发电机转子同步旋转，叶片与壳体间的容积发生变化，将空气从进气口吸入并从排气口送出，即可将汽车制动系统中的真空筒抽成真空，为制动系统的真空增压器提供真空源。真空泵主要用于没有真空源的柴油机。

④ 无刷交流发电机。

发电机的电刷和滑环相互运动，会造成两者之间的磨损和脏污，使电刷、滑环的尺寸减小，两者之间的接触不良，发电机的励磁电流将减小或不稳定，由此引起发电机发电量减少或不发电；两者之间会产生电火花，从而形成无线电干扰。

无刷式交流发电机取消了电刷，励磁电流得到稳定，发电机的故障率大大降低。

⑤ 永磁交流发电机。

永磁交流发电机与普通交流发电机的不同之处是转子部分以永磁铁产生旋转磁场，不仅去掉了滑环和电刷，而且不需要磁场绕组和爪极，结构简单，使用寿命长。

由于转子为永磁结构，产生的旋转磁场强度不变且是不可调的，因此，不能采用调节励磁电流的方式来调节发电机的输出电压。为解决调压问题，可采用电压调节器与三相半控桥式整流配合的方法，使发电机输出电压不随转速大幅度变化而变化。

永磁交流发电机的优点是：体积小、质量轻、结构简单、维护方便、使用寿命长、冷却效果好、传动比大，发动机低速时发电机充电性能好，无励磁损耗，效率可提高10%以上。

（2）按整流器的二极管数量分类。

车用交流发电机的整流器分别设置有 6 个二极管、8 个二极管、9 个二极管和 11 个二极管。

① 6 管交流发电机。

6 管交流发电机的 6 个二极管用于组成桥式整流器，将发电机定子绕组产生的三相交流电转变成直流电，如 JF132 型、JF1552A 型交流发电机。

② 8 管交流发电机。

8 管交流发电机的整流器由 8 个硅二极管组成。其中 6 个硅二极管组成三相全波整流电路，另外 2 个二极管接在发电机的中性点与"＋"（输出端）和"－"（搭铁）之间，如图 1-21 所示。

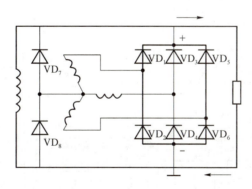

**图 1-21 具有中性点二极管的整流电路**

将中性点电压和三相绕组并联输出，实践证明这样可使发电机功率提高 10%～15%。

交流发电机的中性点电压为发电机输出电压的一半，这是相对发电机输出电压的平均值而言的。实际上中性点电压的瞬时值是一个三次谐波，其波峰有时可能大于三相绕组的最高值，此时，中性点正极管 $VD_7$ 导通，其他三个正极管截止，由 $VD_7$ 供给外电路高电压；同理，波谷也可能小于三相绕组的最低值，此时，中性点负极管 $VD_8$ 导通，参与对外输出，由此提高了发电机的对外输出能力，提高了发电机的输出功率。

③ 9 管交流发电机。

图 1-22 所示为日立公司生产的 LR160-708 型整体式外搭铁型 9 管交流发电机电路。该

发电机除了有6个硅二极管进行全波整流外，还有3个功率较小的二极管，专门用来供给发电机励磁电流，所以又称励磁二极管。

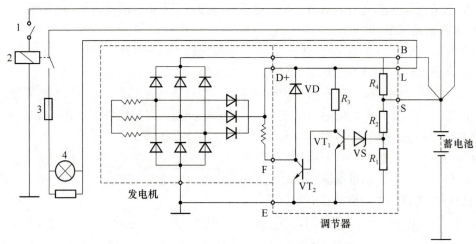

图1-22　LR160-708型9管交流发电机电路

1—点火开关；2—主继电器；3—熔丝；4—充电指示灯

④ 11管交流发电机。

如图1-23所示，11管交流发电机的整流器由8只大功率硅整流二极管和3只小功率磁场二极管组成，8只整流管（其中6只接三相绕组，2只接中性点）组成全波桥式整流电路对外负载输出，3只小功率磁场二极管与3只大功率负极管也组成三相全波桥式整流电路，为发电机磁场供电及控制充电指示灯电路。

1-14 九管交流发电机控制电路

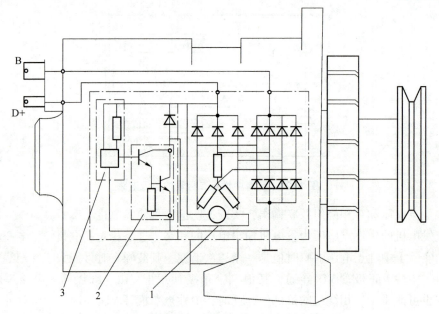

图1-23　桑塔纳轿车用整体式外搭铁型11管交流发电机

1—交流发电机；2—电压调节器；3—调节器的传感器

#### 6. 交流发电机的型号

根据中华人民共和国汽车行业标准 QC/T 73—1993《汽车电气设备产品型号编制方法》的规定，汽车交流发电机型号组成如图 1-24 所示。

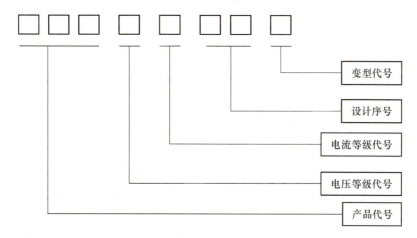

图 1-24 汽车交流发电机型号组成

（1）产品代号：JF、JFZ、JFB 和 JFW 分别表示交流发电机、整体交流发电机、带泵交流发电机和无刷交流发电机。

（2）电压等级代号：以 1、2、6 分别表示 12 V、24 V 和 6 V。

（3）电流等级代号：与电压等级代号一样，也用一位阿拉伯数字表示，含义见表 1-2。

（4）设计序号：产品设计的先后顺序，用 1~2 位阿拉伯数字表示。

（5）变型代号：交流发电机以调整臂位置作为变型代号。从驱动端看，如调整臂在中间则不加标记，在右边用 Y 表示，在左边用 Z 表示。

表 1-2 交流发电机电流等级代号

| 电流等级/A　分组代号　产品 | 1 | 2 | 3 | 4 | 5 | 6 | 7 | 8 | 9 |
|---|---|---|---|---|---|---|---|---|---|
| 交流发电机 整体交流发电机 带泵交流发电机 无刷交流发电机 永磁交流发电机 | 19 | 20~29 | 30~39 | 40~49 | 50~59 | 60~69 | 70~79 | 80~89 | ≥90 |

例如，桑塔纳 2000 型轿车选用的 JFZ1913Z 型交流发电机，即电压等级为 12 V、电流等级为 ≥90 A、第 13 次设计、调整臂在左边的整体式交流发电机。

### （四）电压调节器

发电机在汽车上是按固定的传动比由发动机经传动带驱动旋

1-15 交流发电机的工作特性

转的，其转速会在很大范围内发生变化。交流发电机产生的电压有效值为 $E=C_1n\Phi$，由此可知，发电机输出电压与转速成正比。因此，当发动机转速变化时，发电机的输出电压也会随之变化。由于发动机的转速不断变化，故交流发电机转速很难保持不变，而在汽车用电设备用电和向蓄电池充电时需要恒定电压，为了使发电机能提供固定不变的电压，必须采用调节器来进行控制。

**1. 电压调节器的功用**

电压调节器的功用是在发电机转速及发电机上的负载发生变化时自动控制发电机电压，使其保持恒定，防止发电机电压过高而烧坏用电设备和导致蓄电池过量充电，同时也可防止发电机电压过低而导致用电设备工作失常和蓄电池充电不足。

**2. 电压调节器的基本原理**

交流发电机的感应电动势为 $E_\Phi=C_1n\Phi$，即感应电动势 $E_\Phi$ 与发电机转速 $n$ 和磁通 $\Phi$ 成正比。发电机的空载电压 $U=E_\Phi=C_1n\Phi$。发电机在汽车上是按固定的传动比驱动旋转的，其转速 $n$ 随发动机转速变化而在很大范围内发生变化。如果要在转速 $n$ 变化时维持发电机电压恒定，就必须相应地改变磁极磁通 $\Phi$。磁极磁通 $\Phi$ 取决于磁场电流的大小，因此，在发电机转速发生变化时，只要自动调节磁场电流，就能使发电机电压保持恒定。电压调节器就是利用自动调节磁场电流使磁极磁通改变这一原理来调节发电机电压的。

**3. 调节器的类型**

调节器按结构不同，可分为电磁（触点）振动式电压调节器和电子式电压调节器。电磁振动式电压调节器是通过一对或两对触点的反复开闭改变磁场电路的电阻来调节励磁电流的；电子式电压调节器是利用晶体三极管的开关特性，使磁场电路接通和断开来调节励磁线圈的平均电流的。

电子式电压调节器按结构形式又可分为晶体管式调节器（利用分立电子元件组成的调节器，如解放 CA1091 型载货汽车采用的 JFT106 型调节器）和集成电路式调节器（利用集成电路组成的调节器，如北京切诺基 BJ2021、奥迪 100 和桑塔纳 LX 轿车采用的调节器）。

调节器按安装方式不同，可分为外装式（与发电机分开安装的调节器，如 JFT106 型调节器）和内装式（安装在发电机内的调节器，一般为集成电路式调节器，如北京切诺基、桑塔纳 LX 轿车采用的调节器）。

调节器按搭铁形式不同，可分为内搭铁式（与内搭铁式交流发电机配套工作的电子调节器，如 JFT126A 型调节器）和外搭铁式（与外搭铁式交流发电机配套工作的电子调节器，如 JFT106 型调节器）。

随着微机在汽车上应用范围的扩大，目前已有利用微机控制的电压调节器，其能更好地将发电机输出的电压稳定在规定范围内。

1-16 电磁振动式电压调节器

**4. 电子式电压调节器**

电子式电压调节器具有调节电压精度高、无电火花产生、质量轻、体积小、寿命长、可靠性高、电波干扰小等优点。目前，交流发电机均采用电子式电压调节器。

图 1-25 所示为晶体管电压调节器的基本原理。由图可知：

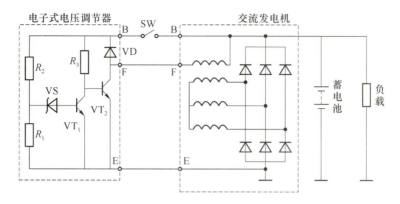

图 1-25 晶体管电压调节器的基本原理

① 点火开关 SW 刚接通时，发动机不转，发电机不发电，蓄电池电压加在分压器 $R_1$、$R_2$ 上，此时因 $U_{R_1}$ 较低不能使稳压管 VS 反向击穿，$VT_1$ 截止，$VT_1$ 截止使得 $VT_2$ 导通，发电机磁场电路接通。此时由蓄电池供给磁场电流。随着发动机的起动，发电机转速升高，电压上升。

② 当发电机电压升高到大于蓄电池电压时，发电机自励发电并开始向蓄电池充电。如果此时发电机输出电压 $U_B$ 小于调节器调节上限 $U_{B2}$，$VT_1$ 继续截止，$VT_2$ 继续导通，但此时的磁场电流由发电机供给，发电机电压随转速升高而迅速升高。

③ 当发电机电压升高到等于调节上限 $U_{B2}$ 时，调节器开始对电压进行调节。此时 VS 导通，$VT_1$ 导通，$VT_2$ 截止，发电机磁场电路被切断，由于磁场被断路，磁通下降，发电机输出电压下降。

④ 当发电机电压下降到等于调节下限 $U_{B1}$ 时，VS 截止，$VT_1$ 截止，$VT_2$ 重新导通，磁场电路重新被接通，发电机电压上升。

周而复始，发电机输出电压 $U_B$ 被控制在一定范围内。

从调节器的结构和工作情况看，电子式电压调节器有三个接线柱，即"B""F"和"E"，在接线时不能接错。值得注意的是，电子式电压调节器的接线方式根据发电机和调节器的形式有所不同，图 1-26 所示为发电机和调节器的两种接线方式。

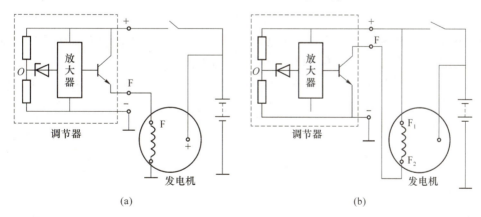

图 1-26 发电机和调节器的两种接线方式
(a) 内搭铁式；(b) 外搭铁式

a. 内搭铁式，调节器装在发电机与点火开关之间，发电机励磁绕组有一端搭铁。

b. 外搭铁式，调节器装在发电机励磁绕组与搭铁之间，发电机励磁绕组无搭铁端，调节器控制励磁绕组搭铁。

### （五）电源系统电路

1-17 调节器的检测

汽车电源系统电路包括蓄电池、交流发电机、调节器、电流表、放电警告灯继电器及放电警告灯等。

现代汽车大部分都用放电警告灯来表示充电系统的工作情况。常用的控制放电警告灯的方法有三种：一是利用交流发电机中性点电压，通过继电器或电子控制器进行控制；二是利用三相绕组的一相火线进行控制；三是利用磁场二极管进行控制。

**1. 放电警告灯控制电路**

（1）利用中性点电压，通过充电指示灯继电器控制。

图 1-27 所示为丰田汽车利用中性点电压，通过充电指示灯继电器控制的放电警告灯控制电路。其工作过程如下：

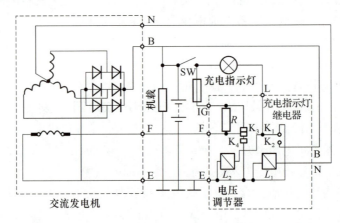

图 1-27 充电指示灯继电器控制的放电警告灯控制电路

刚接通点火开关时，电流从蓄电池正极→充电指示灯→充电指示灯继电器的常闭触点 $K_1$→搭铁→蓄电池负极，形成回路，充电指示灯变亮。同时，蓄电池电流还经熔断器、电压调节器的常闭触点 $K_3$ 向交流发电机的励磁绕组励磁。

当交流发电机输出电压随转速升高达到充电电压时，在中性点电压作用下，充电指示灯继电器的常闭触点 $K_1$ 被线圈 $L_1$ 产生的电磁吸力吸开，$K_2$ 闭合，充电指示灯被短路而熄灭，这表示交流发电机工作正常。

（2）利用三相绕组的一相火线控制。

图 1-28 所示为利用三相绕组的一相火线控制电路，只需在 N 点接一个指示灯即可。当交流发电机工作正常时，充电指示灯亮，表示充电。若充电指示灯突然熄灭，则表示充电系统有故障。

（3）利用磁场二极管控制。

图 1-29 所示为利用磁场二极管控制放电警

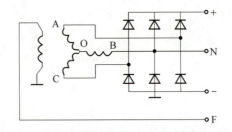

图 1-28 利用三相绕组的一相火线控制电路

告灯电路。其工作过程如下：

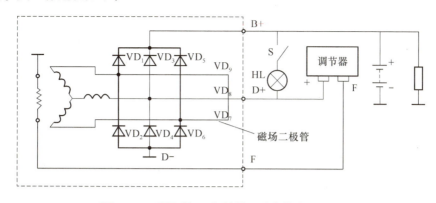

图1-29 利用磁场二极管控制放电警告灯电路

接通点火开关，电流经蓄电池"+"极→点火开关S→放电警告灯HL→调节器火线接线柱"+"→磁场接线柱"F"→发电机励磁绕组→搭铁→蓄电池"-"极，构成回路。放电警告灯亮，表示不充电。

放电警告灯受蓄电池电压和励磁二极管输出端电压"D+"的差值所控制。当发动机起动后，随发电机转速的升高，"D+"处电压升高，放电警告灯两端的电位差减小，充电指示灯自动变暗直至熄灭。此后，"B+"与"D+"等电位（都高于蓄电池电动势），放电警告灯一直熄灭，表示发电机对蓄电池充电。

**2. CA1091型充电系统电路**

CA1091型充电系统电路由交流发电机、晶体管电压调节器、干荷电蓄电池等组成，如图1-30所示。通常利用电流表及放电警告灯指示蓄电池充、放电状况。放电警告灯利用中性点电压，通过起动组合继电器控制。

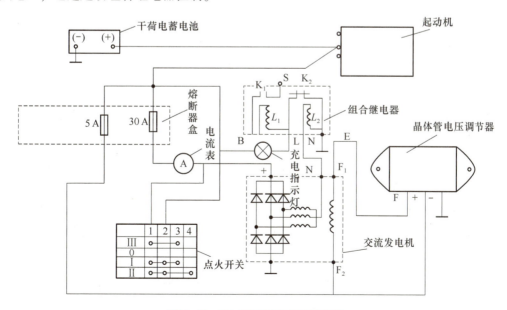

图1-30 CA1091型充电系统电路

$K_2$ 为常闭触点，除对起动机具有防止误起动作用外，还用来控制放电警告灯的亮、灭；$L_2$ 为继电器电压线圈，承受发电机中性点电压。

放电警告灯电路为：

蓄电池"+"极→起动机"电源"接线柱→30 A 保险→电流表→点火开关→放电警告灯→继电器"L"接线柱→常闭触点 $K_2$→搭铁→蓄电池"–"极。

发电机励磁绕组电路为：蓄电池"+"极→起动机"电源"接线柱→30 A 保险→电流表→点火开关→5 A 保险→发电机"$F_2$"接线柱→励磁绕组→发电机"$F_1$"接线柱→调节器"F"接线柱→搭铁→蓄电池"–"极。

1–18 桑塔纳 2000 充电系统电路

## 二、任务实施

### 项目（一）电源系统的组成

**1. 项目说明**

某院校教师要给学生讲解东风雪铁龙爱丽舍轿车电气设备中的电源系统，那他首先要给学生讲解电源系统的组成及其在车上的安装位置。

**2. 技术标准与要求**

（1）两个学员配合能在 45 min 内完成此项目。

（2）技术要求：

① 操作过程中，要严格遵守操作规范，发动机运转时严禁用手触摸发电机等运转部件。

② 起动发动机时，一定要观察发动机上是否有工具、仪表等；不得随意拆卸车辆上的部件。

**3. 设备器材**

（1）东风雪铁龙爱丽舍轿车。

（2）万用表。

（3）冷光源照明灯。

（4）常用拆装工具。

**4. 作业准备**

（1）车辆开进工位　　　　　　　　　　□ 任务完成

（2）停车，打开发动机盖　　　　　　　□ 任务完成

（3）铺上护套　　　　　　　　　　　　□ 任务完成

**5. 操作步骤**

图 1–31 所示为东风雪铁龙爱丽舍轿车，常用拆装工具如图 1–32 所示，冷光源照明灯如图 1–33 所示，护套及防护用品如图 1–34 所示。

图 1-31　爱丽舍轿车

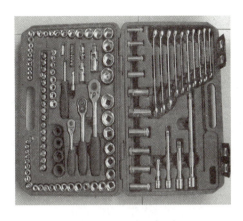

图 1-32　常用拆装工具

图 1-33　冷光源照明灯

图 1-34　护套及防护用品

图 1-35 所示为安装车辆车轮挡块及车内防护用品，图 1-36 所示为安装车外防护用品。

图 1-35　安装车轮挡块及车内防护用品

图 1-37 所示为东风雪铁龙爱丽舍轿车的发动机舱实物，其电源系统的主要元件及线束如图 1-38 所示。

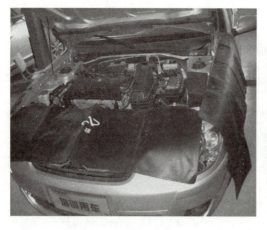

图 1-36 安装车外防护用品

图 1-37 发动机舱实物

电源系统主要由蓄电池、发电机、充电指示灯等组成。

（1）学生在学习了本任务的相关知识后，在教师的指导下，观察东风雪铁龙爱丽舍轿车的蓄电池、发电机及充电指示灯的安装位置。

（2）绘制出电源系统各部件的连接关系。

（3）由指导教师演示点火开关置于"ON"位置，发动机不运转情况下，充电指示灯的状态；然后起动发动机，演示怠速以上运转时充电指示灯的状态。

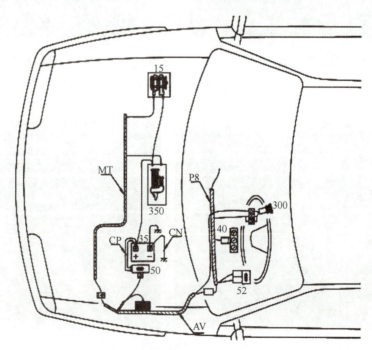

图 1-38 东风雪铁龙爱丽舍轿车电源系统的主要元件及线束

15—发电机；35—蓄电池；40—仪表盘；50—电源盒；52—座舱熔断器盒；300—点火开关；350—起动机

## 6. 记录与分析（见表1-3）

表1-3 记录表

| 作业项目名称：电源系统的组成 | 车型：东风雪铁龙爱丽舍 |
|---|---|
| 蓄电池、发电机及充电指示灯的安装位置记录： | |
| 电源系统各部件的连接关系记录： | |
| 点火开关置于"ON"位置，发动机不运转情况下，充电指示灯的状态记录： | |
| 起动发动机，且怠速以上运转时充电指示灯的状态记录： | |
| 其他需要记录的问题： | |
| 记录人： | 记录时间： |

## 项目（二）蓄电池的就车拆装

### 1. 项目说明

王先生的一辆东风雪铁龙爱丽舍轿车，在发动时发现车辆起动不了，车辆被送入4S店检修。请对车辆进行检查及维护，并排除故障。

### 2. 技术标准与要求

（1）两个学员配合能在45 min内完成此项目。

（2）技术要求：

① 在发动机运转状态下，严禁拆卸蓄电池。

② 拆卸蓄电池时应使用专用工具，尽量不要用手直接触摸蓄电池有酸液的部位。

### 3. 设备器材

（1）东风雪铁龙爱丽舍轿车。

（2）万用表。

（3）常用拆装工具。

### 4. 作业准备

（1）车辆开进工位。　　　　　　　　　　　　　　□ 任务完成

(2) 停车，打开发动机盖。　　　　　　　　□ 任务完成

(3) 铺上护套。　　　　　　　　　　　　　□ 任务完成

**5. 操作步骤**

拆卸蓄电池前的准备工作如前所述。

从汽车上拆卸蓄电池时，可按下述步骤进行：

(1) 将点火开关置于断开（OFF）位置。

(2) 拧松蓄电池正、负极柱上的电缆接头紧固螺栓，取下电缆，如图 1-39 所示。

(3) 拆下蓄电池固定夹板的固定螺栓，取下固定夹板，如图 1-40 所示。

图 1-39　取下蓄电池的连接电缆　　　　　图 1-40　取下蓄电池的固定夹板

注意：拆卸蓄电池时，应先拆卸负极电缆，后拆卸正极电缆，以避免扳手搭铁导致蓄电池短路放电。拆卸电缆时，若发现蓄电池接线柱螺栓锈蚀难以取出，切勿用锤或钳敲打，以免极柱断裂、极板活性物质脱落。

若车辆安装有故障自诊断功能的电脑系统，在拆蓄电池电缆前，应先确认故障代码，或在点烟器上插上专用辅助电源，并将点火开关的"ACC"挡接通。

(4) 从汽车上取下蓄电池，取下蓄电池时应小心轻放，尽量用蓄电池提把提取。

(5) 检查蓄电池壳体上有无裂纹和电解液渗漏痕迹，若发现裂纹和渗漏应更换蓄电池。

将蓄电池安装到汽车上时，应按下述步骤进行：

(1) 检查蓄电池型号、规格是否适合该款汽车使用。

(2) 检查电解液的相对密度和液面高度是否符合技术要求，否则应予以调整。

(3) 按照蓄电池正、负极柱和正、负极电缆端子的相对位置，将蓄电池安放到固定架上。

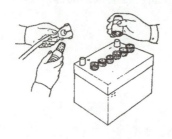

图 1-41　清洁蓄电池接线柱

(4) 用细砂纸或专用清洁器清洁蓄电池的接线柱及连接接线柱夹头，如图 1-41 所示。在螺栓、螺母的螺纹上涂凡士林或润滑脂，以防氧化生锈。将正、负极电缆端子分别与正、负极接线柱连接。

(5) 在正、负极接线柱及其电缆端子上涂抹一层润滑脂，以防极柱和端子氧化腐蚀。

(6) 安装固定夹板，拧紧夹板固定螺栓。

**6. 记录与分析（见表 1-4）**

表 1-4　记录表

| 作业项目名称：蓄电池的就车拆装 | 车型：东风雪铁龙爱丽舍 |
|---|---|
| 拆卸前点火开关情况记录： | |
| 蓄电池固定夹板拆卸记录： | |
| 蓄电池电缆拆卸记录： | |
| 蓄电池外观检查情况记录： | |
| 其他需要记录的问题： | |
| 记录人： | 记录时间： |

## 项目（三）交流发电机的就车拆装

**1. 项目说明**

王先生的一辆东风雪铁龙爱丽舍轿车，正常行驶中充电指示灯突然亮起，车辆被送入 4S 店检修。请对车辆进行检查及维护，并排除故障。

**2. 技术标准与要求**

（1）两个学员配合能在 90 min 内完成此项目。

（2）技术要求：

① 拆装发电机时，应按照工艺要求进行。

② 拆解的零件要按照规范清洗并按顺序摆放，对有问题的零件及复杂部位的拆解顺序、连接方法应有记录。

③ 禁止用兆欧表（摇表）或 220 V 交流电检查发电机的绝缘情况，否则将使二极管被击穿而损坏。

**3. 设备器材**

（1）东风雪铁龙爱丽舍轿车。

（2）万用表、钢板尺。
（3）常用拆装工具。

**4. 作业准备**

（1）车辆开进工位。　　　　　　　　　　　　□ 任务完成
（2）停车，打开发动机盖。　　　　　　　　　□ 任务完成
（3）铺上护套。　　　　　　　　　　　　　　□ 任务完成

**5. 操作步骤**

（1）发电机的就车拆卸。

就车拆卸交流发电机时，其拆卸步骤如下：

① 脱开蓄电池负极（-）端子电缆，如图1-42所示。

图1-42　脱开蓄电池负极端子电缆

注意：断开蓄电池负极（-）电缆之前，应对车辆上电控单元内保存的故障信息做一个记录，如故障诊断码、座椅位置和方向盘位置等。

② 脱开发电机电缆及连接器，如图1-43所示。

图1-43　脱开发电机电缆及连接器
1—电缆；2—连接器

③ 松开发电机皮带调整螺栓，向内扳动发电机，使传动带松弛，拆下传动带，如图1-44所示。

图 1-44 拆卸发电机传动带调整螺栓

④ 拆下发电机总成。

（2）发电机的就车装配。

发电机的装配按照与拆卸的相反顺序进行。

**6. 记录与分析**（见表 1-5）

表 1-5 记录表

| 作业项目名称：交流发电机的就车拆装 | 车型：东风雪铁龙爱丽舍 |
|---|---|
| 拆卸前车辆状况记录： | |
| 拆卸前检测情况记录： | |
| 就车拆卸交流发电机过程记录： | |
| 安装交流发电机过程记录： | |
| 其他需要记录的问题： | |
| 记录人： | 记录时间： |

### 项目（四）交流发电机的解体与装配

**1. 项目说明**

某4S店对员工进行培训，在培训发电机的相关知识时，要求员工首先能对发电机进行准确的解体与装配。

**2. 技术标准与要求**

（1）两个学员配合能在 90 min 内完成此项目。

（2）技术要求：

① 装配发电机时，应按照工艺要求进行。

② 拆解的零件要按照规范清洗并按顺序摆放，对有问题的零件及复杂部位的拆解顺序、连接方法应有记录。

③ 禁止用兆欧表或 220 V 交流电检查发电机的绝缘情况，否则将使二极管被击穿而损坏。

④ 发电机部件时要小心清洗、擦拭，绝缘部分严禁用汽油浸泡。

**3. 设备器材**

（1）发电机。

（2）万用表、钢板尺。

（3）轴承拉器。

（4）常用拆装工具。

**4. 作业准备**

（1）工作台摆放整齐，并铺上铺垫。　　　　　　　□ 任务完成

（2）发电机摆放到工作台上。　　　　　　　　　　□ 任务完成

（3）戴上手套。　　　　　　　　　　　　　　　　□ 任务完成

**5. 操作步骤**

（1）交流发电机的解体。

交流发电机的结构有所不同，分解操作过程中应根据其结构不同做相应调整。发电机分解步骤如下：

① 拆下电刷及电刷架（外装式）紧固螺栓，取下电刷架总成，如图 1-45 和图 1-46 所示。

图 1-45　电刷架的拆解　　　　　　图 1-46　拆下的电刷架

② 在前、后端盖上做好记号，拆下连接前后端盖的紧固螺栓，如图 1-47 所示，将其分解为转子与前端盖连接、定子与后端盖连接的两大部分。

注意：不能单独将后端盖分离下来，否则会扯断定子绕组与整流器的连接线（即三相

定子绕组端头)。

③ 将转子夹紧在台虎钳上,拆下皮带轮紧固螺母后,可依次取下带轮、风扇、半圆键、定位套,如图1-48所示。

图1-47 前、后端盖的分解

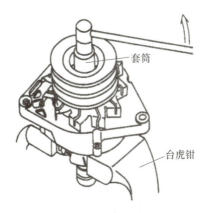

图1-48 皮带轮的分解

④ 将前端盖与转子分离,若该部位装配过紧,可用拉器拉开或用木槌轻敲,使之分离,如图1-49所示。

注意:铝合金端盖容易变形,因此拆卸时应均匀用力。

⑤ 拆掉后端盖上的三个螺栓,将防护罩取下。

对于整体式发电机,先拆下"B"端子上的固定螺母并取下绝缘套管;再拆下后防尘盖上的3个带垫片的固定螺母,取下后防尘盖;然后拆下电刷组件上的两个固定螺栓和调节器上的3个固定螺栓,取下电刷组件和IC调节器总成;最后拧下整流器二极管与定子绕组引线端子的连接螺栓,取下整体式整流器总成。

拆下定子上4个接线端(三相绕组首端及中性点)在散热板上的连接螺母,使定子与后端盖分离,如图1-50所示。

图1-49 前端盖的分解

图1-50 定子与后端盖分离

⑥ 拆下后端盖上紧固整流器总成的螺栓,取下整流器总成,如图1-51所示。

⑦ 零部件清洗:对机械部分可用煤油或清洗液清洗,对电气部分(如绕组、散热板及全封闭轴承等)宜用干净的棉纱擦拭去除表面尘土、脏污。

图 1-51　整流器总成

（2）交流发电机的装配。

① 按照与拆卸时相反的顺序进行发电机的组装。

② 在紧固各部位螺栓、螺母时，要按照其正确顺序和扭矩进行。

③ 后端盖元件组装时，应保证后端盖与元件板、"B"接线柱、"F"接线柱、"N"接线柱有良好的绝缘（用万用表检查）。

④ 组装后其转子轴应转动自如，无松旷或碰擦、卡滞现象。

### 6. 记录与分析（见表 1-6）

表 1-6　记录表

| 作业项目名称：交流发电机的解体与装配 | 车型：CA1092 |
|---|---|
| 解体前交流发电机的状况记录： | |
| 交流发电机解体过程记录： | |
| 解体完毕后对交流发电机进行零部件维护情况记录： | |
| 交流发电机装配过程记录： | |
| 其他需要记录的问题： | |
| 记录人： | 记录时间： |

## 三、拓展学习

### 蓄电池的充电

蓄电池是一种能量转换装置,将充电电源的电能转换为蓄电池化学能的过程称为充电。为使蓄电池保持一定的容量和延长蓄电池的使用寿命,必须对蓄电池进行充电。

**1. 充电方法**

蓄电池的充电应根据不同情况选择适当的方法,并正确使用充电设备,才能提高工作效率,延长蓄电池及充电设备的寿命。蓄电池的充电方法通常有定电流充电法、定电压充电法和快速脉冲充电法三种。

(1) 定电流充电法。

在充电过程中,使充电电流保持恒定的充电方法称为定电流充电法。

(2) 定电压充电法。

在充电过程中,使充电电压始终保持恒定的充电方法称为定电压充电法。目前,汽车上的电源系统及许多充电设备均采用此法。

(3) 快速脉冲充电法。

快速脉冲充电法的特点是先用 0.8~1.0 倍额定容量的大电流进行定流充电,使蓄电池在短时间内充电至额定容量的 50%~60%。当蓄电池单格电压升到 2.4 V 时,由控制电路控制,开始进行脉冲充电,即先停止充电 25~40 ms(称前停充),接着再放电或反充电,使蓄电池反向通过一个较大的脉冲电流(脉冲深度为充电电流的 1~3 倍,脉冲宽度为 100~150 ms),然后再停止充电 25 ms(称后停充)。以后的充电一直按正脉冲充电→前停充→负脉冲瞬间放电→后停充→正脉冲充电的过程循环进行,直至充足。

快速脉冲充电的特点:

① 充电时间缩短。常规充电,补充充电需 13~16 h;采用快速脉冲充电,补充充电大约需要 1 h。

② 可增加蓄电池容量,提高起动性能。快速脉冲充电能够消除极化,充电时化学反应充分,加深了反应深度,使蓄电池容量增加,提高了起动性能。

③ 去硫化显著。一般去硫化充电费时且麻烦,而快速脉冲充电只需 4~5 h,且效果良好。

④ 出气率高。采用快速脉冲充电,蓄电池析出气体的总量虽然减小,但其出气率高,只是对极板活性物质的冲刷力强,活性物质易脱落,使蓄电池的使用寿命受到一定的影响。

**2. 充电工艺**

按充电用途不同,蓄电池充电工艺可分为初充电、补充充电、循环锻炼充电和去硫化充电等。

(1) 初充电。

初充电是指新蓄电池或更换极板的蓄电池在使用前的首次充电,其目的是恢复蓄电池在存放期间极板上缓慢硫化和自放电而失去的电量。

(2) 补充充电。

在汽车上使用的蓄电池，经常有充不足电的现象发生。若发现下列现象之一，应进行蓄电池放电程度的检查，以便进行补充充电。

① 电解液相对密度下降至 1.20 g/cm³ 以下（用密度计测量）。

② 单格电池电压下降至 1.75 V 以下。

③ 灯光暗淡，起动无力，喇叭沙哑。

④ 冬季放电超过额定容量的 25%，夏季放电超过额定容量的 50%。

(3) 循环锻炼充电。

蓄电池在使用过程中经常处于部分放电的状态，参加化学反应的活性物质有限，为迫使相当于额定容量的活性物质都能参加工作，以避免活性物质由于长期不参与化学反应而收缩，每隔一段时间（如 3 个月）应对蓄电池进行一次循环锻炼充电。充电方法是先用补充充电法将蓄电池充足电，然后以 20 h 放电率放完电，再用补充充电法充足电。

(4) 去硫化充电。

铅蓄电池发生硫化故障后，其内电阻将显著增大，充电时温度升高也较快。硫化程度较轻时可以用去硫化充电法消除硫化，硫化严重的铅蓄电池只能报废。

# 学习任务 2
## 汽车起动系统结构与拆装

**工作情境**

王先生 2014 年 12 月购买了一辆东风风神 AX7 汽车,近期起动车时,起动机运转无力,发动机起动困难。车辆进入 4S 店进行检修,请你对车辆的起动系统进行检查、维护,按照技术标准及操作规范要求,独立完成起动机的更换。

**学习目标**

1. 知识目标
(1) 能够正确认识汽车起动系统的结构特点、起动机的组成及结构;
(2) 能够正确描述起动机的工作过程;
(3) 了解减速起动机的结构及工作过程。
2. 能力目标
(1) 根据维修手册,正确选用拆装工具、仪器、设备,安全规范地进行起动机的就车更换;
(2) 能够正确完成起动机的分解与装配、主要部件的检测及整体性能的检测;
(3) 能够正确完成起动机的日常检查和维护项目;
(4) 能够正确识读汽车起动系统电路图。
3. 素质目标
(1) 通过完成工作任务培养学生独立学习及与人合作、沟通交流的能力;
(2) 通过综合课程设计培养学生查询有效资料、正确运用设计标准和团队合作能力;
(3) 培养学生自主发现问题、分析问题和解决问题的能力。

## 一、知识准备

### (一) 起动系统概述

**1. 起动系统的功用**

起动系统的功用是为内燃机的曲轴提供转矩,使发动机达到必需的起动转速,并进入自行运转状态。

**2. 起动系统的起动方式**

常用的汽车发动机起动方式有人力起动、电力起动、辅助汽油机起动 3 种,见表 2-1。

表 2-1 常用汽车发动机的起动方式

| 起动方式 | 起动过程 | 特点 | 应用 |
| --- | --- | --- | --- |
| 人力起动 | 将起动手摇柄端头的横销嵌入发动机曲轴前端的起动爪内，以人力转动曲轴 | 操作简单，但不方便和安全 | 目前仅用于农用车及在部分汽车上作为后备起动方式 |
| 电力起动 | 以电动机作为机械动力，当电动机轴上的齿轮与发动机飞轮周缘的齿圈啮合时，动力就传到飞轮和曲轴，使之旋转，起动发动机 | 操作轻便、起动迅速可靠、重复起动能力强、可远距离控制 | 现代汽车发动机广泛采用 |
| 辅助汽油机起动 |  | 体积大、结构复杂 | 大型柴油发动机的起动 |

### 3. 起动系统的基本要求

（1）起动机的额定功率应与发动机起动所必需的功率匹配，以保证起动机产生的电磁力矩大于发动机起动时的阻力矩，带动发动机以高于最低起动转速运转。

（2）蓄电池的容量必须与起动机的功率匹配，以保证为起动机提供足够大的起动电流和必要的持续时间。起动电路的连接要可靠，起动主电路导线电阻和接触电阻要尽可能小。

（3）发动机起动后，起动机小齿轮自动与发动机飞轮退出啮合或滑转，防止发动机带动起动机运转。

### 4. 起动系统的组成

起动系统主要由蓄电池、起动机、起动继电器、点火开关等部件组成，如图 2-1 所示。起动机在点火开关及起动继电器的控制下通电转动，并带动发动机齿轮齿圈使曲轴转动，起动发动机。为增大转矩，便于起动，起动机与曲轴的传动比：汽油机一般为 13~17，柴油机一般为 8~10。起动机驱动齿轮的齿数一般为 5~13 齿。

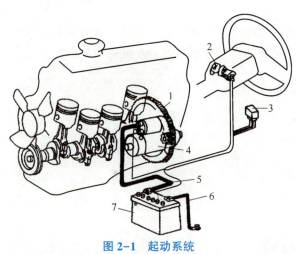

图 2-1 起动系统

1—飞轮；2—点灯开关；3—起动继电器；4—起动机；5—起动机电缆；6—搭铁电缆；7—蓄电池

## （二）起动机

起动机（俗称"马达"）通常由直流电动机、传动机构和控制装置三部分组成，如图 2-2 所示。

图 2-2　起动机的结构

1—直流电动机；2—传动机构；3—控制装置

直流电动机：将电能转换为机械能的装置，其功用是产生发动机起动时所必需的电磁转矩。

传动机构：由单向离合器与驱动齿轮、拨叉等组成。其作用是在起动发动机时，使驱动齿轮与飞轮齿圈啮合，将起动机的转矩传递给发动机曲轴；在发动机起动后又能使驱动齿轮与飞轮自动脱离，在脱离的过程中，发动机飞轮反拖驱动齿轮，单向离合器使其形成空转，避免了飞轮带动起动机轴旋转。

控制装置：主要是指起动机的电磁开关，用来接通或断开电动机与蓄电池之间的电路。

### 1. 直流电动机

直流电动机是将电能转化为机械能的装置，其功用是将蓄电池输入的电能转换为机械能，产生发动机起动时所需要的电磁转矩。

直流电动机主要由电枢（转子）、磁极（定子）、换向器和电刷等主要部件构成，如图 2-3 所示。

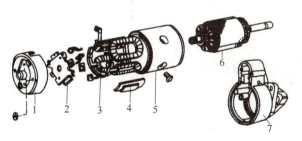

图 2-3　直流电动机的结构

1—前端盖；2—电刷和电刷架；3—磁场绕组；4—磁极铁芯；5—机壳；6—电枢；7—后端盖

（1）电枢。

电枢是直流电动机的转动部分，又称转子，其作用是产生电磁转矩。它主要由铁芯、电枢绕组、电枢轴和换向器组成，如图 2-4 所示。

铁芯由硅钢片叠压而成，内以花键固装在电枢轴上。铁芯外围均匀排列绕线线槽，用以放置电枢绕组。为了获得足够大的转矩，通过电枢绕组的电流较大（汽油机为 200~600 A，柴油机可达 1 000 A），因此，电枢绕组采用较粗的矩形裸铜漆包线绕制而成。在铁芯线槽口

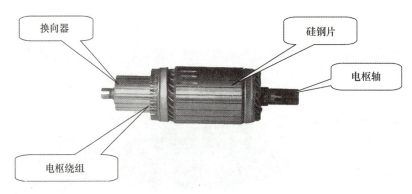

图 2-4 电枢的结构

两侧,用轧纹将电枢绕组挤紧以免转子做高速旋转时由于惯性作用而将绕组甩出。转子绕组的端头均匀地焊在换向片上。为防止绕组短路,在铜线与铜线之间及铜线与铁芯之间用性能良好的绝缘纸隔开。

(2) 磁极。

磁极又称定子,其功用是产生磁场。它主要由励磁线圈、磁极铁芯和外壳组成,如图 2-5 所示。

磁极用低碳钢制成极掌形状,并用埋头螺钉紧固在机壳上。磁极一般有 4 个,相对交错安装在电动机的壳体内。电枢与磁极形成的磁通回路如图 2-6 所示,低碳钢板制成的机壳也是磁路的一部分。

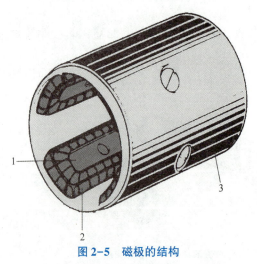

图 2-5 磁极的结构

1—磁极铁芯;2—励磁线圈;3—外壳

图 2-6 磁通回路

励磁绕组由扁铜带(矩形截面)绕制而成,其匝数一般为 6~10 匝,扁铜带之间用绝缘纸绝缘,并用白布带以半叠包扎法包好后浸上绝缘漆烘干而成。

励磁绕组的 4 个线圈有的是相互串联后再与电枢绕组串联(称为串联式);有的则是两两相串后再并联,然后与电枢绕组串联(称混联式),如图 2-7 所示。

(3) 换向器。

换向器的功用是将电流引入电枢绕组,并使不同磁极下导线中的电流方向保持不变。

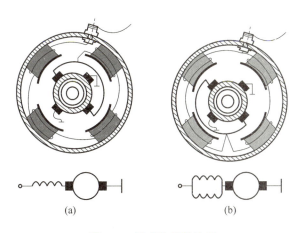

图 2-7 励磁绕组的连接

(a) 四个励磁绕组相互串联；(b) 励磁绕组两两串联后并联

换向器一般由铜片和云母片叠压而成，压装于电枢轴的前端，铜片间、铜片与轴之间相互绝缘，铜片与线头采用焊锡焊接，如图 2-8 所示。

考虑到云母的耐磨性较好，当换向片磨损后，云母片就会凸起，影响电刷与换向片的接触。因此，有些微型汽车使用的起动机的云母片厚度低于铜片 0.5~0.8 mm，但大多数起动机的云母片与换向片齐平即可。

（4）端盖与电刷组件。

电刷端盖一般用浇铸或冲压法制成，盖内装有 4 个电刷架、电刷及电刷弹簧，如图 2-9 所示。其中两个搭铁电刷利用与端盖相通的电刷架搭铁，另外两个电刷的电刷架则与端盖绝缘，绝缘电刷引线与励磁绕组的一个端头相连接。

图 2-8 换向器的结构

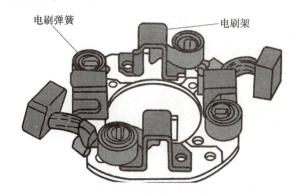

图 2-9 电刷架总成

电刷弹簧压在电刷上，其作用是保证电刷与换向器接触良好。电刷通常用铜粉（80%~90%）和石墨粉压制而成，以减小电阻并提高耐磨性。

驱动端盖上有拨叉座和驱动齿轮行程调整螺钉，还有支承拨叉的轴销孔。为了避免电枢轴弯曲变形，一些起动机中装有中间支承板。端盖及中间支承板上的轴承多用青铜石墨轴承或铁基含油轴承。轴承采用滑动式（俗称"铜套"），以承受起动机工作时的冲击性负荷。有些减速型起动机采用球轴承。

两端盖与机壳靠两个较长的穿心连接螺栓将起动机组装成一个整体。端盖与机壳间的接合面上一般制有安装记号。

## 2. 传动机构

传动机构的作用：发动机起动过程中，使起动机的驱动齿轮与发动机飞轮齿圈相啮合，将直流电动机产生的转矩传递给发动机飞轮齿圈，发动机曲轴转动；发动机起动后，飞轮齿圈与驱动齿轮自动脱离啮合。

传动机构一般由驱动齿轮、单向离合器、拨叉、啮合弹簧等组成。单向离合器有滚柱式、摩擦片式、弹簧式等几种类型。

滚柱式单向离合器是比较常用的，下面就以滚柱式单向离合器为例，介绍其结构和工作原理。

如图2-10所示，滚柱式单向离合器的驱动齿轮与外壳制成一体，外壳内装有十字块及4套滚柱、压帽和弹簧。十字块与花键套筒固连，与外壳相互扣合密封。

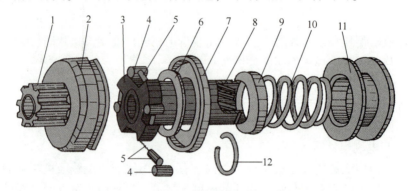

图2-10　滚柱式单向离合器

1—驱动齿轮；2—外壳；3—十字块；4—滚柱；5—压帽及弹簧；6—垫圈；
7—护盖；8—花键套筒；9—弹簧座；10—啮合弹簧；11—拨环；12—卡簧

花键套筒的外面装有啮合弹簧及衬圈，末端安装着拨环与卡圈。整个离合器总成套装在电动机轴的花键部位，可做轴向移动和随轴转动。在外壳与十字块之间，形成4个宽窄不等的楔形槽，槽内分别装有一套滚柱、压帽及弹簧。滚柱的直径略大于楔形槽窄端、略小于楔形槽的宽端。

传动机构的工作过程如下：

发动机起动时，经拨叉将离合器沿花键推出，驱动齿轮啮入发动机飞轮齿圈。起动机电枢的转矩经套筒带动十字块旋转，滚柱滚入楔形槽窄端，将十字块与外壳卡紧，于是电动机电枢的转矩可由十字块经外壳传递给驱动齿轮，从而达到驱动发动机飞轮齿圈旋转、起动发动机的目的，如图2-11（a）所示。

发动机起动后，飞轮齿圈的转速会高于驱动齿轮，从而带动驱动齿轮旋转，当转速超过电枢转速时，滚柱滚入宽端，外壳与十字块之间不能传递力矩，发动机的力矩就不会传递至起动机，从而防止电枢超速飞散的危险，如图2-11（b）所示。

起动完毕，由于拨叉、回位弹簧的作用，经拨环使离合器退回，驱动齿轮脱离飞轮齿圈。

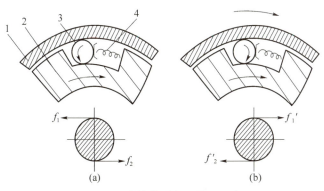

**图 2-11 滚柱的受力及作用示意图**

(a) 起动时;(b) 起动后

1—外壳;2—十字块;3—滚柱;4—压帽及弹簧

### 3. 控制装置

起动机的控制装置主要用来接通或断开电动机与蓄电池之间的电路,控制驱动齿轮与飞轮齿圈的啮合和分离。在现代汽车上,起动机的控制装置均采用电磁式控制方式,主要是利用电磁开关的电磁力操纵拨叉,使驱动齿轮与飞轮啮合或分离。

图 2-12 所示为电磁开关的结构。电磁开关主要由吸引线圈、保持线圈、回位弹簧、活动铁芯、接触片等组成。端子 30 直接接电源,端子 50 接点火开关起动挡,端子 C 接电动机。保持线圈一端接端子 50,另一端接壳体搭铁;吸引线圈一端接端子 50,另一端接端子 C。

电磁开关的工作过程如图 2-13 所示。

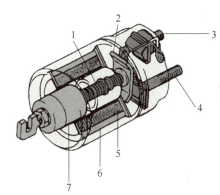

**图 2-12 电磁开关的结构**

1—回位弹簧;2—接触片;3—端子 30;4—端子 C;
5—吸引线圈;6—保持线圈;7—活动铁芯

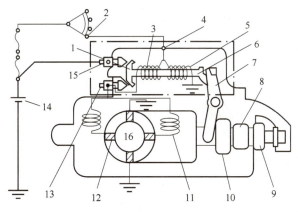

**图 2-13 电磁开关工作过程**

1—导电盘;2—点火开关起动挡;3—吸引线圈;4—端子 50;5—保持线圈;6—铁芯;7—拨叉;8—单向离合器;
9—驱动齿轮;10—拨环;11—励磁线圈;12—电刷;13—端子 C;14—蓄电池;15—端子 30;16—电枢

当起动电路接通后，保持线圈的电流经端子 50 进入，通过线圈后直接搭铁；吸引线圈的电流也经端子 50 进入，通过线圈后经端子 C 进入电动机的励磁线圈和电枢后搭铁。两线圈通电后产生较强的电磁力，克服回位弹簧弹力使活动铁芯移动，一方面通过拨叉带动驱动齿轮移向飞轮齿圈并与之啮合，另一方面推动接触片移向端子 30 和 C 的触点，在驱动齿轮与飞轮齿圈进入啮合后，接触片将两个主触点接通，使电动机通电运转。在驱动齿轮进入啮合之前，由于经过吸引线圈的电流经过了电动机，所以电动机在此电流的作用下会产生缓慢旋转，以便驱动齿轮与飞轮齿圈进入啮合。两个主接线柱触点接通之后，蓄电池的电流直接通过主触点和接触片进入电动机，使电动机进入正常运转，此时通过吸引线圈的电路被短路，因此，吸引线圈中无电流通过，主触点接通的位置靠保持线圈来保持。发动机起动后，切断起动电路，保持线圈断电，在弹簧的作用下，活动铁芯回位，切断了电动机的电路，同时也使驱动齿轮与飞轮齿圈脱离啮合。

2-1 起动机的构造

2-2 起动机的工作过程

2-3 起动机的原理

**4. 起动机的类型**

**5. 起动机的型号**

2-4 起动机的分类及型号

### （三）起动系统的控制电路

起动系统的控制电路指除起动机本身电路以外的起动系统电路。控制电路随车型的不同有所不同，大体上可以分为无起动继电器的控制电路、有起动继电器的控制电路和带有保护继电器的控制电路。下面介绍几种典型的控制电路。

**1. 无起动继电器的控制电路**

如图 2-14 所示，当点火开关位于起动挡时，接通了两条回路，实现两个动作。回路 1 为：蓄电池"+"→点火开关 ST→端子 50→吸引线圈→端子 C→励磁线圈→电枢→搭铁。回路 2 为：蓄电池"+"→点火开关 ST→端子 50→保持线圈→搭铁。实现的动作 1 是：流经吸引线圈和励磁线圈的电流使电动机转动，但由于电流较小，电动机低速运转。实现的动作 2 是：流经吸引线圈和保持线圈的电流使两线圈产生的磁场吸引活动铁芯向右运动，克服回位弹簧的作用力，拉动拨叉向右运动，拨叉使离合器的小齿轮向右移动，与飞轮的齿圈啮合。此过程中电动机的转速低，电枢轴上的螺纹使小齿轮边转动边轴向移动，从而保证与飞轮之间的平顺啮合。

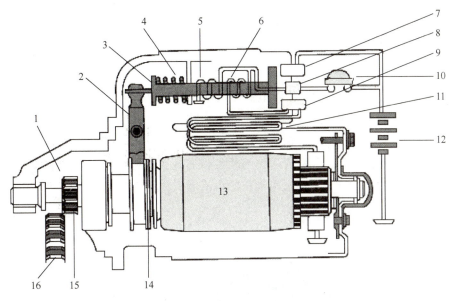

**图 2-14 无起动继电器的控制电路**

1—驱动齿轮；2—拨叉；3—活动铁心；4—复位弹簧；5—保持线圈；6—吸引线圈；7—端子 30；8—端子 50；9—端子 C；10—点火开关；11—励磁线圈；12—蓄电池；13—电枢；14—螺纹花键；15—离合器；16—飞轮齿圈

当驱动齿轮和飞轮齿圈完全啮合后，与活动铁芯连在一起的接触片向右运动，与端子 30 及端子 C 接触，接通了主开关，通过起动机的电流增大，电动机的转速升高，而电枢轴上的螺纹使小齿轮和飞轮齿圈更加牢固地啮合。此时吸引线圈两端的电压相等，无电流通过，保持线圈产生的电磁吸力使活动铁芯保持在原位不动。此时的电流方向分别为：蓄电池"+"→点火开关起动开关→端子 50→保持线圈→搭铁；蓄电池"+"→端子 30→主开关接触片→端子 C→励磁线圈→电枢绕组→搭铁。

发动机起动以后，点火开关从"START"挡回到"ON"挡，切断了端子 50 上的电压。这时，接触片和端子 30 及端子 C 仍保持接触。电路中的电流为：蓄电池"+"→端子 30→主开关接触片→端子 C→吸引线圈→保持线圈→搭铁。同时电流还经过端子 C→励磁线圈→电枢线圈→搭铁。由于此时吸引线圈和保持线圈的电流方向相反，产生的电磁吸力相互抵消后，在复位弹簧的作用下，活动铁芯向左移动，带动拨叉逆时针转动，推动单向离合器向左移动，使驱动齿轮与飞轮齿圈脱离啮合，同时，主开关接触片与端子 30 和端子 C 断开，切断电动机中的电流，整个起动过程结束。

2-5 无起动继电器的控制电路

**2. 带起动继电器的控制电路**

设置起动继电器的目的是减小通过点火开关的电流，防止点火开关烧损。

图 2-15 所示为带起动继电器控制电磁开关的起动系统控制电路。起动继电器上有 4 个接线柱，分别标有起动机、电源、搭铁和点火开关 ST，继电器电磁线圈的两端分别连

接点火开关ST与搭铁接线柱，继电器常开触点的两端分别连接电源与起动机的50端子接线柱。

发动机起动时，将点火开关旋至起动挡，起动继电器的电磁线圈通电，电流路径为：蓄电池"+"→起动机电磁开关30端子→点火开关起动挡→起动继电器线圈ST接柱→起动继电器线圈→起动继电器线圈搭铁接柱→蓄电池负极。继电器触点闭合，接通起动机电路。电流路径分为两路：一路为：蓄电池"+"→起动机电磁开关端子30→继电器电源接柱→继电器触点→起动机端子50→保持线圈→搭铁→蓄电池负极；另一路为：起动机端子50→吸引线圈→起动机端子C→励磁线圈→正极电刷→电枢绕组→负极电刷搭铁→蓄电池负极。保持线圈和吸引线圈的电流方向相同，产生的电磁吸力将活动铁芯吸入，在起动机缓慢转动下，拨叉将单向离合器推出，使驱动齿轮柔和地啮入飞轮齿圈。

当驱动齿轮和飞轮齿圈完全啮合后，与活动铁芯连在一起的接触片将起动机的端子30及端子C接通，接通了主开关，通过电动机的电流增大，转速升高，将发动机起动。

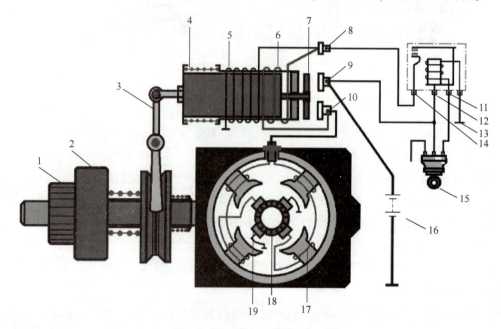

**图2-15 带起动继电器的控制电路**

1—驱动齿轮；2—单向离合器；3—拨叉；4—保持铁芯；5—保持线圈；6—吸引线圈；7—接触片；8—端子50；9—端子30；10—端子C；11—ST；12—电源；13—搭铁；14—起动机；15—点火开关；16—蓄电池；17—励磁线圈；18—电枢；19—电刷

2-6 带起动继电器的控制电路

3. 带保护继电器的控制电路

2-7 带保护继电器的控制电路

## 二、任务实施

### 项目（一）起动机的就车拆装

**1. 项目说明**

王先生的一辆东风风神 AX7 汽车，起动发动机时，起动机运转无力，发动机起动困难，要求更换起动机。

**2. 技术标准与要求**

（1）两个学员配合能在 45min 内完成此项目。起动机拆装过程中必须按规定的步骤和操作规程进行，不得硬撬硬拆。

（2）技术要求，见表 2-2。

表 2-2　技术要求

| 位置 | 力矩 |
| --- | --- |
| 电源线固定螺母 | 5 N·m |
| 起动线固定螺母 | 9.3 N·m |
| 起动机固定螺母 | 62 N·m |

**3. 设备器材**

（1）东风风神 AX7 汽车一辆；

（2）常用拆装工具一套。

**4. 作业准备**

（1）举升机、车辆准备：开进工位，顶好位置，稍微举升车辆，检查车辆是否平稳。
　　　　　　　　　　　　　　　　　　　　　　　　　□ 任务完成

（2）工具、防护用品准备：铺上护套。　　　　　　　□ 任务完成

（3）记录单准备。　　　　　　　　　　　　　　　　□ 任务完成

**5. 操作步骤**

（1）起动机的拆卸。

① 拆卸蓄电池电缆。

松开蓄电池端子螺母（A），拆下蓄电池负极端子电缆，如图 2-16 所示。

注意：断开蓄电池负极电缆之前，首先要对该车上电控单元内保存的故障信息作一个记

录，如读取和记录故障码、座椅位置和方向盘位置等。

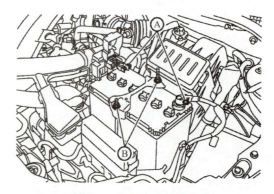

图 2-16 拆卸蓄电池电缆线

② 拆卸起动机电源线、起动线。

使用 13mm 套筒扳手拆卸起动机电源线（端子 30）固定螺母①，使用 8mm 套筒扳手拆卸起动机起动线（端子 50）固定螺母②，脱开电源线、起动线，如图 2-17 所示。

图 2-17 拆卸起动机电源线、起动线

③ 拆卸起动机固定螺栓。

使用 18mm 套筒扳手拆卸起动机固定螺栓③2 个，取下起动机④，如图 2-18 所示。

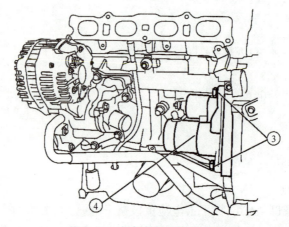

图 2-18 拆卸起动机固定螺栓

(2)起动机的安装。

起动机的装配按照与拆卸相反的顺序进行。

安装完毕后,检查发动机的功能:将点火开关扳至起动挡,检查发动机曲轴旋转是否正常;当发动机起动后,使点火开关离开起动位置,立即检查起动机是否有不正常的声音。

**6. 记录与分析(见表2-3)**

表2-3 记录表

| 作业项目名称:起动机的就车拆装 | 车型:东风风神AX7 |
|---|---|
| 拆卸前车辆状况记录: | |
| 拆卸前故障码读取情况记录: | |
| 就车拆卸起动机过程记录: | |
| 安装起动机过程记录: | |
| 检查起动发动机时的功能记录: | |
| 其他需要记录的问题: | |
| 记录人: | 记录时间: |

## 项目(二)起动机的解体与装配

### 1. 项目说明

王先生的一辆一汽解放卡车,发动机起动时起动机运转无力,要求检修起动机,并检查起动机各个部件的技术状况。

### 2. 技术标准与要求

(1)两个学员配合能在45 min内完成此项目。

(2)技术要求:

① 起动机拆装过程中必须按规定的步骤和操作规程进行,不得硬撬硬拆。

② 拆下的零部件要按先后顺序摆放好,并做好装配标记,以免组装时出现差错和遗漏。

### 3. 设备器材

(1)起动机。

(2)万用表。

(3) 常用拆装工具。

**4. 作业准备**

(1) 工作台摆放整齐，并铺上铺垫。　　　　　　□ 任务完成

(2) 起动机整齐摆放到工作台上。　　　　　　　□ 任务完成

(3) 准备好记录单、拆装工具及仪器仪表，戴上手套。　□ 任务完成

**5. 操作步骤**

(1) 起动机的分解。

起动机的结构不同，解体的步骤、方法也不尽相同，一般过程如下：

① 拆卸电磁开关总成。

拆卸电磁开关总成时，先拆下电磁开关与电动机的连接线，如图 2-19 所示；再拆下电磁开关的 3 个固定螺栓，如图 2-20 所示；从拨叉中取出活动铁芯挂钩，取下电磁开关。

图 2-19　拆卸电磁开关总成　　　图 2-20　拆卸电磁开关固定螺栓

② 拆卸电动机总成。

先拆下后护盖，再拆卸 2 根穿心螺栓，如图 2-21 所示。用平头螺丝刀（或其他专用工具）压住弹簧，拆下电刷，如图 2-22 所示。拆下拨叉轴销螺钉，将电刷架、磁极、电枢与单向离合器、后端盖分离，如图 2-23 和图 2-24 所示。

图 2-21　拆卸穿心螺栓　　　　图 2-22　拆卸电刷

图2-23 取下磁极　　图2-24 取下电枢及离合器

③ 拆卸单向离合器总成。

将电枢及离合器总成固定在台钳上，用平头螺丝刀轻敲卡环，使其向上滑动，如图2-25所示。用平头螺丝刀打开卡环的开口，拆卸卡环1并拆下止推圈2，如图2-26所示。从电枢轴上拆下单向离合器总成。

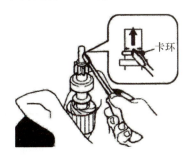 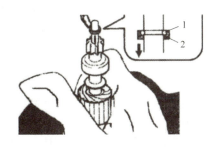

图2-25 敲动卡环向上移动　　图2-26 取下卡环1、止推圈2

④ 起动机各个组成零部件如图2-27所示。

图2-27 起动机各个组成零部件

（2）起动机的组装。

起动机的组装可按分解的相反顺序进行，安装时，衬套中应涂上润滑脂，并注意各部件的安装位置标记。

## 6. 记录与分析（见表 2-4）

表 2-4 记录表

| 作业项目名称：起动机的解体与装配 | 车型：一汽解放卡车 |
|---|---|
| 解体前起动机的状况记录： | |
| 起动机解体过程记录： | |
| 解体完毕后对起动机进行零部件维护情况记录： | |
| 起动机装配过程记录： | |
| 其他需要记录的问题： | |
| 记录人： | 记录时间： |

2-8 起动机各部分的
作用及分解与组装 1

2-9 起动机各部分的
作用及分解与组装 2

2-10 起动机各部分的
作用及分解与组装 3

## 三、拓展学习

### 减速起动机

为增大起动机的输出力矩，减小起动机的体积和质量，在起动机的传动机构与电枢轴间安装了一套齿轮减速装置，即减速起动机。减速起动机主要有平行轴式减速起动机和行星齿轮式减速起动机两种形式。

**1. 平行轴式减速起动机**

如图 2-28 所示，平行轴式减速起动机主要包括电动机、平行轴减速装置、传动机构和控制装置。

图 2-29 所示为减速装置中齿轮的啮合关系。

减速齿轮内毂制成楔形空腔，传动导管装入时，将空腔分割成 5 个楔形腔室，腔室内放置滚柱和弹簧。不传递动力时，滚柱滚向楔形腔室宽端；传递动力时，由滚柱将传动导管和减速齿轮卡紧成一体。

采用平行轴式减速起动机传动力矩比较大，输出力矩也较大。

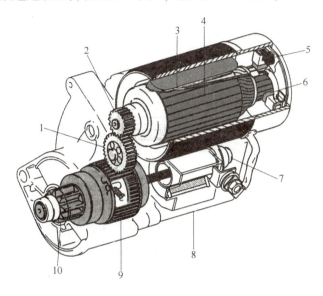

**图 2-28 平行轴式减速起动机的结构**

1—惰轮；2—电枢轴齿轮；3—励磁绕组；4—电枢；5—电刷弹簧；
6—电刷；7—活动铁芯；8—电磁开关；9—滚柱式单向离合器；10—驱动齿轮

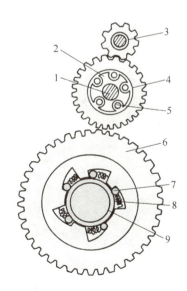

**图 2-29 减速装置中齿轮的啮合关系**

1—中间轴；2—尼龙骨架；3—电枢轴齿轮；4—中间齿轮；5—圆柱滚子轴承；
6—减速齿轮；7—滚柱；8—弹簧；9—传动导管

## 2. 行星齿轮式减速起动机

图2-30所示为行星齿轮式减速起动机的分解图。

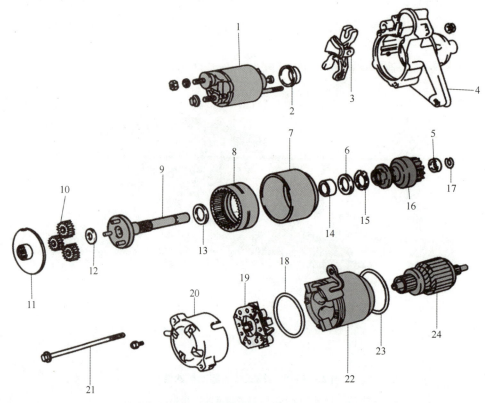

**图2-30　行星齿轮式减速起动机的分解图**

1—电磁起动开关；2—活动铁芯罩；3—驱动杆；4—起动机壳；5—止动套圈；
6, 12, 13—垫圈；7—减震器；8—内齿轮；9—行星齿轮架轴；10—行星齿轮；
11—压板；14—中间轴承；15, 17—弹簧卡环；16—起动机离合器；
18, 23—O形环；19—电刷座；20—换向器端框架；21—贯穿螺栓；
22—励磁绕组；24—电枢

如图2-31所示，行星齿轮式减速起动机中有3个行星齿轮、一个太阳轮（电枢轴齿轮）及一个固定的内齿圈。

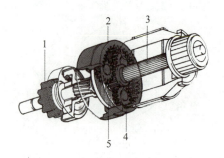

**图2-31　行星齿轮式减速起动机结构**

1—小齿轮；2—内齿轮；3—电枢轴；4—行星齿轮；5—行星齿轮架

内齿圈固定不动，行星齿轮支架是一个具有一定厚度的圆盘，圆盘和驱动齿轮轴制成一体。3个行星齿轮连同齿轮轴一起压装在圆盘上，行星齿轮在轴上可以边自转边公转。驱动齿轮轴一端制有螺旋齿，与离合器传动导管内的螺旋槽配合。

2-11 永磁式减速起动机的拆装 1　　2-12 永磁式减速起动机的拆装 2

# 学习任务 3
## 汽车照明与信号系统结构与拆装

一辆雪铁龙爱丽舍轿车，已行驶 25 000 公里①，车主到 4S 店维修前照灯。在夜间行车时，前照灯的照亮区间偏低，而且照亮的区间角度偏左，造成车主行车时视线不清楚，经常感到视觉疲劳。

通过本任务的学习，应能：
1. 正确描述汽车灯系的组成和作用；
2. 正确描述前照灯的分类、组成、结构、基本要求和前照灯电路；
3. 正确描述前照灯的防炫目措施；
4. 正确描述转向信号灯及其他信号灯的电路及基本工作过程；
5. 根据维修手册，正确选用常用工具和专用设备，在规定时间内，安全规范地进行汽车照明和信号系统主要部件的拆装与更换。

### ❋ 一、知识准备

#### （一）汽车灯系的组成和作用

为保证汽车行驶的安全性、减少交通事故的发生，汽车上均装有多种照明设备和灯光信号装置，俗称灯系。汽车灯系可分为照明和标识信号两部分，如图 3-1 所示。

**1. 照明系统**

照明系统的作用是照明道路、标示车辆宽度、照明车厢内部、指示仪表以及夜间车辆检修。汽车上的照明系统分为室外照明和室内照明两部分。

（1）室外照明。

前照灯：俗称大灯，装在汽车头部的两侧，用于夜间或光线昏暗路面上汽车行驶时的照明，有两灯制和四灯制之分。

雾灯：安装在车头和车尾，装于车头的雾灯位置比前照灯稍低，用于雨雾天气行车的道路照明，称为前雾灯；车尾的雾灯称为后雾灯，主要用于雾天高速行驶的汽车向后方车辆或

---

① 1 公里 = 1 千米。

行人提供本车的位置信息。雾灯的光色为黄色或橙色（黄色光波较长，透雾性能好）。

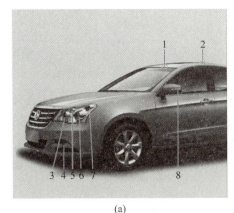
(a)

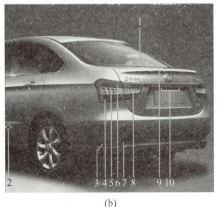
(b)

图 3-1 汽车照明与信号系统

（a）车灯位置（前）；
1—前地图灯；2—室内灯；3—远光灯；4—前雾灯；
5—前位置灯；6—近光灯；7—转向信号灯；8—侧转向信号灯
（b）车灯位置（后）
1—高位制动灯；2—车门灯；3—后雾灯；4—制动灯；5—转向信号灯；
6—后位置灯；7—回复反射器；8—倒车灯；9—后备厢灯；10—牌照灯

牌照灯：装于汽车尾部牌照的上方，用于夜间照亮尾部车牌，当尾灯点亮时，牌照灯也点亮。

倒车灯：安装于车辆尾部，给驾驶员提供额外照明，使其能在夜间倒车时看清车的后面；同时也警告后面车辆，该车驾驶员想要倒车或正在倒车。当点火开关接通、变速器换至倒挡时，倒车灯点亮。

（2）室内照明。

仪表灯：安装在汽车仪表盘上，用于夜间照亮仪表盘，以便于驾驶员能迅速获取行车信息并进行正确操作。尾灯点亮时，仪表灯也同时点亮。有些车还加装了灯光控制变阻器，以使驾驶员能够调整仪表灯的亮度。

顶灯：用于车内照明，但必须不致使司机炫目。有的车辆顶灯兼作门灯用，当车门关闭不严时灯亮，提醒驾驶员注意。通常客车的车内灯都位于驾驶室中部，使车内灯光分布均匀。

为便于夜间检修，在发动机罩上还装有发动机罩灯，有的车辆上还设有工作灯插座并配带导线及移动式灯具。

**2. 灯光信号装置**

信号系统的作用是在转弯、制动、会车、停车和倒车等工况下，警示行人和其他车辆。

转向信号灯：安装在车辆两端以及前翼子板上，汽车转弯时发出明暗交替的闪光信号，以向前后左右车辆表明该车驾驶员正在转弯或改换车道。转向信号灯每分钟闪烁 60~120 次。

危险警告灯：车辆紧急停车或驻车时，危险警告灯给前后左右车辆显示车辆位置。转向信号灯同时闪烁时，即作危险警告灯用。

示宽灯与尾灯：用于夜间为其他车辆指示该车位置与宽度。位于前方的称为示宽灯，位于后方的称为尾灯。

制动灯：安装在车辆尾部，通知后面车辆该车正在刹车，以避免后面车辆与其后部碰撞。

目前，多将前照灯、雾灯、示宽灯等组合起来，称为组合前灯；将尾灯、后转向信号灯、制动灯、倒车灯等组合起来称为组合后灯。

### （二）前照灯

**1. 前照灯的基本要求**

汽车前照灯的照明效果直接影响着夜间交通安全，世界各国交通管理部门多以法律的形式规定了前照灯的照明标准，其基本要求如下：

（1）前照灯应能保证车前有明亮而又均匀的照明，使驾驶员能够看清车前100 m内路面上的物体。随着现代汽车行驶速度的不断提高，对前照灯的要求也越来越高，现代高速汽车前照灯的照明距离应达到200～250 m。

（2）前照灯应防止炫目，以避免夜间两车相会时，使对方驾驶员炫目而造成交通事故。

**2. 前照灯的组成**

前照灯由反射镜、配光镜和灯泡三部分组成，如图3-2所示。

（1）灯泡。

目前汽车前照灯的灯泡有充气灯泡、卤钨灯泡和新型高压放电氙灯等。

① 充气灯泡。其灯丝用钨丝制成（钨的熔点高、发光强），但由于钨丝受热后会蒸发，故将缩短灯泡的使用寿命。制造时，要先从玻璃泡内抽出空气，再充以约86%的氩和14%的氮的混合惰性气体。在充气灯泡内，惰性气体受热后膨胀会产生较大的压力，可减少钨的蒸发，故能提高灯丝的温度，增强发光效率，从而延长灯泡的使用寿命。

为了缩小灯丝的尺寸，常把灯丝制成紧密的螺旋状，这对聚合平行光束是有利的。白炽灯泡的结构如图3-3（a）所示。

3-1 全车灯光系统操作演示

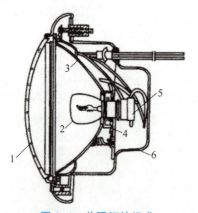

图3-2 前照灯的组成

1—配光镜；2—灯泡；3—反射镜；4—插座；
5—接线盒；6—灯壳

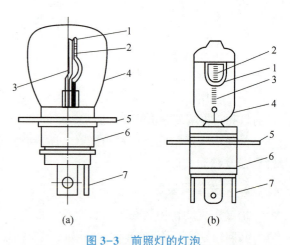

图3-3 前照灯的灯泡

（a）白炽灯泡；（b）卤钨灯泡
1—配光屏；2—近光灯丝；3—远光灯丝；4—灯壳；
5—定焦盘；6—灯头；7—插片

② 卤钨灯泡。虽然白炽灯泡的灯丝周围抽成真空并充满了惰性气体，但是灯丝的钨仍然会蒸发，使灯丝损耗。而蒸发出来的钨沉积在灯泡上，将使灯泡发黑。卤钨灯泡则是在灯泡所充惰性气体中渗入某种卤族元素，其结构如图3-3（b）所示。卤族元素（简称卤素）

是指碘、溴、氯、氟等元素。

卤钨灯泡是利用卤钨再生循环反应的原理制成的。卤钨再生循环的基本过程是：从灯丝上蒸发出来的气态钨与卤素反应生成一种挥发性的卤化钨，它扩散到灯丝附近的高温区受热分解，使钨重新回到灯丝上，被释放出来的卤素继续扩散参与下一次循环反应，如此周而复始地循环下去，从而防止了钨的蒸发和灯泡的黑化现象。

卤钨灯泡尺寸小，灯泡壳用耐高温、机械强度较高的石英玻璃或硬玻璃制成，并充入压力较高的惰性气体，因工作温度高，灯内的工作气压将比其他灯泡大很多，故钨的蒸发受到更为有力的抑制。在相同功率下，卤钨灯的亮度为白炽灯的1.5倍，寿命长2~3倍。

现在使用的卤素一般为碘或溴，称为碘钨灯泡或溴钨灯泡。我国目前生产的是溴钨灯泡。

③ 高压放电氙灯。高压放电氙灯由弧光灯组件、电子控制器、升压器三部分组成。图3-4所示为高压放电氙灯的外形及原理示意图。

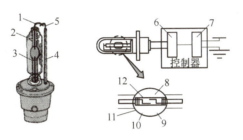

**图3-4　高压放电氙灯外形及原理示意图**

1—外引线；2—外部灯泡；3—电极；4—陶瓷管；5—引线；6—点火器；
7—控制器；8—点火器气体；9—金属卤化物；10—汞；11—电极（钨）；12—弧光灯

高压放电氙灯灯泡发光和日光灯非常相似，亮度是卤钨灯泡的3倍左右，使用寿命是卤钨灯泡的5倍。高压放电氙灯克服了传统灯泡的缺陷，几万伏的高压使得其光亮强度增加，完全满足了汽车夜间高速行驶的需要。这种灯的灯泡里没有灯丝，取而代之的是装在石英管内的两个电极，管内充有氙气及微量金属元素（或金属卤化物）。在电极上加数万伏的引弧电压后，气体开始电离而导电，气体原子即处于激发状态，电子发生能级跃迁而开始发光，电极间蒸发少量水银蒸气，光源立即引起水银蒸气弧光放电，待温度上升后再转入卤化物弧光灯工作。

（2）反射镜。

反射镜的作用是最大限度地将灯泡发出的光线聚合成强光束，以增大照射距离。

前照灯灯泡灯丝发出的光度有限，功率仅为40~60 W。如无反射镜，则只能照清汽车灯前6 m左右的路面；而有了反射镜之后，前照灯照射的距离可达150 m或更远。

如图3-5所示，反射镜一般呈抛物面状，内表面镀铬、铝或银，然后抛光，目前多采用真空镀铝。

**图3-5　半封闭式前照灯的反射镜**

如图 3-6 所示，灯丝位于焦点 F 上，其大部分光线经反射后成为平行光束射向远方，光度增强几百倍，甚至上千倍，达 20 000～40 000 cd 以上，从而将车前 150 m，甚至 400 m 内的路面照得足够清楚。

（3）配光镜。

配光镜又称为散光玻璃，是很多块特殊棱镜和透镜的组合，装于反射镜之前，其作用是将反射镜反射出的平行光束进行折射，使车前路面和路缘都有良好而均匀的照明，如图 3-7 所示。近年来已开始使用塑料配光镜，其特点是质量轻且耐冲击性能好。

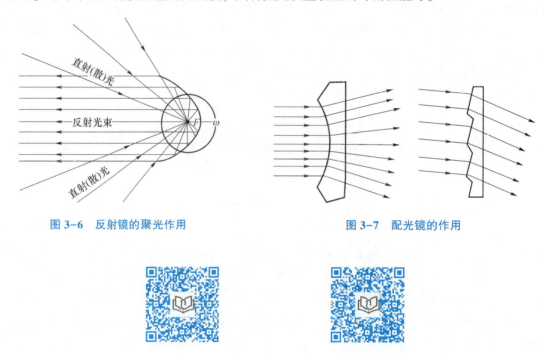

图 3-6　反射镜的聚光作用　　　　　　　图 3-7　配光镜的作用

3-2 配光镜水平部分的散射作用　　　　3-3 配光镜垂直部分的折射作用

**3. 前照灯的防炫目措施**

前照灯能明亮而均匀地照清车前 150 m，甚至 400 m 以内的路面，保证了车辆的夜间行驶，但前照灯射出的强光会使迎面来车的驾驶员炫目。所谓炫目，是指人的眼睛突然被强光照射时，由于视神经受刺激而失去对眼睛的控制，本能地闭上眼睛，或只能看到亮光而看不见暗处物体的生理现象。

夜间会车时，前照灯造成迎面驾驶员炫目容易引发交通事故。为了避免前照灯的炫目作用，在汽车上一般采用双丝灯泡的前照灯，灯泡的一根灯丝为"远光"，另一根为"近光"。当夜间行驶无迎面来车时，可使用远光灯丝，使前照灯光束射向远方，以便于提高车速。当两车相遇时，使用近光灯丝，使光束倾向路面，车前 50 m 内的路面也照得十分清晰，从而避免使迎面来车驾驶员炫目。我国交通法规规定，夜间会车时，须在距对面来车 150 m 以外互闭远光灯，改用防炫目近光灯。

国内外生产的双丝灯泡的前照灯，按近光的配光不同，分为对称形和非对称形两种配光形式。

(1) 对称形配光。

远光灯丝功率较大（45~60 W），位于反射镜的焦点位置，射出的光线远而亮；近光灯丝功率较小（22~55 W），位于反射镜焦点的上方并稍向右偏斜，由于其光线弱，且经反射镜反射后光线大部分向下倾斜，故而减少了对迎面来车驾驶员的炫目作用，如图3-8所示。

(2) 非对称形配光。

远光灯丝位于反射镜的焦点处，近光灯丝则位于焦点前方且稍高出光学轴线，其下方装有金属遮光罩，如图3-9所示。

由于近光灯丝射向反射镜上部的光线反射后倾向路面，而遮光罩挡住了灯丝射向反射镜下半部的光线，故没有向上反射能引起炫目的光线。

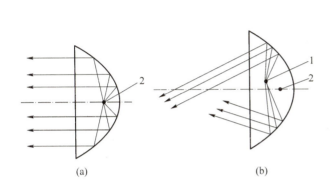

图3-8 双丝灯泡的远、近光束
(a) 远光灯；(b) 近光灯
1—近光灯丝；2—远光灯丝

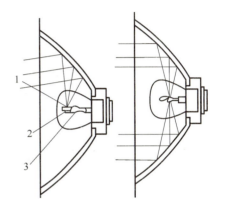

图3-9 带遮光罩的前照灯灯泡
1—近光灯丝；2—遮光罩；3—远光灯丝

遮光罩在安装时偏转一定的角度，使其近光的光形分布不对称而形成一条明显的明暗截止线。若明暗截止线呈Z形，则称为Z形配光。Z形配光不仅可以避免迎面来车的驾驶员的炫目，还可以防止迎面而来的行人和非机动车使用者的炫目，保证了汽车夜间行驶的安全。前照灯的各种配光形式如图3-10所示。

**4. 前照灯的分类**

前照灯可分为可拆式、半封闭式、封闭式、投射式、高压放电氙灯等类型。

氙灯是一种含有氙气的新型前照灯，又称高强度放电灯或气体放电灯。其结构如图3-11所示，由小型石英灯泡、变压器和电子单元组成。灯泡的玻璃用坚硬的耐高温、高压的石英玻璃（二氧化硅）做成，灯内充入高压氙气，缩短灯被点亮的时间。灯的发光颜色由充入灯泡内的氙气、水银蒸气和少量金属卤化物决定。

电子控制器系统是一个独立的系统，包括变压器和电子控制单元，具有产生点火电压和工作电压两种功能。变压器的作用是将低电压变为高电压输出，而电子控制单元的作用主要是限制氙灯灯泡的工作电流，向灯泡提供20 000V以上的点火电压和维持工作的低电压（80 V左右）。

接通电源后，通过变压器，蓄电池电压几微秒内升高到20 000V以上，以脉冲形式加在

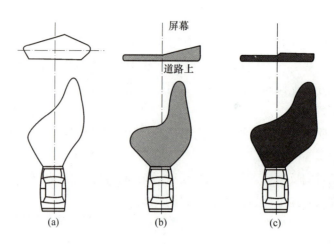

图 3-10 前照灯的配光形式

(a) 对称形；(b) 非对称形；(c) Z 形非对称形

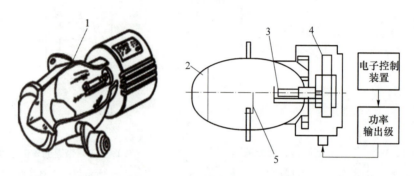

图 3-11 氙灯的结构

1—总成；2—透镜；3—氙灯；4—引燃及稳弧部件；5—遮光灯

石英灯泡内的金属电极之间，激励灯泡内的物质（氙气、少量的水银蒸气、金属卤化物）在电弧中电离产生光亮。由于高温导致碰撞激发，并随压力升高使线光谱变宽形成带光谱。在开关接通的一瞬间，氙灯即产生与 55 W 卤素灯一样的亮度，约 3 s 达到全部光通量。

**3-4 从蜡烛到 LED**

**5. 前照灯控制电路**

（1）组成。

前照灯控制电路主要由灯光开关、变光开关、前照灯继电器及前照灯组成。

① 灯光开关。

灯光开关的形式有拉钮式、旋转式和组合式等，现代汽车上应用较多的是将前照灯、尾灯、转向灯、变光灯及开关灯制成一体的组合式开关，如图 3-12 所示。

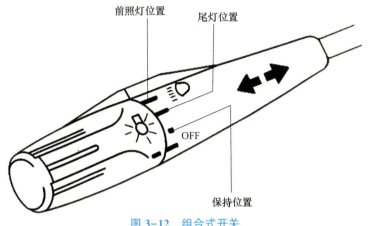

图 3-12 组合式开关

3-5 汽车照明系统的组合开关灯光操作

转动开关端部便可依次接通尾灯（包括位灯）和前照灯，将组合开关向车头方向推，便由近光变为远光；将组合开关拉向自己使其回原位，即将远光变为近光。要让远光灯闪烁，则将组合开关操纵杆拉向自己，并松开，在手松开后，操纵杆将回复原位。根据转向灯指示符号操作，上、下扳动开关，可使左右转向灯工作，向上扳右转向灯工作，向下扳左转向灯工作。

② 前照灯继电器。

前照灯的工作电流较大，特别是四灯制前照灯。若用车灯开关直接控制前照灯，车灯开关易烧坏，因此在电路中设有灯光继电器。图 3-13 所示为触点为常开式的前照灯继电器的结构和引线端子，端子 SW 与前照灯开关相连，端子 E 接地，端子 B 与电源相连，端子 L 与变光开关相连。当接通前照灯开关后，继电器铁芯通电，触点闭合，通过变光开关向前照灯供电。

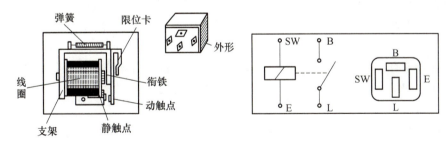

图 3-13 前照灯继电器

（2）工作过程。

现代汽车前照灯的控制电路分为继电器控制式和电子控制式两类。

① 继电器控制式前照灯控制电路。

继电器控制式是目前车用前照灯最典型、应用最广泛的控制方式。

卸荷是指用灯开关控制继电器线圈电路，再用继电器常开触点控制前照灯的电源电路。

单组继电器控制方式的车型有 EQ1092、CA1092 等，其基本电路如图 3-14 所示。电路特点是：灯开关串联在电源与继电器之间，继电器控制变光开关的电源电路。

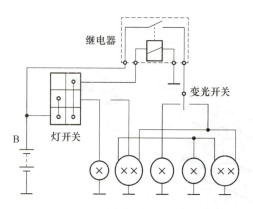

图 3-14 单组继电器控制式前照灯电路

组合继电器控制式前照灯电路如图 3-15 所示。电路特点是：前照灯电源直接由蓄电池供给，灯开关（用于分别控制组合继电器两组线圈电路）串联在电源与组合继电器之间，组合继电器控制前照灯电路的搭铁。其中继电器Ⅰ控制前照灯远光电路的搭铁，继电器Ⅱ控制前照灯近光电路的搭铁。

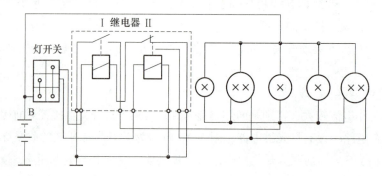

图 3-15 组合继电器控制式前照灯电路

② 电子控制式前照灯电路。

电子控制式前照灯电路能对前照灯的远光与近光进行自动控制。根据所需实现的功能，其电子控制方式有：前照灯会车自动变光器、前照灯光强度自动减弱器、前照灯关闭自动延时器等。在现代汽车中，广泛采用前照灯会车自动变光器。

a. 前照灯会车自动变光器。

前照灯会车自动变光器是一种在夜间行车且在本车与对面来车交会过程中，能自动将前照灯的远光变为近光，或由近光变为远光的电子控制装置。根据接收光敏器件不同，分为具有光敏电阻的自动变光器电路、具有光敏二极管的自动变光器电路和具有光敏三极管的自动变光器电路三类。

图 3-16 所示为具有光敏二极管的前照灯自动变光器电路，该装置仍保留有原脚踏式机械变光开关。该电路的特点是：汽车夜间行驶至两车会车相距 150~200 m 时，前照灯能自动由远光切换到近光，待会车之后又能自动恢复到远光，从而有效地避免了驾驶员用脚反复踏踩变光开关；电路性能稳定可靠、体积小、灵敏度高，并设有手动与自动变光两套独立的控制装置。

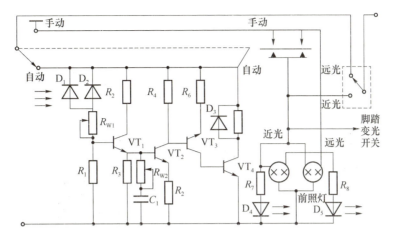

图 3-16 具有光敏二极管的前照灯自动变光器电路

b. 自动点亮系统。

图 3-17 所示为前照灯自动点亮系统的控制电路。当前照灯开关位于 "AUTO" 位置时，由安装在仪表板上方的光传感器检测周围的光线强度自动控制前照灯点亮。其工作过程如下：

车门在关闭状态下，点火开关处于 "ON" 状态时，触发器控制三极管 $VT_1$ 导通，为灯光自动控制器提供电源。

当周围环境的亮度比夜幕检测电路的熄灯照度 $L_2$（约 550 lx）及夜间检测电路的熄灯照度 $L_4$（约 200 lx）更亮时，夜幕检测电路与夜间检测电路都输出低电平，三极管 $VT_2$ 和 $VT_3$ 截止，所有灯都不工作。

当周围环境的亮度比夜幕检测电路的点灯照度 $L_1$（约 130 lx）暗时，夜幕检测电路输出高电平，使 $VT_2$ 导通，点亮尾灯。当变成更暗的状态，达到夜间点灯电路的点灯照度 $L_3$（约 50 lx）以下时，夜间检测电路输出高电平，此时，延迟电路也输出高电压，使三极管 $VT_3$ 导通，前照灯继电器动作，点亮前照灯。

在前照灯点亮时，由于路灯等原因使得周围环境变为明亮的情况下，夜幕检测电路的输出变为低电平。但在延迟电路的作用下，在时间 T 期间，$VT_3$ 仍保持导通状态，前照灯不熄灭。在周围的亮度比夜幕检测电路的熄灯照度 $L_2$ 更亮的情况下（如白天汽车从隧道驶出来），夜幕检测电路输出低电平，并解除延迟电路，尾灯和前照灯都立即熄灭。

点火开关断开，触发器 S 端子断电处于低电平。但触发器由 +U 供电，$VT_2$ 仍处于导通状态，由于触发器 R 端子上也是低电平，故不能改变触发器输出端 Q 的状态。在此状态下打开车门时，触发器 R 端子上就变成高电平，Q 端子的输出会反转成为高电平，向电路供应电源的三极管 $VT_1$ 截止，$VT_2$ 及 $VT_3$ 也截止，所有灯都熄灭。

c. 前照灯光束调整控制。

当车辆的载荷发生变化时，前照灯光束的照射位置随之发生变化，因而不能适当地照亮前方路面。前照灯光束调整机构由执行器、调整螺钉及枢轴组成，如图 3-18 所示。

执行器由电动机和齿轮机构组成，在进行光束调整时，执行器驱动调整螺钉正反向旋转，使调整螺钉左右移动并带动前照灯以枢轴为中心摆动，实现前照灯光束的调整。

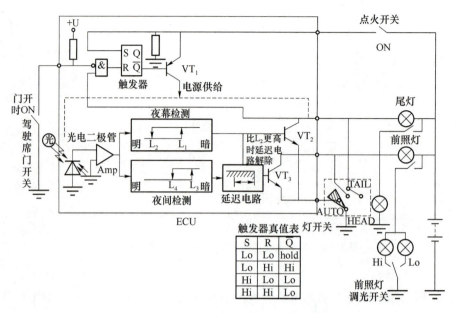

图 3-17　前照灯自动点亮系统的控制电路

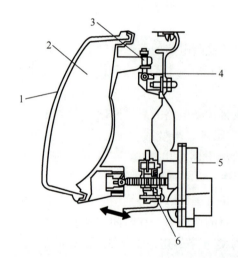

图 3-18　前照灯光束调整机构

1—透镜；2—前照灯部分；3—枢轴管；4—枢轴；5—执行器；6—调整螺钉

3-6 前照灯光束调整的控制电路及工作过程

3-7 奔驰先进的夜视系统

### （三）转向灯与危险报警灯

为指示车辆的行驶方向，汽车上均装有转向信号灯。当汽车要驶离原方向时，需接通左侧或右侧转向信号灯，左边或右边的前、后转向信号灯闪烁发光，以提醒其他车辆的驾驶员；转向后，回转方向盘，控制装置可自动使转向开关回位，转向灯熄灭。转向信号装置一般应具有一定的频闪，我国国标规定为60~120次/min。

汽车在行驶中，当遇见危险情况时，前、后、左、右转向灯同时发出闪光，以作为危险警报信号。

转向信号装置一般由转向开关、转向信号灯、转向指示灯和闪光器等组成，其中闪光器是主要器件。

**1. 闪光器**

闪光器是使转向信号灯按一定时间间隔闪烁的器件，目前使用的闪光器主要有电热式、电容式、电子式。电子闪光器具有性能稳定、可靠性高和寿命长的特点，已获得广泛应用。

电子闪光器可分为触点式（带继电器）和无触点式（不带继电器），不带继电器的电子闪光器又称为全电子闪光器。

(1) 触点式电子闪光器。

图 3-19 所示为带继电器的触点式电子闪光器的电路。当汽车向右转弯时，转向开关 S 接通右转向灯，主线路为蓄电池"+"极→电源开关 SW→接线柱 B→电阻 $R_1$→继电器 J 的触点→接线柱 S→转向开关→右转向灯及转向指示灯→搭铁→蓄电池"-"极，右转向灯亮。

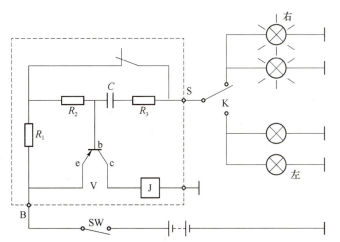

**图 3-19 带继电器的触点式电子闪光器的电路**

同时，$R_1$ 上的电压降使三极管导通产生集电极电流。集电极电流通过继电器 J 的线圈，使继电器常闭触头立即断开，右转向信号灯熄灭。

三极管导通的同时，基极电流向电容器 C 充电。充电电路为：蓄电池"+"极→电源开关 SW→接线柱 B→三极管的发射极 e、基极 b→电容器→电阻 $R_3$→接线柱 S→转向灯开关 K→右转向信号灯→搭铁→蓄电池"-"极。在充电过程中，随着电容器电荷的积累，充电电流逐渐减小，三极管的集电极电流也随之减小。当此电流不足以维持衔铁的吸合而释放时，继电器 J 的常闭触点又重新闭合，转向信号灯再次点亮。这时电容器 C 通过电阻 $R_2$、继电器 J 的常闭触点、电阻 $R_3$ 放电。放电电流在 $R_2$ 上产生的电压降为三极管提供反向偏压，加速了三极管的截止，使继电器 J 的常闭触点迅速断开。当放电电流接近零时，$R_1$ 上的电压降又为三极管提供正向偏压使其导通。因此，电容器 C 不断地充电和放电，三极管也就不断地导通与截止，控制继电器的触点反复地闭合、断开，使转向信号灯发出闪光。

（2）无触点式电子闪光器。

3-8 闪光器的工作过程

无触点式电子闪光器又称全电子式闪光器，即把触点式闪光器中的继电器去掉，采用大功率三极管来取代原来的继电器，其电路如图 3-20 所示。

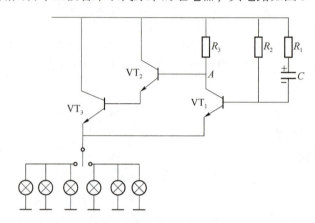

图 3-20　不带继电器的无触点式电子闪光器电路

无触点式电子闪光器是利用电容器充放电延时的特性，控制三极管 $VT_3$ 的导通和截止，来达到闪光的目的的。

接通转向开关后，三极管 $VT_1$ 的基极电流由两路提供，一路经电阻 $R_2$，另一路经 $R_1$ 和 C，使 $VT_1$ 导通，当 $VT_1$ 导通时，$VT_2$、$VT_3$ 组成的复合管处于截止状态。由于 $VT_1$ 的导通电流很小，仅 60 mA 左右，故转向信号灯暗。与此同时，电源对电容器 C 充电，随着电容 C 两端的电压升高，充电电流减小，$VT_1$ 的基极电流减小，使 $VT_1$ 由导通变为截止。这时 A 点电位升高，当其电位达到 1.4 V 时，$VT_2$、$VT_3$ 导通，于是转向信号灯亮。此时电容器 C 经过 $R_1$、$R_2$ 放电，放电时间为灯亮时间。电容 C 放完电，接着又充电，$VT_1$ 再次导通使 $VT_2$、$VT_3$ 截止，转向信号灯又熄灭，电容 C 的充电时间为灯灭的时间。如此反复，使转向信号灯发出闪光。改变 $R_1$、$R_2$ 的电阻值和电容 C 的大小以及 $VT_1$ 的电流放大倍数 $\beta$ 值，即可改变闪光频率。

**2. 转向信号灯与危险警报灯控制电路**

图 3-21 所示为转向信号灯与危险警报灯的工作电路，电路特点可归纳如下：

（1）转向灯 7、8（或 9、10）与转向灯开关 6 及转向闪光器 5 经危险报警灯开关 4 的常闭触点与点火开关 2 串联，即转向信号灯是在点火开关处于工作挡时使用。

（2）危险报警灯的使用场合主要是本车有故障不能行驶；或本车有索引其他车的任务，需要其他车辆注意；或本车需要优先通过，需其他车辆注意。此时，本车可以在发动机不工作时使用危险报警灯。为此，电路中需设有危险报警灯开关 11。此开关中增加了一个触点联动开关，它在点火开关处于不工作状态时，将蓄电池电源线与闪光器及灯泡相连，并将闪光器 5 的输出端与左右转向信号灯相连。在闪光器工作时，左右转向灯及指示灯同时闪光发出危险信号。

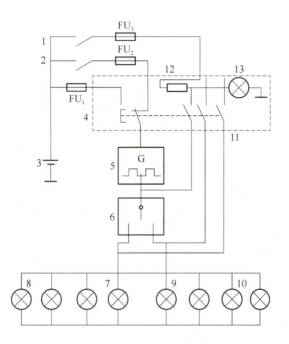

**图 3-21 转向信号灯与危险报警灯工作电路**

1—照明灯开关；2—点火开关；3—蓄电池；4—危险报警灯；5—转向闪光器；
6—转向灯开关；7—左转向信号灯；8—左转向信号指示灯；9—右转向信号灯；
10—右转向信号指示灯；11—危险报警灯开关；12—降压电阻；13—危险报警指示灯

### （四）制动信号装置

制动信号灯安装在车辆尾部，通知后面车辆该车正在制动，以避免后面车辆与其后部相撞。

制动信号灯由制动开关控制，因控制的方式不同，可分为气压式、液压式和机械式三种。

图 3-22 所示为气压式制动信号灯开关的结构，其一般安装于制动管路中。制动时，制动压缩空气推动橡皮膜片向上拱曲，使触点闭合，接通制动灯电路。

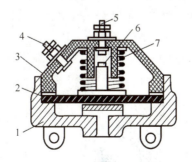

**图 3-22 气压式制动信号灯开关的结构**

1—壳体；2—膜片；3—胶木盖；4，5—接线柱；6—触点；7—弹簧

图 3-23 所示为液压式制动信号灯开关的结构，其一般安装于制动管路中。当踩下制动

踏板时，制动系统中的油液压力增大，膜片 2 向上拱曲，克服弹簧 5 的作用力使动触片 4 接通接线柱 6 和 7，制动信号灯通电发亮。松开制动踏板时，油液压力下降，动触片在弹簧 5 的作用下复位，制动信号灯熄灭。

图 3-24 所示为制动踏板直接连动的机械行程开关，一般安装于制动踏板下方，当踩下制动踏板时，制动开关内的活动触点便将两接线柱接通，使制动灯点亮；当松开踏板后，断开制动灯电路。

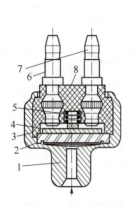

图 3-23 液压式制动信号灯开关的结构

1—管接头；2—膜片；3—壳体；4—动触片；5—弹簧；
6，7—接线柱及动触头；8—绝缘体

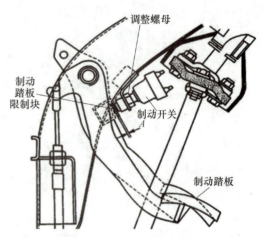

图 3-24 制动踏板直接连动的机械行程开关

### （五）倒车信号装置

汽车倒车时，为了警告车后的行人和驾驶员，也为了给该车驾驶员提供额外照明，使其能够在夜间倒车时看清车的后部，在汽车的后部常装有倒车灯、倒车蜂鸣器或语音倒车报警器，它均由装在变速器盖上的倒车开关自动控制。

**1. 倒车开关**

倒车开关的结构如图 3-25 所示。当把变速杆拨至倒车挡时，由于倒车开关中的钢球 1 被松开，在弹簧 5 的作用下，触点 4 闭合，于是倒车灯、倒车蜂鸣器或语音倒车报警器便与电源接通，使倒车灯发亮，蜂鸣器发出断续的鸣叫声，而语音倒车报警器则发出"请注意，倒车"的声音。

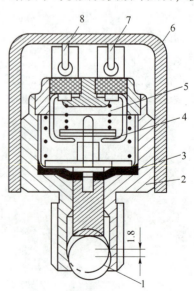

图 3-25 倒车开关的结构

1—钢球；2—壳体；3—膜片；4—触点；
5—弹簧；6—保护膜；7，8—导线

3-9 倒车蜂鸣器

3-10 语言倒车报警器

## 2. 倒车雷达装置

倒车雷达装置在倒车时起辅助报警功能，使倒车更加安全。

当驾驶员挂入倒挡后，倒车雷达侦测器进入自我检测。当自我检测通过后，就开始检测汽车后部障碍物，如风神Ⅱ号轿车的倒车雷达装置，在汽车后部 50 cm 处检测到物体表面积为 25 cm² 以上的障碍物，就会发出报警声，以提醒驾驶员注意。

倒车雷达装置由倒车雷达侦测器、控制器和蜂鸣器等组成。倒车雷达侦测器安装在车辆后部保险杠上，如图 3-26 所示。它向汽车后部发射超声波，并接收反射回来的超声波。控制器接收从侦测器传来的信号，经计算判断障碍物离车尾的距离，若达到报警位置，就传送信号给蜂鸣器。

倒车雷达装置是利用声呐原理工作的，如图 3-27 所示。当发射的超声波频率达到 40 kHz，超声波遇到障碍物时，会有反射波产生，被传感器接收后，控制器就会利用发射波与反射波计算出障碍物和雷达发射器之间的距离，并据此采取相应的报警提示。

图 3-26 倒车雷达装置安装位置

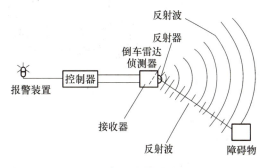

图 3-27 倒车雷达装置的工作原理

3-11 倒车可视雷达

3-12 倒车雷达的选用安装

## （六）喇叭

汽车上喇叭的作用是警告行人和其他车辆，以引起注意，保证行车安全。

### 1. 类型

汽车上的喇叭类型较多，根据分类方法不同其类型也不同。常见的分类方法及类型有以下几种。

汽车上的喇叭按发声动力不同，可分为气喇叭、电喇叭。气喇叭是利用气流使金属膜片振动产生音响，外形一般为筒形，多用在具有空气制动装置的重型载重汽车上。电喇叭是利用电磁力使金属膜片振动产生音响，其声音悦耳，广泛应用于各种类型的汽车上。

电喇叭按有无触点可分为普通电喇叭和电子电喇叭。普通电喇叭是靠触点的闭合和断开，控制电磁线圈激励膜片振动而产生音响的；电子电喇叭中无触点，是利用晶体管电路激励膜片振动产生音响的。在中小型汽车上，由于安装的位置限制，多采用螺旋形和盆形电喇叭。盆形电喇叭具有体积小、质量轻、指向好和噪声小等优点。

此外，汽车上的喇叭按外形不同，可分为螺旋形、筒形、盆形喇叭；按音频高低不同，可分为高音和低音喇叭。

（1）普通电喇叭。

图 3-28 所示为普通电喇叭的结构，其中膜片 3 和共鸣板 2 借中心杆 15 与衔铁 10、音量调整螺母 13、锁紧螺母 14 连成一体。

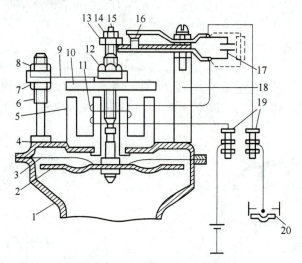

图 3-28　普通电喇叭的结构

1—扬声器；2—共鸣板；3—膜片；4—底板；5—山字形铁芯；6—螺柱；7—音调调整螺母；8，12，14—锁紧螺母；9—弹簧片；10—衔铁；11—线圈；13—音量调整螺母；15—中心杆；16—触点；17—电容器；18—触点支架；19—接线柱；20—喇叭按钮

其工作过程是：当按下按钮时，电流由蓄电池正极→线圈 11→触点 16→喇叭按钮 20→搭铁→蓄电池负极。当电流通过线圈 11 时，产生电磁吸力，吸下衔铁 10，中心杆上的音量调整螺母 13 压下活动触点臂，使触点 16 分开而切断电路。此时线圈 11 的电流中断，电磁吸力消失，在弹簧片 9 和膜片 3 的弹力作用下，衔铁又返回原位，触点闭合，电路又接通。

此后，上述过程反复进行，膜片不断振动，从而发出一定音调的音波，由扬声器 1 加强后传出。共鸣板与膜片刚性连接，使振动时发出的声音更加悦耳。为了减小触点火花，保护触点，在触点 16 间并联了一个电容器（或消弧电阻）。

（2）电子电喇叭。

普通电喇叭由于触点易烧蚀、氧化，故会影响电喇叭的工作可靠性，故障率高。无触点电喇叭利用晶体管控制电路来激励膜片振动产生声响。

图 3-29 所示为电子电喇叭的结构，其原理电路如图 3-30 所示。

当喇叭电路接通电源后，由于三极管 VT 加正向偏压而导通，线圈中便有电流通过，产生电磁力，吸引上衔铁，连同绝缘膜片和共鸣板一起动作；当上衔铁与下衔铁接触而直接搭铁时，三极管 VT 失去偏压而截止，切断线圈中的电流，电磁力消失，膜片与共鸣板在弹力作用下复位，上、下衔铁又恢复为断开状态，三极管 VT 又导通。如此周而复始地动作，膜片不断振动便发出响声。

## 2. 喇叭继电器

为了得到更加悦耳的声音，在汽车上常装有两个不同音调（高、低音）的喇叭。其中高音喇叭膜片厚，扬声筒短，低音喇叭则相反。在汽车上有时甚至装有三个（高、中、低）不同音调的喇叭。

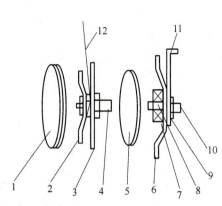

图 3-29　电子电喇叭的结构

1—罩盖；2—共鸣板；3—绝缘膜片；4—上衔铁；5—纸张垫圈；6—喇叭体；
7—线圈；8—下衔铁；9—锁紧螺母；10—调节螺钉；11—托架；12—导线

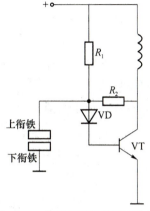

图 3-30　电子电喇叭的原理电路

当汽车装用双喇叭时，消耗电流较大（15~20 A），用按钮直接控制时，按钮容易烧坏。采用继电器可实现小电流流过按钮、大电流流过继电器触点的控制效果。喇叭继电器的构造和接线方法如图 3-31 所示。

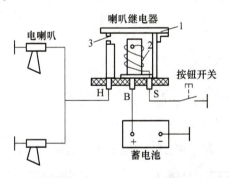

图 3-31　喇叭继电器的构造和接线方法

1—触点臂；2—线圈；3—触点

当按下按钮开关时，蓄电池电流便流经线圈 2（因线圈电阻很大，流过线圈 2 及按钮开关的电流不大），产生电磁吸力，吸下触点臂 1，触点 3 闭合，接通喇叭电路。因喇叭的大电流不再经过按钮，从而保护了喇叭按钮。当松开按钮时，线圈 2 内电流被切断，磁力消失，触点在弹簧力作用下打开，即可切断喇叭电路，使喇叭停止发音。

3-13 汽车灯光、信号系统控制电路

## 二、任务实施

### 项目　前照灯的就车拆装

**1. 项目说明**

汽车前照灯（俗称"汽车大灯"）是汽车夜间行驶的必要设备。前照灯在使用过程中，由于灯泡烧毁、污损，将影响夜间行车安全，必须在维护中及时修复。因此，需要掌握前照灯的正确拆装方法和步骤。

**2. 技术标准与要求**

（1）一个学员能在 120 min 内完成此项目。

（2）技术标准：正确选用和使用常用工具及专用工具，熟知拆装前照灯的方法和步骤。

**3. 设备器材**

（1）东风雪铁龙三厢爱丽舍轿车一辆。

（2）常用工具一套。

（3）卡扣专用拆装工具，如图 3-32 所示。

（4）照明灯一只。

图 3-32　卡扣专用拆装工具

**4. 作业准备**

（1）检查举升机。　　　　　　　□ 任务完成

（2）将车辆开进工位。　　　　　□ 任务完成

（3）顶好车辆位置。　　　　　　□ 任务完成

（4）稍微举升车辆。　　　　　　□ 任务完成

（5）检查车辆是否平稳。　　　　□ 任务完成

**5. 操作步骤**

（1）拆卸保险杠上盖板螺钉①，如图 3-33 所示。

（2）拆卸保险杠上盖板塑料销钉②，如图 3-34 所示。

图 3-33　拆卸保险杠上盖板螺钉①

图 3-34　拆卸保险杠上盖板塑料销钉②

(3) 如图 3-35 所示，拆卸挡水板螺栓③和螺钉④。

图 3-35　拆卸挡水板及保险杠底部的螺栓和螺钉

(4) 拆卸图 3-35 所示的挡水板⑥，拆卸后的挡水板如图 3-36 所示。

(5) 拆卸保险杠底部螺钉⑤，如图 3-35 所示。

(6) 拆卸保险杠上部螺钉⑦（左右各一个），如图 3-37 所示。

(7) 平行朝前拖出前保险杠⑧，如图 3-37 所示。

图 3-36　拆卸后的挡水板

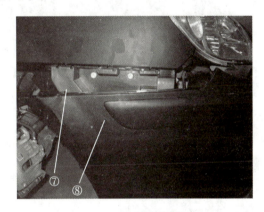

图 3-37　平行朝前拖保险杠

(8) 断开前雾灯插接器，如图 3-38 所示。

(9) 拆卸前保险杠，拆卸后的前保险杠如图 3-39 所示。

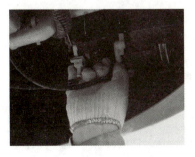

图 3-38　断开前雾灯插接器

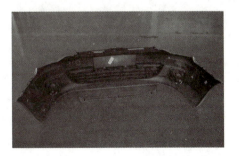

图 3-39　拆卸后的前保险杠

(10) 拆卸前照灯固定螺栓⑨和⑩,如图3-40所示。

(11) 断开前照灯线束,如图3-41所示。

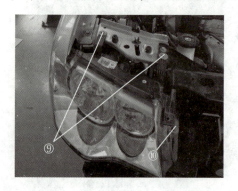 

图3-40 拆卸前照灯固定螺栓　　　　图3-41 断开前照灯线束

(12) 拆卸前照灯:取下防尘罩,拆下卡簧,取出灯泡,如图3-42所示。

图3-42 拆卸前照灯

(13) 安装:按与拆卸相反的顺序安装汽车前照灯。

## 6. 记录与分析（见表3-1）

表3-1 汽车前照灯拆卸顺序表

| 学生姓名 | | 班级学号 | |
| --- | --- | --- | --- |
| 拆卸顺序 | 拆卸部件名称 | 拆卸顺序 | 拆卸部件名称 |
| 1 | | 8 | |
| 2 | | 9 | |
| 3 | | 10 | |
| 4 | | 11 | |
| 5 | | 12 | |
| 6 | | 13 | |
| 7 | | 14 | |

3-14 汽车灯光、信号系统控制电路

## 三、拓展学习

### 随动转向大灯系统（AFS）

通常，汽车上安装的普通大灯具有固定的照射范围，当夜间汽车在弯道上转弯时，由于无法调节照明角度，常常会在弯道内侧出现"盲区"，极大地威胁驾驶员夜间的行车安全。随动转向大灯系统能够根据行车速度、转向角度等自动调节大灯的偏转，以便提前照亮"未到达"的区域，提供全方位的安全照明，以确保驾驶员在任何时刻都拥有最佳的可见度。近年来，一些中高档车上配备了随动转向大灯，例如，东风雪铁龙的凯旋、广州丰田的凯美瑞和东风日产的新天籁、大众CC，等等。现以凯旋为例说明。

凯旋的随动转向大灯是雪铁龙C5的优良传统得以保持的结果，它不仅具有随动转向功能，而且还是双氙气大灯。凯旋的随动转向大灯可"上下""左右"随动，光束随转向盘转动而转动（转弯时内侧灯可转动15°，外侧灯可转动8°），光束宽度加大，特别是在连续弯道上，弯道内侧照明更宽、照明范围更大，可照亮传统车灯照不到的盲区，以便驾驶员及时发现路上的障碍物和行人，提高了驾车的安全性，再加上双氙气大灯的光线比卤素灯强两倍，故可以看清更远处的障碍物，如图3-43所示。

高度动态校正：当光束调节良好时，以图3-44（a）所示为参考值，当加速或后载重时，光束太高，该系统就会降低光束，如图3-44（b）所示；当制动时，光束太低，该系统就会升高光束，如图3-44（c）所示。

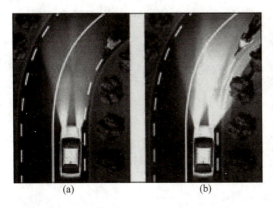

图 3-43 有无随动转向大灯系统的效果比较
（a）无随动转向大灯系统；（b）有随动转向大灯系统

图 3-44 高度动态校正
（a）光束调节良好；（b）光束太高；（c）光束太低

方向校正：可以根据车辆的纵轴而改变光束，考虑转弯，左转时，向左转；右转时，向右转，如图3-45所示。左转时无校正，则路面可视性差；左转时有校正，则舒适安全，如图3-46所示。

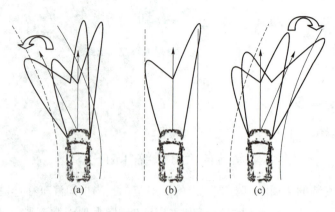

图3-45 方向校正

(a) 左转；(b) 直行；(c) 右转

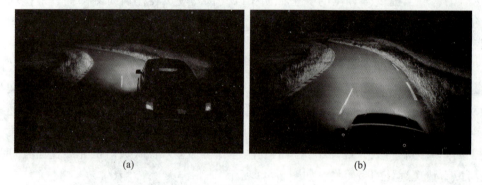

图3-46 左转有无校正的比较

(a) 左转时无校正；(b) 左转时有校正

# 学习任务 4
## 汽车仪表与报警系统结构与拆装

一辆东风雪铁龙爱丽舍汽车行驶 23 686 公里,车辆行驶过程中机油压力报警。车主将车开到 4S 店,经检查是机油压力传感器损坏所致,需拆装更换机油压力传感器,请你完成该项作业任务。

通过本任务的学习,应能:
1. 叙述汽车仪表、报警系统的组成及主要部件的作用、结构和原理;
2. 熟悉汽车仪表、报警系统通用符号的含义;
3. 描述汽车仪表、报警系统主要部件的安装位置及拆装方法;
4. 根据维修手册,正确选用常用工具和专用设备,在 90 min 内,安全规范地进行汽车仪表、报警系统等主要部件的拆装和更换。

## 一、知识准备

### (一) 概述

为使驾驶员随时掌握车辆的各种状况,及时发现和排除潜在故障,在驾驶员座位前方的仪表板上装有各种测量仪表及报警装置,如冷却液温度表、转速表、燃油表等仪表及冷却液温度报警、机油压力报警等装置。各仪表及报警装置在仪表板上的布置如图 4-1 所示。

对仪表的要求,既要结构简单、工作可靠、耐振动、抗冲击,又要示数准确,在电源电压波动时所引起的变化应尽可能小,且不随环境温度的变化而变化。

电子显示组合仪表相对于传统仪表具有易于辨认、精确度高、可靠性好及显示模式自由化等特点,能够利用并根据各种传感器传来的信号进行计算,以确定车辆的行驶速度、发动机转速、发动机冷却液温度、燃油量及车辆其他情况的测量数据,并将这些数据以数字或条形图的形式显示出来,如图 4-2 所示。

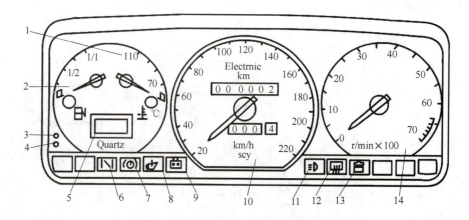

图 4-1　桑塔纳 2000 型轿车用组合仪表

1—冷却液温度表；2—燃油表；3—电子钟分针调整旋钮；4—电子钟时针调整旋钮；
5—电子液晶钟；6—阻风门拉起指示灯；7—手制动拉起和制动液面警告灯；
8—机油压力警告灯；9—充电指示灯；10—电子车速里程表；11—远光指示灯；
12—后窗除霜加热指示灯；13—冷却液液面警告灯；14—电子发动机转速表

图 4-2　电子式组合仪表

4-1 迈腾仪表显示系统

## （二）汽车仪表

**1. 冷却液温度表及传感器**

（1）作用：用来指示发动机冷却液的工作温度，以防因冷却液温度过高而使发动机过热。

（2）组成：由安装在发动机水套上的冷却液温度传感器和安装在仪表台上的冷却液温度指示表组成。

（3）分类：冷却液温度表可分为电热式、电磁式和动磁式三种，冷却液温度传感器可分为双金属片式和热敏电阻式两种。电热式冷却液温度表常与双金属片式传感器、热敏电阻式传感器相配，而电磁式冷却液温度表常与热敏电阻式传感器相配。

① 电热式（双金属片式）冷却液温度表和冷却液温度传感器。

a. 结构和原理。

如图 4-3 所示，其结构与原理和电热式（双金属片式）机油压力表与机油压力传感器相同。冷却液温度传感器是一个密封的套筒，内装有条形双金属片 2，其上绕有加热线圈，一端与触点相接，另一端通过接触片 3、接线柱 4 与冷却液温度表加热线圈串联。

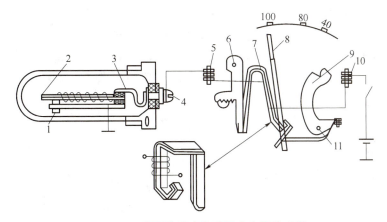

图 4-3 双金属片式冷却液温度表及传感器

1—固定触点；2，7—双金属片；3—接触片；4，5，10—接线柱；
6，9—调节齿扇；8—指针；11—弹簧片

b. 工作过程。

当点火开关置于"ON"时，电流流过加热线圈，双金属片 2 受热变形使触点分离，切断电路；随后双金属片冷却伸直，触点重新闭合，电路被接通。如此反复，则在电路中形成一脉冲电流。

当冷却液温度较低时，双金属片 2 受加热线圈加热变形向上弯曲，使触点分开，由于冷却液温度较低，双金属片很快被冷却，触点重新闭合。因此，触点闭合时间长，流经加热线圈的平均电流大，指示表中双金属片 7 变形也较大，指针偏转较大，指向低温区。

当冷却液温度升高时，传感器周围的温度也升高，双金属片受热变形后，冷却速度变慢，则触点分离时间变长，闭合时间缩短，流经加热线圈的平均电流减小，双金属片 7 变形减小，指针偏转小，指向高温区。

② 电磁式冷却液温度表和热敏电阻式冷却液温度传感器。

如图 4-4 所示，其结构与原理和电磁式机油压力表与可变电阻式机油压力传感器相同。热敏电阻式冷却液温度传感器属负温度系数热敏电阻，当冷却液温度较低时，其阻值较大；而冷却液温度升高时，其电阻值会逐渐减小。电磁式冷却液温度表内有两个线圈，$L_2$ 与传感器串联，$L_1$ 与传感器并联。两个线圈中间装有指针可转动的衔铁 4。串联电阻 $R$ 用来限制流经线圈 $L_2$ 的电流。

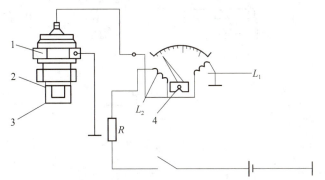

图 4-4 电磁式冷却液温度表和热敏电阻式冷却液温度传感器

1—热敏电阻；2—弹簧；3—传感器壳体；4—衔铁

电磁式冷却液温度表和热敏电阻式冷却液温度传感器的等效电路如图 4-5 所示。当冷却液温度低时，热敏电阻阻值大，流经 $L_1$ 线圈与 $L_2$ 线圈的电流相差不多，但 $L_1$ 匝数多，产生磁场强，吸引衔铁使指针指向低温区；当冷却液温度升高时，热敏电阻阻值减小，分流作用增强，流经 $L_1$ 的电流减小，磁力减弱，衔铁被 $L_2$ 吸引，指针向右偏转指向较高温度。

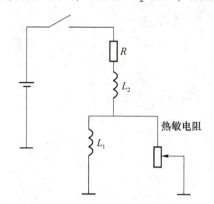

图 4-5　电磁式冷却液温度表和热敏电阻式冷却液温度传感器的等效电路

**2. 燃油表及传感器**

（1）作用：指示燃油箱内剩余的燃油量。
（2）组成：由安装在燃油箱内的燃油量传感器和安装在仪表台上的燃油量指示表组成。
（3）分类：燃油量指示表有双金属片式、电磁式以及动磁式三种，燃油量传感器均为可变电阻式。

① 双金属片式燃油表。

双金属片式燃油表的传感器与电磁式相同，燃油量指示表采用双金属片。

图 4-6 所示为带稳压器的双金属片式燃油表。当油箱无油时，浮子下沉，滑片 6 处于可变电阻 5 的最右端，传感器的电阻全部串入电路中，此时电路中电流最小，燃油表加热线圈 2 发热量小，双金属片 3 变形小，带动指针 4 指在 "0" 位。

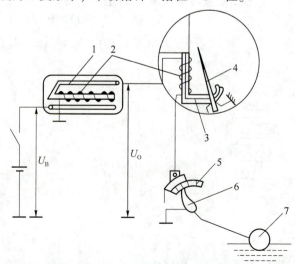

图 4-6　带稳压器的双金属片式燃油表
1—稳压器；2—加热线圈；3—双金属片；4—指针；5—可变电阻；6—滑片；7—浮子

当燃油箱内油量增加时，浮子上升，滑片向左移动，串入电路中的电阻减小，电路中的电流增大，燃油表加热线圈 2 发热量大，双金属片 3 变形增大，带动指针 4 向右偏转。

当燃油箱充满油时，滑片移至最左端，将可变电阻短路，此时电路中电流最大，指针偏到最右边，指在 "1" 处。

油面高低的变化可改变可变电阻值的大小，从而改变与之串联的加热线圈的电流大小，使双金属片变形推动指针，指示相应的燃油液面高度。

② 电磁式燃油表。

图 4-7 所示为电磁式燃油表的结构与工作原理。

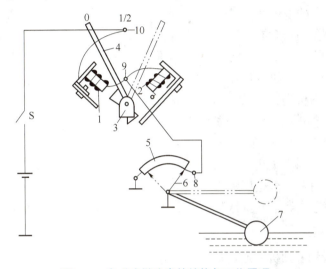

图 4-7　电磁式燃油表的结构与工作原理

1—左线圈（$L_1$）；2—右线圈（$L_2$）；3—转子；4—指针；5—可变电阻；6—滑片；7—浮子；8，9，10—接线柱

传感器由可变电阻滑片和浮子组成。当燃油箱内油位变化时，浮子带动滑片移动，$L_2$ 与可变电阻并联，$L_1$ 与可变电阻串联。

当点火开关置于 "ON" 时，电流由蓄电池正极→点火开关 S→燃油表接线柱 10→左线圈 $L_1$→接线柱 9→右线圈 $L_2$→搭铁→蓄电池负极。同时，电流由接线柱 9→传感器接线柱 8→可变电阻 5→滑片 6→搭铁→蓄电池负极。左线圈 $L_1$ 和右线圈 $L_2$ 形成合成磁场，转子 3 就在合成磁场的作用下转动，使指针指在某一刻度上。

当油箱无油时，浮子下沉，可变电阻 5 上的滑片 6 移至最右端，可变电阻 5 被短路，右线圈 $L_2$ 也被短路，左线圈 $L_1$ 的电流达最大值，产生的电磁吸力最强，吸引转子 3，使指针停在最左面的 "0" 位上。

随着油箱中油量的增加，浮子上浮，带动滑片 6 沿可变电阻滑动。可变电阻 5 部分接入电路，左线圈 $L_1$ 中电流相应减小，而右线圈 $L_2$ 中电流增大，转子 3 在合成磁场的作用下向右偏转，带动指针指示油箱中的燃油量。如果油量半满，则指针指在 "1/2" 处；若油量全满，则指针指在 "1" 处。

### 3. 车速里程表

（1）作用：用来指示汽车行驶速度和累计行驶里程数的仪表。

（2）组成：由车速表和里程表两部分组成。

(3) 分类：有磁感应式和电子式两种。

① 磁感应式车速里程表。

② 电子式车速里程表。

a. 电子式车速里程表的组成。

电子式车速里程表广泛应用于现代汽车中，它主要由车速传感器、电子电路、车速表和里程表四部分组成。

b. 电子式车速里程表的车速传感器。

车速传感器由变速器驱动，其作用是产生正比于汽车行驶速度的电信号。如图 4-8 所示，它由一个舌簧开关和一个含有 4 对磁极的转子组成，转子每转一周，舌簧开关中的触点闭合 8 次，产生 8 个脉冲信号。如果将该脉冲信号送入数字电路或者计算机进行计数和运算，就可以得到车速和里程输出。汽车每行驶 1 km，车速传感器将输出 4 127 个脉冲信号。

4-2 磁感应式车速里程表

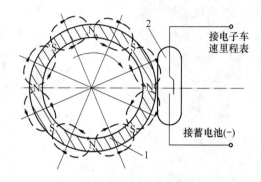

图 4-8　奥迪 100 型轿车车速传感器

1—塑料环；2—舌簧开关

c. 电子式车速里程表的电子电路。

电子电路的作用是将车速传感器送来的具有一定频率的电信号，经整形、触发后，输出一个与车速成正比的电流信号。

**4. 发动机转速表**

(1) 作用：指示发动机的运转速度，检查并监视发动机的工作状况，使驾驶员正确选择换挡时机。

(2) 分类：有机械传动磁感应式转速表、电动磁感应式转速表、电子式转速表三种。电子式转速表具有结构简单、指示准确、安装方便等优点，广泛应用于现代汽车中。电子式转速表获取转速信号的方式有两种：一种是取自点火系统初级电路的脉冲电压；另一种是取自安装在发动机飞轮壳上的转速传感器。

电磁感应式转速表由安装在飞轮壳上的转速传感器和安装在仪表板上的转速指示表（包括电子线路）组成。图 4-9 所示为电磁感应式转速传感器的结构原理，它由永久磁铁 3、感应线圈 6、心轴 5、外壳 2 等组成。

当飞轮转动时，齿顶与齿底不断地通过心轴，空气隙的大小发生周期性变化，使穿过心轴的磁通也随之发生周期性变化，于是在感应线圈中感应出交变电动势。该交变电动势的频率与心轴中磁通变化的频率成正比，也即与通过心轴端面的飞轮齿数成正比。

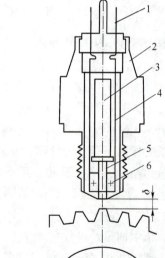

图 4-9　电磁感应式转速传感器的结构原理

1—接线片；2—外壳；3—永久磁铁；4—连接线；
5—心轴；6—感应线圈；δ—空气隙

4-3 仪表稳压器

### (三) 报警装置

**1. 报警装置概述**

(1) 作用：为了指示汽车某系统的工作状况，引起车外行人及车辆或本车驾驶员的注意，保证行车安全，防止事故发生所设置的灯光或声音信号装置称为报警装置。

(2) 分类：一般分为对内（车辆驾驶员）和对外（行人及其他车辆）两类报警装置。

对内报警装置通常由报警灯和报警开关组成，当被监测的系统或总成不正常时，开关自动接通而使指示灯发亮，以提醒驾驶员注意，如机油压力报警灯、车门未关好报警灯、制动液不足报警灯、燃油不足报警灯、发动机故障报警灯、制动系统故障报警灯、防盗报警灯等。

对外报警装置通常有危险报警闪光装置、转向蜂鸣器、倒车报警蜂鸣器、汽车防撞报警装置、前照灯未关及点火钥匙未拔报警系统等。一般带有声音并同时有灯光信号。

(3) 报警指示灯及符号标志：报警指示灯及符号标志如图 4-10 所示。报警灯通常安装在仪表板上，灯泡的功率一般为 1~4 W，在灯泡前装有滤光片，使报警灯发出红光、黄光或蓝光，滤光片上通常有标准图形符号。现代汽车上报警灯光源大多采用发光二极管。

| | | | | | |
|---|---|---|---|---|---|
| 燃油 | (水)温度 | 油压 | 充电指示 | 转向指示灯 | 远光 |
| 近光 | 雾灯 | 手制动 | 制动失效 | 安全带 | 油温 |
| 示廓(宽)灯 | 真空度 | 驱动指示 | 发动机室 | 行李室 | 停车灯 |
| 危险报警 | 风窗除霜 | 风机 | 刮水/喷水器 | 刮水器 | 喷水器 |
| 车灯开关 | 阻风门 | 喇叭 | 点烟器 | 后刮水器 | 后喷水器 |

图 4-10 报警指示灯及符号标志

## 2. 报警装置的结构及原理

（1）机油压力报警装置。

机油压力的正常与否，直接影响汽车的使用性能与工作的可靠性，因此许多车辆设置了机油压力报警灯，当机油压力降低或升高到允许限值时，仪表板上的报警灯即亮，以提醒驾驶员注意。机油压力报警开关一般安装在发动机主油道上。

图4-11所示为弹簧管式油压报警装置。接通点火开关，发动机尚未起动时，油压开关处于接通状态，报警灯点亮。发动机起动后，主油道压力升高，开关的触点断开，报警灯熄灭，表明润滑系统工作正常。发动机运转过程中，如果油道出现堵塞、泄漏等情况，当机油压力低于某一设定值时，开关便接通，报警灯点亮，以提醒驾驶员注意。另外，有的车辆设有低压、高压两个压力值，当机油压力低于低压值或高于高压值时，低压常闭开关打开或高压常开开关接通，点亮报警灯。

图4-12所示为膜片式油压报警开关。当机油压力正常时，机油压力推动膜片向上拱曲，推杆将触点打开，报警灯不亮；当机油压力过低时，膜片在弹簧压力作用下下移，从而使触点闭合，红色报警灯亮，以示警告。

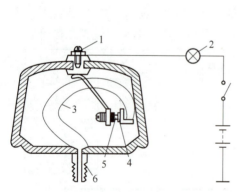

图4-11 弹簧管式油压报警装置

1—接线柱；2—警告灯；3—管形弹簧；
4—动触点；5—静触点；6—管接头

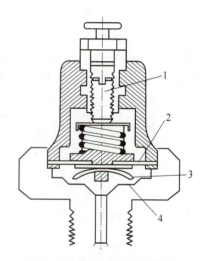

图4-12 膜片式油压报警开关

1—调整螺钉；2—膜片；
3—活动触点；4—搭铁点

捷达车的机油压力报警系统由低压开关、高压开关、控制模块及机油压力报警灯组成。低压油压开关为常闭型，额定压力为0.03 MPa，当油压低于此值时开关闭合，反之则打开。高压油压开关为常开型，其额定压力值为0.18 MPa，当油压高于此值时，开关闭合，反之打开。

控制模块利用油压开关信号以及转速信号进行控制。当发生故障时，油压报警灯亮，同时蜂鸣器发出报警声。当发动机怠速，且油压小于0.03 MPa时，报警灯亮；当发动机转速超过2 050 r/min时，如果油压小于0.18 MPa，报警灯亮3 s后，蜂鸣器报警；当转速下降到2 050 r/min以下时，蜂鸣器也保持报警，直到油压达到0.18 MPa以上或关掉点火开关为止。

（2）冷却液温度报警装置。

冷却液温度报警装置的作用是当冷却液温度升高至一定限值时，报警灯点亮，以示报警。图4-13所示为冷却液温度报警灯电路及传感器的结构。在传感器的密封套管内装有条形双金属片，其自由端焊有动触点，而静触点直接搭铁。当温度升高至限值以上时，双金属片向静触点方向弯曲，一旦两触点接触，便接通报警灯电路，报警灯点亮。

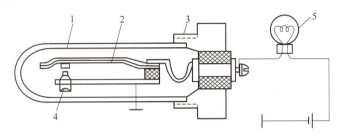

图4-13 冷却液温度报警灯电路及传感器的结构

1—传感器套；2—双金属片；3—螺纹接头；4—静触点；5—报警灯

（3）燃油量报警灯。

当燃油箱内燃油减少至某一规定值时，报警灯亮，以警告驾驶员注意。图4-14所示为燃油量报警灯电路，它由热敏电阻式燃油量报警传感器和报警灯组成。当燃油箱内燃油量多时，负温度系数的热敏电阻元件3浸没在燃油中，散热快，温度较低，电阻值大，电路中电流小，报警灯处于熄灭状态；当燃油量减少至规定值以下时，热敏电阻元件3露出油面，散热慢，温度升高，电阻值减小，电流增大，报警灯发亮。

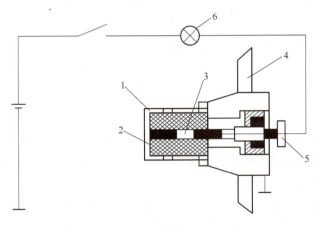

图4-14 燃油量报警灯电路

1—外壳；2—防爆用金属网；3—热敏电阻元件；4—油箱外壳；5—接线柱；6—报警灯

（4）制动液液位报警灯。

制动液液位报警灯的作用：在制动液液面降到规定值时，报警灯亮，警告驾驶员需进行维护。图4-15所示为制动液液面传感器，传感器装在制动液储液罐中。外壳1内装有舌簧开关2，其接线柱与液面报警灯相连，浮子4上固定着永久磁铁3。制动液面下降到规定值时，通过浮子4带动永久磁铁3使舌簧开关2闭合，接通报警灯，发出警告；当制动液面上升时，浮子上升，吸力减弱，舌簧开关靠自身弹力张开，报警灯熄灭。

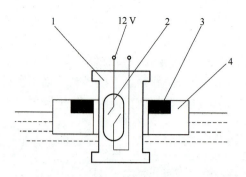

图 4-15 制动液液面传感器

1—外壳；2—舌簧开关；3—永久磁铁；4—浮子

（5）放电报警灯。

图 4-16 所示为放电报警灯电路，蓄电池放电时，该报警灯点亮，当发电机的电压达到正常充电电压时，该报警灯熄灭。如果在正常行驶时该报警灯亮，则提醒驾驶员充电系统有故障。

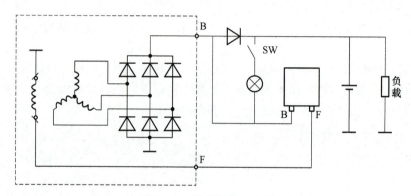

图 4-16 放电报警灯电路

**3. 声音报警装置**

声音报警装置通常有转向蜂鸣器、倒车报警蜂鸣器、汽车防撞报警、座椅安全带报警、前照灯未关及点火钥匙未拔出报警系统等，一般带有声音并同时有灯光信号。

（1）倒车开关与倒车蜂鸣器。

汽车倒车时，为了警告车后的行人和车辆驾驶员，在汽车的后部常装有倒车灯、倒车蜂鸣器或语音倒车报警装置，它们由装在变速器盖上的倒车开关控制。

（2）前照灯未关及点火钥匙未拔出报警系统。

如果驾驶员在欲离开车辆并打开车门时没有关闭前照灯，蜂鸣器或发声器便发出鸣叫提示。驾驶员门控制开关为常闭式，其中一端直接搭铁，只有当车门关闭时，开关才断开。如果前照灯开关在前照灯或停车挡，蓄电池电压经蜂鸣器和灯光开关加至驾驶员门控制开关，此时若驾驶员打开车门，蜂鸣器电路即被接通，于是发出鸣叫提示，直到前照灯关闭或驾驶员侧门关闭才停止。

（3）座椅安全带报警系统。

当接通点火开关而没有扣紧座椅安全带时，座椅安全带报警系统蜂鸣器发出报警声响并点亮报警灯约 8 s。座椅安全带扣环开关是一端搭铁的常闭式开关，如图 4-17 所示。当座椅安全带被扣紧时，开关才打开，蓄电池电压随点火钥匙置于点火位时加至定时器，如果此时安全带未扣好，电路便通过常闭开关搭铁，接通蜂鸣器及报警灯电路。如果在安全带扣好的状态下接通点火开关，来自蓄电池的电流便通过加热器使得双金属带发热，达到一定程度后使触点张开，从而切断电路。

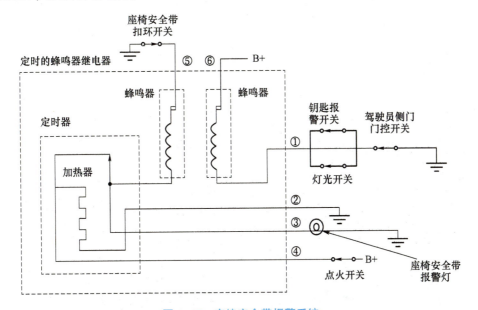

图 4-17 座椅安全带报警系统

（4）防撞系统报警。

为了提高行车安全，保护车辆及乘员，现代汽车装备了防撞系统。按照距离识别元件的不同，有红外线防撞系统、超声波防撞系统、激光防撞系统，等等。它们均采用单片机控制技术，能够自动检测并跟踪被测车辆与障碍物的距离，一旦该距离达到安全设置的极限距离时，便通过控制系统发出报警声音信号，并自动刹车，使车辆减速行驶甚至停车。

## 二、任务实施

### 项目（一）组合仪表的拆装

**1. 项目说明**

汽车仪表或报警指示灯在使用过程中，由于机械部件磨损、元器件老化、灯泡烧蚀等原因，造成仪表指示不准确、仪表无指示或报警指示灯不亮等故障，需要对组合仪表进行维修或更换，因此需要掌握组合仪表的正确拆装方法和步骤。拆装组合仪表时首先要脱开蓄电池端子，切断电源，然后按拆卸顺序进行拆卸，应特别注意拆装时不能敲打、振动及用力过猛，以防损坏元器件而产生新的故障。

**2. 技术标准与要求**

（1）一个学员能在 90 min 内完成此项目。

(2)技术标准：正确选用与使用常用工具和专用工具，熟知拆装组合仪表的方法和步骤。

**3. 设备器材**

（1）东风雪铁龙三厢爱丽舍轿车一辆。

（2）常用工具一套。

（3）拆装收录机专用工具，如图4-18所示。

（4）照明灯一只。

（5）防护用品一套。

图4-18　拆装收录机专用工具

**4. 作业准备**

（1）车辆准备。　　　　　　　　　□ 任务完成

（2）工具准备。　　　　　　　　　□ 任务完成

（3）防护用品准备。　　　　　　　□ 任务完成

（4）记录单准备。　　　　　　　　□ 任务完成

**5. 操作步骤**

（1）安装车轮挡块、方向盘套、座椅套、变速杆套、脚垫。

（2）拆卸变速杆护罩，如图4-19所示。

（3）拆卸变速杆护罩支架，如图4-20所示。

图4-19　拆卸变速杆护罩

图4-20　拆卸变速杆护罩支架

（4）取出烟灰盒，如图4-21所示。

（5）拆卸点烟器下部固定螺钉，如图4-22所示。

图4-21　取出烟灰盒

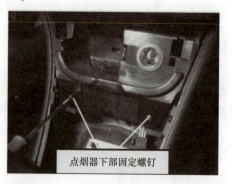

图4-22　拆卸点烟器下部固定螺钉

(6)用专用工具取出收录机,如图 4-23 所示。
(7)断开收录机线束插接器及天线,拆下仪表板中控台面罩,如图 4-24 所示。
(8)拆卸点烟器上部固定螺钉,如图 4-25 所示。
(9)取出点烟器及其支架,断开点烟器线束插接器,如图 4-26 所示。

图 4-23 拆卸收录机

图 4-24 拆卸仪表板中控台面罩

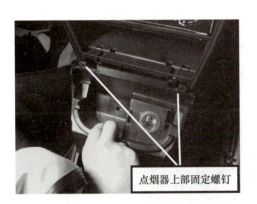

图 4-25 拆卸点烟器上部固定螺钉

图 4-26 取出点烟器及其支架,断开点烟器线束插接器

(10)拆卸转向柱下护罩固定螺钉,如图 4-27 所示。
(11)取下转向柱上、下护罩,如图 4-28 所示。

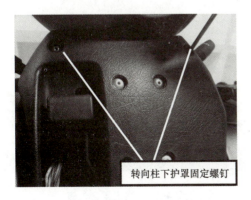

图 4-27 拆卸转向柱下护罩固定螺钉

图 4-28 取下转向柱上、下护罩

(12) 拆卸组合仪表下部固定螺钉，如图 4-29 所示。

(13) 拆卸组合仪表与仪表板外壳的固定螺钉，如图 4-30 所示。

图 4-29　拆卸组合仪表下部固定螺钉

图 4-30　拆卸组合仪表与仪表板外壳的固定螺钉

(14) 拆卸仪表板外壳，断开紧急报警开关线束插接器，拆下组合仪表顶部固定螺钉，如图 4-31 所示。

图 4-31　拆卸仪表板外壳、组合仪表顶部固定螺钉

(15) 拆卸组合仪表，断开仪表线束插接器，如图 4-32 所示。

(16) 取出组合仪表，如图 4-33 所示。

图 4-32　断开仪表线束插接器

图 4-33　取出组合仪表

（17）安装：按与拆卸相反的顺序安装组合仪表。

**6. 记录与分析**（见表 4-1）

表 4-1　组合仪表拆卸顺序

| 学生姓名 | | 班级学号 | |
|---|---|---|---|
| 拆卸顺序 | 拆卸部件名称 | 拆卸顺序 | 拆卸部件名称 |
| 1 | | 11 | |
| 2 | | 12 | |
| 3 | | 13 | |
| 4 | | 14 | |
| 5 | | 15 | |
| 6 | | 16 | |
| 7 | | 17 | |
| 8 | | 18 | |
| 9 | | 19 | |
| 10 | | 20 | |

## 项目（二）机油压力传感器的拆装

### 1. 项目说明

机油压力传感器是一种易损件，使用过程中会出现机油压力表指示不准确、无指示，机油压力不报警、乱报警，线束插接器处漏油等故障，必须及时拆装更换，因此需要掌握机油压力传感器的正确拆装方法。拆装机油压力传感器时，要关闭点火开关，切断电源。

### 2. 技术标准与要求

（1）一个学员能在 20 min 内完成此项目。

（2）技术标准：机油压力传感器紧固力矩为 10 N·m。

### 3. 设备器材

（1）东风雪铁龙三厢爱丽舍轿车一辆。

（2）常用工具一套。

（3）汽车举升机一台。

### 4. 作业准备

（1）车辆准备。　　　　　　　　　　　　　　□ 任务完成

（2）工具准备。　　　　　　　　　　　　　　□ 任务完成

（3）记录单准备。　　　　　　　　　　　　　□ 任务完成

（4）举升机准备。　　　　　　　　　　　　　□ 任务完成

（5）车辆开进工位。　　　　　　　　　　　　□ 任务完成

(6) 顶好车辆位置。　　　　　　　　　　　　□ 任务完成
(7) 稍微举升车辆。　　　　　　　　　　　　□ 任务完成
(8) 检查车辆是否平稳。　　　　　　　　　　□ 任务完成

### 5. 操作步骤

(1) 打开发动机盖，安装车外防护用品。

(2) 举升车辆至举升机上部，拆下机油压力传感器线束插接器，如图 4-34 所示。

(3) 拆卸机油压力传感器，如图 4-35 所示。

(4) 安装：按与拆卸相反的顺序安装机油压力传感器线束插接器。

图 4-34　拆卸机油压力传感器线束插接器

图 4-35　拆卸机油压力传感器

### 6. 记录与分析（见表 4-2）

表 4-2　机油压力传感器拆卸顺序

| 学生姓名 | | 班级学号 | |
| --- | --- | --- | --- |
| 拆卸顺序 | 拆卸部件名称 | 拆卸顺序 | 拆卸部件名称 |
| 1 | | 5 | |
| 2 | | 6 | |
| 3 | | 7 | |
| 4 | | 8 | |

## 三、拓展学习

## 汽车电子仪表

### （一）电子仪表的特点及组成

#### 1. 汽车电子仪表的特点

现代汽车对显示装置的要求越来越高，不仅要求显示直观、清晰、稳定、响应速度快、

显示精度高，而且要求体积小、质量轻、便于维护。随着汽车电子仪表的开发和使用，汽车仪表的显示技术也进入了电子化时代。汽车电子仪表具有以下特点：

（1）能迅速、准确地处理各种复杂的信息，并以数字、文字或图形显示出来，供汽车驾驶员了解并及时处理。

（2）能满足小型、轻量化的要求。

（3）具有高精度和高可靠性。

（4）具有一"表"多用的功能。

**2. 汽车电子仪表的组成**

电子仪表板采用发光二极管或液晶显示技术，发动机熄火时，仪表板呈黑色，插入点火钥匙后，仪表板显示出各种参数值或模拟出传统机电仪表的指针指示值。

电子仪表显示的数据来自各系统的传感器，其电路与多路传输系统各 ECU 和仪表测量微机系统连接。仪表测量微机系统将各测量系统组合在一起，形成总的仪表测量系统。

仪表测量微机系统包括 A/D 转换、多路传输、CPU、存储器及 I/O 接口等。测量时，各传感器的输出信号经 A/D 转换和多路传输输入微机信号处理，通过 I/O 接口与仪表板显示器相连，分时循环显示或同时在不同区域显示多种测量参数。

## （二）电子仪表的显示器件

目前，在汽车上使用的电子仪表显示器件的类型较多，且各具特点，常用的器件可分为发光型和非发光型两种。发光型显示器件自身会发光，容易获得鲜艳流行色显示，主要有发光二极管（LED）、真空荧光管（VFD）、阴极射线管（CRT）、等离子显示器件（PDP）和电致发光显示器件（ELD）等；非发光型显示器件靠反射环境光显示，主要有液晶显示器件（LCD）和电致变色显示器件（ECD）等。

**1. 真空荧光管（VFD）**

钨灯丝为阴极，接电源负极。涂有荧光物质的屏幕为阳极，接电源正极，其上制有若干字符段图形，每个字符段由电子开关单独控制通电状态。栅格置于灯丝和屏幕之间。整个装置密封在被抽成真空的玻璃罩内。

**2. 发光二极管（LED）**

发光二极管是一种将电能转换成光能的固态发光器件，是一种晶体管。发光的颜色有红、绿、黄、橙，可单独使用，也可用来组成数字。实际应用中，常将其焊接到印制电路板上，以形成数字显示或带色光杆显示。

**3. 液晶显示器（LCD）**

液晶是一种有机化合物，在一定温度范围内，既具有普通液体的流动性质，又具有晶体的某些光学特性。

## （三）电子仪表的传感器

电子汽车仪表的传感器主要有速度传感器、冷却液温度传感器、发动机转速传感器及开关信号等，如图 4-36 所示。

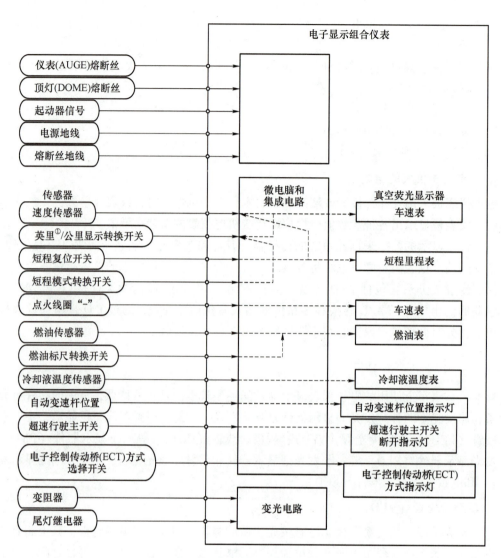

图 4-36 电子仪表的传感器

4-4 多功能仪表

———————————
① 1 英里 = 1.609 344 公里。

# 学习任务 5
## 汽车辅助电气设备结构与拆装

小王在一家汽车销售服务公司任汽车维修技师,接待的客户准备自驾游,要求小王对其雪铁龙品牌车辆的电动雨刷、电动车窗、电动座椅、电动后视镜、电控门锁等汽车辅助电气设备进行全面检查,确保在自驾游时不出现问题。

通过本任务的学习,应能:

1. 描述风窗刮水器的组成、电路及工作过程;
2. 描述电动车窗的结构及工作过程;
3. 描述中控门锁的结构及工作过程;
4. 描述电动座椅的组成及工作过程;
5. 描述电动后视镜的组成及工作过程;
6. 正确完成风窗刮水器、电动车窗、中控门锁、电动座椅及电动后视镜的拆装及日常维护作业。

### ✹ 一、知识准备

在汽车上,有一些电气设备是为了进一步保证车上人员和汽车本身的安全而设置的,如安全气囊、中控门锁和汽车防盗系统;有一些电气设备是为了使驾驶员和乘员增加乘车的舒适性而设置的,如电动座椅、汽车空调和汽车音响;有一些电气设备是为了使驾驶员和乘员方便而设置的,如电动车窗、风窗刮水器、挡风玻璃洗涤装置、电动后视镜。这些装置提高了汽车的档次,增加了驾车的乐趣和舒适度,已成为现代汽车中不可缺少的电气设备。

#### (一) 风窗刮水器

风窗刮水器用于清扫风窗玻璃上的雨水、雪或尘土,以确保驾驶员具有良好的视线。

刮水器有气压式和电动式等多种,现代汽车多采用电动式。

如图 5-1 所示,电动刮水器主要由直流电动机、蜗轮箱、曲柄、连杆、摆杆、摆臂和刮水片等组成。电动机与蜗杆箱结合成一体组成刮水电动机总成,电动机旋转时,带动蜗杆、蜗轮,使与蜗轮相连的曲柄、拉杆和摆杆带着左、右两刮片架做往复摆动,橡皮刷便刷去风窗玻璃上的雨水、雪和灰尘。

为了不影响驾驶员的视线，刮水器中常装有自动复位装置，以便在任何位置切断刮水电动机电路时，刮水器的橡皮刷都能自动停止在风窗玻璃的下部。

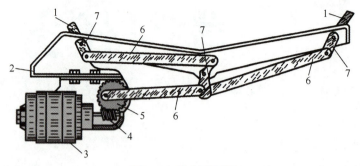

图 5-1 电动刮水器

1—刷架；2—底板；3—电动机；4—蜗杆；5—蜗轮；6—拉杆；7—摆杆

5-1 刮水器的组成

**1. 刮水电动机的结构**

刮水电动机按其磁场结构不同，可分为线绕式和永磁式。永磁式电动机具有体积小、质量轻、构造简单等优点，在国内外汽车上被广泛采用。

图 5-2 所示为永磁式刮水电动机的结构，主要由外壳及磁铁总成、电枢、电刷安装板及复位开关、输出齿轮及蜗轮、输出臂等组成。电枢通电后转动，经蜗轮和输出齿轮及输出轴后，把动力传给输出臂。

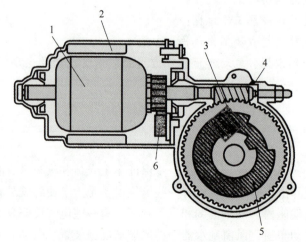

图 5-2 永磁式刮水电动机的结构

1—电枢；2—永久磁铁；3—触点；4—蜗轮；5—铜环；6—电刷

为了满足实际使用的需要，刮水器电动机有低速刮水和高速刮水两个挡位。为了不影响驾驶员的视线，刮水器设置有自动复位装置，以便在任何位置切断刮水电动机电路时，刮水器的橡皮刷都能自动停在风窗玻璃的最下端。

**2. 永磁式刮水电动机的变速原理**

永磁式刮水电动机是利用三个电刷来改变正、负电刷之间串联线圈的个数来实现变速的，如图 5-3（a）所示。其原理是：刮水电动机工作时，在电枢内同时产生反电势，其方向与电枢电流的方向相反。若要使电枢旋转，外加电压必须克服反电势的作用，当电动机转速升高时，反电势增高，只有当外加电压等于反电势时，电枢的转速才能稳定。

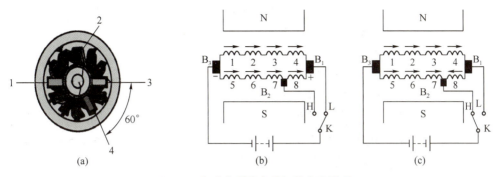

图 5-3 永磁式刮水电动机的变速原理
(a) 电刷的布置；(b) 低速旋转；(c) 高速旋转
1—共用电刷；2—电枢线圈；3—低速电刷；4—高速电刷

三刷永磁式刮水电动机工作时，电枢绕组产生的反电势的方向如图 5-3 (b) 中箭头所示。

(1) 当将刮水器开关 K 拨向 "L"（低速）时，如图 5-3 (b) 所示，电源电压 $U$ 加在电刷 $B_1$ 和 $B_3$ 之间。在电刷 $B_1$ 和 $B_3$ 之间的两条并联支路中，每条支路中各有 4 个串联绕组，反电势的大小与支路中反电势的大小相等。由于外加电压需要平衡 4 个绕组所产生的反电势，故电动机转速较低。

(2) 当将刮水器开关 K 拨向 "H"（高速）时，如图 5-3 (c) 所示，电源电压 $U$ 加在电刷 $B_2$ 和 $B_3$ 之间。绕组 1、2、3、4、8 在同一条支路中，其中绕组 8 与绕组 1、2、3、4 的反电势方向相反，相互抵消后，使每条支路变为三个绕组，由于电动机内部的磁场方向和电枢的旋转方向没有变化，所以各绕组内反电势的方向与低速时相同。但是外加电压只需平衡 3 个绕组所产生的反电势，因此，电动机的转速增大。

**3. 刮水电动机的控制电路及自动复位原理**

图 5-4 所示为铜环式刮水器的控制电路，其工作过程如下：

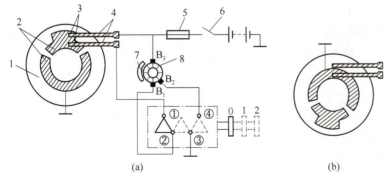

图 5-4 铜环式刮水器的控制电路
(a) 控制电路；(b) 复位装置
1—蜗轮；2—铜环；3—触点；4—触点臂；5—熔断丝；
6—电源开关；7—永久磁铁；8—电枢

5-2 雨刮控制电路

刮水器开关有三个挡位，0 挡为复位挡，"1" 挡为低速挡，"2" 挡为高速挡。四个接线柱分别接复位装置、电动机低速电刷、搭铁、电动机高速电刷。复位装置在减速蜗轮（由塑料或尼龙材料制成）上嵌有铜环，铜环的一部分与电动机外壳相连（为搭铁），触点臂用磷铜片或其他弹性材料制成，一端铆有触点。由于触点臂具有一定的弹性，因此在蜗轮转动时，触点与蜗轮的端面和铜环保持接触。

（1）当接通电源开关，并将刮水器开关拉出到"1"挡（低速）位置时，电流从蓄电池正极→电源开关→熔断丝→电刷 $B_3$→电枢绕组→电刷 $B_1$→刮水器开关接线柱②→接触片→刮水器开关接线柱③→搭铁→蓄电池负极，构成回路，电动机以低速运转。

（2）把刮水器开关拉出到"2"挡（高速）位置时，电流从蓄电池正极→电源开关→熔断丝→电刷 $B_3$→电枢绕组→电刷 $B_2$→刮水器接线柱④→接触片→刮水器接线柱③→搭铁→蓄电池负极，构成回路，电动机以高速运转。

（3）当把刮水器开关退回到"0"挡时，如果刮水片没有停在规定的位置，由于触点与铜环接触，如图5-4（b）所示，则电流继续流入电枢，其电路为蓄电池正极→电源开关→熔断丝→电刷 $B_3$→电枢绕组→电刷 $B_1$→接线柱②→接触片→接线柱①→触点臂→铜环→搭铁→蓄电池负极。由此可以看出，电动机仍以低速运转直至蜗轮旋转到图5-4（a）所示的特定位置，电路中断。由于电枢的运动惯性，电机不能立即停止转动，此时电机以发电机方式运行。因此时电枢绕组通过触点臂与铜环接通而短路，故电枢绕组将产生强大的制动力矩，电机迅速停止运转，使刮水片复位到风窗玻璃的下部。

**4. 间歇式电动刮水器**

现代汽车刮水器上都加装了电子间歇控制系统，使刮水器能按照一定的周期停止和刮水，这样在小雨或雾天中行驶时，不致使玻璃上形成发黏的表面，以使驾驶员获得更好的视线。

汽车刮水器间歇控制电路按照间歇时间是否可调，可分为不可调节型和可调节型。

（1）不可调节型间歇控制电路。

刮水器的间歇控制一般是利用自动复位装置和电子振荡电路或集成电路实现的。

① 图5-5所示为同步间歇刮水器内部控制电路。当刮水器开关置于间歇挡位置（开关处于"0"位，且间歇开关闭合）时，电源将通过自动复位开关向电容器 $C$ 充电，其电流回路为：蓄电池正极→电源开关→熔断丝→自动复位开关常闭触点（上）→电阻 $R_1$→电容器 $C$→搭铁→蓄电池负极。随着充电时间的增长，电容器两端的电压逐渐升高。当电容器 $C$ 两端的电压升高到一定值时，三极管 $T_1$ 和 $T_2$ 相继由截止转为导通，从而接通继电器磁化线圈的电路，其电路为：蓄电池正极→电源开关→熔断丝→电阻 $R_5$→三极管 $T_2$（e→c）→继电器磁化线圈→间歇刮水器开关→搭铁→蓄电池负极。在电磁吸力的作用下，继电器常闭触点打开，常开触点闭合，从而接通了刮水电动机的电路，其电流回路为：蓄电池正极→电源开关→熔断丝→电刷 $B_3$→电刷 $B_1$→刮水继电器常开触点→搭铁→蓄电池负极。此时电动机将低速旋转。

② 当复位装置将自动复位开关的常开触点（下）接通时，电容器 $C$ 通过二极管 $D$、自动复位装置常开触点迅速放电，此时刮水电动机的通电回路不变，电动机继续转动。随着放电时间的增长，三极管 $T_1$ 基极的电位逐渐降低，当三极管 $T_1$ 基极的电位降低到一定值时，$T_1$ 和 $T_2$ 由导通转为截止，从而切断了继电器磁化线圈的电路，继电器复位，常开触点打开，常闭触点闭合。此时，由于自动复位开关的常开触点处于闭合状态，电动机仍将继续转动，其电流回路为：蓄电池正极→电源开关→熔断丝→电刷 $B_3$→电刷 $B_1$→继电器常闭触点→复

位开关的常开触点→搭铁→蓄电池负极。只有当刮水片回到原位（即不影响驾驶员视线位置），自动复位开关的常开触点打开、常闭触点闭合时，电动机方能停止转动。然后电源将再次向电容器 $C$ 充电，重复以上过程，循环反复，实现刮水片的间歇动作，其间歇时间的长短取决于 $R_1$、$C$ 电路充电时间常数的大小。

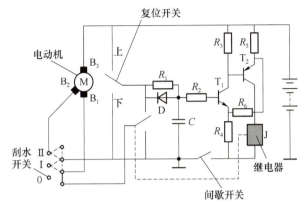

图 5-5　同步间歇刮水器内部控制电路　　　　5-3 刮水器挡位

（2）可调节型间歇控制电路。

可调节型间歇控制电路是指刮水器的控制电路能根据雨量大小自动开闭，并自动调节间歇时间。

图 5-6 所示为刮水自动开关与调速控制电路。电路中 $S_1$、$S_2$ 和 $S_3$ 是安装在风窗玻璃上的流量检测电极，若雨水落在两检测电极之间，则会使其阻值减小，且水流量越大，其阻值越小。

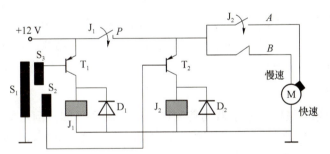

图 5-6　刮水自动开关与调速控制电路

$S_1$ 与 $S_3$ 之间的距离较近（约 2.5 cm），因此，三极管 $T_1$ 首先导通，继电器 $J_1$ 通电，在电磁吸力的作用下，$P$ 点闭合，刮水电动机低速旋转。当雨量增大时，$S_1$ 与 $S_2$ 之间的电阻减小到使三极管 $T_2$ 也导通，于是继电器 $J_2$ 通电，在电磁吸力的作用下，$A$ 点接通，$B$ 点断开，刮水电动机转为高速旋转。雨停时，检测电阻之间的阻值均增大，三极管 $T_1$、$T_2$ 截止，继电器复位，刮水电动机自动停止工作。

**5. 风窗洗涤装置**

风窗洗涤装置与刮水器配合使用，可以使汽车风窗刮水器更好地完成刮水工作并获得更好的刮水效果。

图 5-7 所示为风窗洗涤装置的结构,其主要由储液罐、洗涤泵、软管、喷嘴等组成。洗涤泵一般由永磁直流电动机和离心叶片泵组装成为一体,喷射压力可达 70~88 kPa。

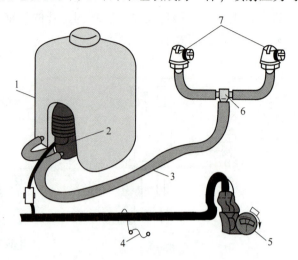

图 5-7 风窗洗涤装置

1—储液罐；2—洗涤泵；3—软管；4—熔断丝；5—刮水开关；6—三通管接头；7—喷嘴

洗涤泵通常直接安装在储液罐上,在泵的进口处设置有滤清器。洗涤泵喷嘴安装在挡风玻璃的下面,其方向可根据使用情况调整,喷水直径一般为 0.8~1.0 mm。洗涤泵的连续工作时间不应超过 1 min,对于刮水和洗涤分别控制的汽车,应先开洗涤泵,再接通刮水器。喷水停止后,刮水器应继续刮动 3~5 次,以便达到良好的清洁效果。

常用的洗涤液是硬度较低的清水。为了能刮掉挡风玻璃上的油、蜡等物质,可在水中添加少量的去垢剂和防锈剂。强效洗涤液的去垢效果好,但会使风窗密封条和刮片胶条变质,还会引起车身喷漆变色以及储液罐、喷嘴等塑料件开裂。冬季使用洗涤器时,为了防止洗涤液冻结,应添加甲醇、异丙醇和甘醇等防冻剂,再加少量的去垢剂和防锈剂,即成为低温洗涤液,可使凝固温度下降到-20 ℃以下。如冬季不用洗涤器时,应将洗涤管中的水倒掉。

**6. 刮水器的控制电路**

图 5-8 所示为桑塔纳轿车刮水器的控制电路。从图中可知,刮水器控制开关有 5 个挡位,分别为复位停止挡、间歇挡、低速挡、高速挡和点动挡。INT 挡为间歇刮水挡,LO 挡为低速刮水挡,HI 挡为高速刮水挡。

其工作过程如下:

① 将点火开关置于"ON"挡,接通蓄电池至中间继电器磁化线圈放电的回路,其电流路径为:蓄电池正极→点火开关"30"接线柱→点火开关"X"接线柱→中间继电器磁化线圈→搭铁→蓄电池负极。在电磁吸力的作用下,中间继电器触点闭合,为刮水电动机工作做好准备。

② 将刮水器开关拨到"F"挡(即点动挡)时,蓄电池将通过刮水器开关、间歇继电器常闭触点向刮水电动机供电,其电流路径为:蓄电池正极→中间继电器触点→熔断丝 $S_{11}$ →刮水器开关"53a"接线柱→刮水器开关"53"接线柱→间歇继电器常闭触点→电刷 $B_1$ →电刷 $B_3$ →搭铁→蓄电池负极,此时电动机以低速运转。

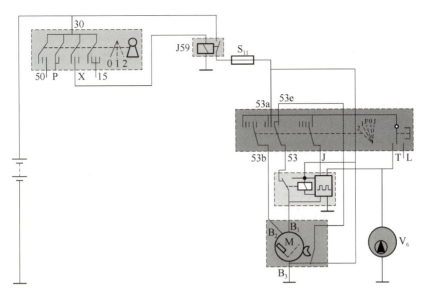

图 5-8 桑塔纳轿车刮水器的控制电路

③ 当手离开刮水器开关时，开关将自动回到"0"位，如果此时刮水片处在影响驾驶员视线的位置上，自动复位装置的常闭触点打开、常开触点闭合，刮水电动机电枢内继续有电流通过，其电流路径为：蓄电池正极→中间继电器触点→熔断丝 $S_{11}$ →复位装置的常开触点→刮水器开关"53e"接线柱→刮水器开关"53"接线柱→间歇继电器常闭触点→电刷 $B_1$ →电刷 $B_3$ →搭铁→蓄电池负极，故电动机仍以低速运转。只有当自动复位装置处在图示位置时，刮水电动机方可停止运转。

④ 当将刮水器开关拨到"1"挡（低速挡）时，蓄电池仍然是通过中间继电器、刮水器开关、间歇继电器、电刷 $B_1$ 和 $B_3$ 向刮水电动机放电（放电回路与点动时相同），电动机以 42~52 r/min 的转速低速运转。

⑤ 当将刮水器开关拨到"2"挡（高速挡）时，蓄电池向电动机放电的回路为：蓄电池正极→中间继电器触点→熔断丝 $S_{11}$ →刮水器开关"53a"接线柱→刮水器开关"53b"接线柱→电刷 $B_2$ →电刷 $B_3$ →搭铁→蓄电池负极，此时电动机以 62~80 r/min 的转速高速运转。

⑥ 当自动复位装置切断电机电路，由于旋转惯性而使电机不能立即停下来时，电机将以发电机方式运行而发电。电枢绕组中所产生的感应电动势的方向与外加电压的方向相反，通过刮水器开关、自动复位常闭触点构成回路，其电流路径为：电刷 $B_1$ →间歇继电器常闭触点→刮水器开关"53"接线柱→刮水器开关"53e"接线柱→自动复位装置的常闭触点→电刷 $B_3$。电枢绕组中产生反电磁力矩（制动力矩），电机迅速停止运转，使刮水片复位到风窗玻璃的下部。

⑦ 当将刮水器开关拨到"J"（间歇）位置时，电子式间歇继电器投入工作。当间歇继电器的常闭触点打开、常开触点闭合时，蓄电池向电动机放电的回路为：蓄电池正极→中间继电器触点→熔断丝 $S_{11}$ →间歇继电器的常开触点→电刷 $B_1$ →电刷 $B_3$ →搭铁→蓄电池负极，电动机低速运转。当间歇继电器断电，其触点复位（常闭触点闭合，常开触点打开）时，电动机将停止运转。在此过程中，自动复位装置的工作和制动力矩的产生与上述相同。在间

歇继电器的作用下，刮水电动机每 6 s 使曲柄旋转一周。

⑧ 当将洗涤开关接通时（将刮水器开关向上扳动），洗涤泵控制电路接通，其电流路径为：蓄电池正极→中间继电器触点→熔断丝 $S_{11}$→洗涤开关→洗涤泵 $V_6$→搭铁→蓄电池负极，位于发动机盖上的两个喷嘴同时向风窗玻璃喷射清洗液。与此同时，刮水器间歇继电器的控制电路接通，其电流路径为：蓄电池正极→中间继电器触点→熔断丝 $S_{11}$→洗涤开关→刮水器间歇继电器→搭铁→蓄电池负极，于是刮水电动机工作，驱动刮水片刮掉已经湿润的尘土和污物。当驾驶员松开控制手柄时，开关自动复位，切断洗涤泵的控制电路，喷嘴停止喷射清洗液，刮水电动机在自动复位开关起作用后，将刮水片停靠在风窗玻璃的下方。

5-4 丰田车刮水电路

**7. 后窗玻璃除霜装置**

冬季风窗玻璃上易结冰霜，用刮水器是无法清除的，目前最有效的办法是将玻璃加热进行除霜。

装有空调或暖风装置的汽车上，通过风道将热风吹向前面或侧面的风窗玻璃就可避免结冰，而后窗玻璃常利用电热丝加热的方法来除霜。在后窗玻璃的内表面上镀有数条导电膜，形成电热丝，通电加热，即可防止结霜。这种装置的耗电量为 30～50W，故在轿车上广泛应用。

### （二）电动车窗

电动车窗可以使车窗的升降更加方便，操作简单且使用可靠，现代轿车中普遍安装了电动车窗。电动车窗主要由车窗玻璃、电动车窗升降器、电动机和控制开关等组成。

**1. 电动机**

电动车窗一般使用双向永磁或绕线双绕组串联式电动机，每个车窗安装有一台电动机，通过开关控制电动机中的电流方向，以改变电动机的转动方向，从而实现车窗的升降。另外，为了防止电动机过载，在电路或电动机内装有一个或多个热敏电路开关，用来控制电流，当车窗玻璃上升到极限位置或由于结冰而使车窗玻璃不能自由移动时，即使操纵控制开关，热敏开关也会自动断路，以避免电动机通电时间过长而烧坏。

5-5 电动车窗

**2. 电动车窗升降器**

电动车窗升降器有绳轮式、软轴式和交臂式等类型，如图 5-9 所示。其中绳轮式和交臂式电动车窗升降机构使用较为广泛。

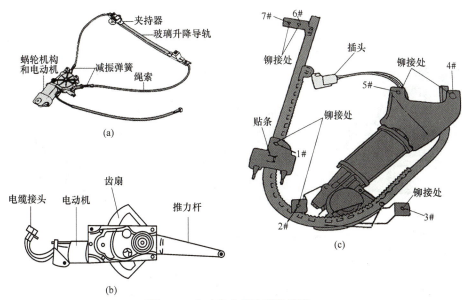

图 5-9 电动车窗升降器的类型

(a) 绳轮式电动车窗升降器；(b) 交臂式电动车窗升降器；(c) 软轴式电动车窗升降器

5-6 交臂式车窗升降机

## 3. 电动车窗控制开关

电动车窗控制开关一般有两套，一套为总开关，装在仪表板或驾驶员侧的车门上，驾驶员可以控制每个车窗玻璃的升降；另一套为分开关，分别安装在每个车窗上，驾驶员和乘员均可以对各个车窗进行升降控制，如图 5-10 所示。

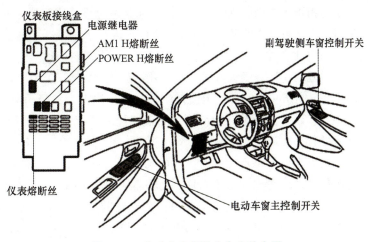

5-7 电动车窗控制开关

图 5-10 电动车窗部件在车上的布置

图 5-11 所示为四车门电动车窗的控制开关，图 5-12 所示为与之配套的电动车窗控制电路。控制开关通过电路可以实现手动控制和自动控制。

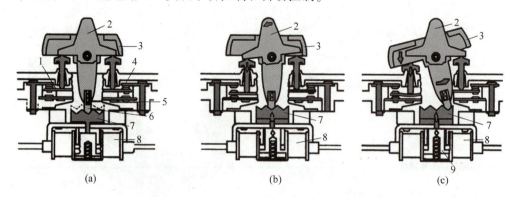

图 5-11　四车门电动车窗的控制开关

1—触点 A；2—手动旋钮；3—自动旋钮；4—触点 B；5—弹簧；6—滑销；7—止板；8—螺线管；9—柱塞

手动控制是指按着相应的手动按钮，车窗可以上升或下降，若中途松开按钮，则上升或下降的动作立即停止；自动控制是指按下自动按钮，松手后车窗会一直上升至最高或下降至最低。

手动控制和自动控制过程如下：

① 手动控制车窗玻璃升降：以驾驶员侧的玻璃升降为例，如图 5-11（b）所示。将手动旋钮推向车辆前进方向时，触点 A 与 UP（向上）接点相连，触点 B 处于原来的状态，电动机按 UP 箭头方向通过电流，如图 5-12 所示，车窗玻璃上升直至关闭；当手离开旋钮时，开关利用其自身的回复力回到中立位置。若将手动旋钮推向车辆后方，触点 A 保持原位不动，而触点 B 则与 DOWN（向下）侧相连，电动机按 DOWN 箭头所示的方向通过电流，电动机反转，以实现车窗玻璃向下移动，直至下降到底部。

② 自动控制车窗玻璃升降：如图 5-11（c）所示，当将自动按钮向前方按下时，触点 A 与 UP 侧相连，电动机按 UP 箭头方向通过电流，车窗玻璃上升；与此同时，检测电阻 $R$ 上的电压降低，此电压加于比较器 1 的一端，与参考电压 Ref.1 进行比较。Ref.1 的电压值设定为相当于电动机制动时的电压。通常情况下，比较器 1 的输出为负电位。比较器 2 的基准电压 Ref.2 设定为小于比较器 1 的输出正电位，所以比较器 2 的输出电压为正电压，晶体管接通，电磁线圈通过较大的电流，其路径为：蓄电池"+"→点火开关→UP→触点 A→二极管 $D_1$→电磁线圈→三极管→二极管 $D_4$→触点 B→电阻 $R$→搭铁。此电流产生较大的电磁吸力，吸引驱动器开关的柱塞，于是把止板向上顶压，越过止板凸缘的滑销于原来位置被锁定，此时即使手离开自动旋钮，开关仍会保持原来的状态。

5-8 电动车窗控制电路

当玻璃上升至终点位置时，在电动机上有锁止电流流过，检测电阻 $R$ 上的电压降增大，当此电压超过参考电压 Ref.1 时，比较器 1 的输出由低电位转变为高电位，此时，电容 $C$ 开始充电，当 $C$ 两端电压上升至超过比较器 2 的参考电压 Ref.2 时，比较器 2 则输出低电位，三极管立即截止，电磁线圈中的电流被切断，止板被弹簧通过滑销压下，自动旋钮自动回复到中立位置，触点 A 搭铁，电动机停转。

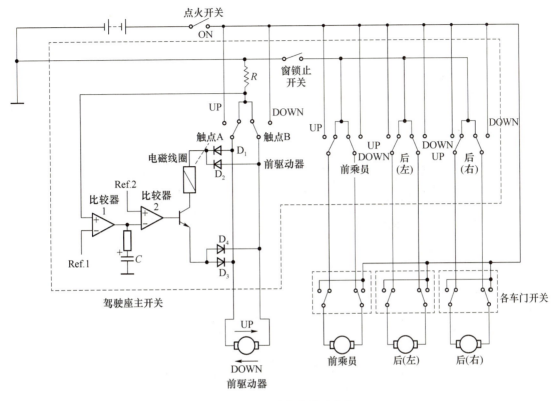

图 5-12 电动车窗控制电路

在自动上升过程中,若想中途停止,则向反方向扳动手动旋钮,然后立刻放松,这样触点 B 将短暂脱离搭铁,使电动机因回路被切断而自动停转。同时,通过电磁线圈的电流亦被切断,止板被弹簧通过滑销压下,自动旋钮自动回复到中立位置,触点 A、B 均搭铁,电动机停转。

车窗玻璃自动下降的工作情况与上述情况相反,操作时只需将自动旋钮压向车辆后方即可。

5-9 防夹电动车窗

### (三)中控门锁

为方便驾驶员和乘员开关车门,现在的轿车均安装了中央控制门锁系统(中控门锁)。中控门锁可使驾驶员在锁住或打开自己车门的同时,也锁住或打开其他的车门。而除了中控门锁控制外,乘员还可以利用各车门的机械式弹簧锁来开、关车门。

**1. 中控门锁的组成**

中控门锁系统一般由门锁控制开关、门锁总成、钥匙操纵开关、后备厢门开启器及开启器开关等组成。

(1)门锁控制开关。

门锁控制开关一般安装在驾驶员侧前门内的扶手上,通过门锁控制开关可同时锁上或打开所有车门。图 5-13 所示为丰田轿车门锁控制开关的位置。

（2）门锁总成。

门锁总成主要由门锁传动机构、门锁开关和外壳等组成，如图5-14所示。

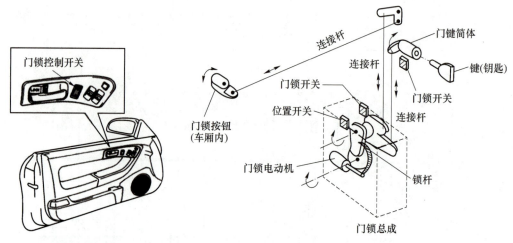

图5-13　丰田轿车门锁控制开关的位置

图5-14　门锁总成

（3）钥匙操纵开关。

钥匙操纵开关装在每个前门的钥匙门上，当从外面用钥匙开门或关门时，钥匙操纵开关便发出开门或锁门的信号给门锁控制ECU或门锁控制继电器。

（4）后备厢门开启器。

后备厢门开启器装在后备厢门上，一般用电磁线圈代替电动机，由轭铁、插棒式铁芯、电磁线圈和支架组成，如图5-15所示。当电磁线圈通电时，插棒式铁芯将轴拉入并打开后备厢门。

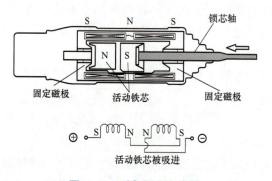

图5-15　后备厢门开启器

（5）后备厢门开启器开关。

后备厢门开启器开关位于仪表板下面或驾驶员座椅左侧车厢底板上。钥匙门靠近其开启器，推压钥匙门，则断开了后备厢内主开关，此时再拉开启器开关也不能打开后备厢门。将钥匙插进钥匙门内顺时针旋转打开钥匙门后，主开关接通，此时通过后备厢门开启器可以打开后备厢。

**2. 中控门锁控制电路**

（1）继电器控制的中控门锁电路。

图5-16所示为用门锁继电器控制的中控门锁电路。

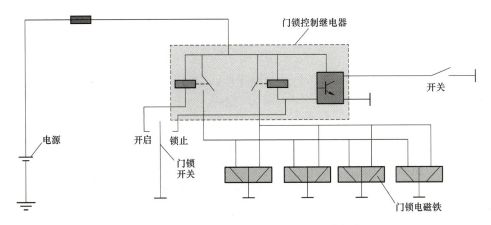

图 5-16 用门锁继电器控制的中控门锁电路

其工作过程如下：当用钥匙转动锁芯使门锁开关中的"开启"触点闭合时，电流便经过蓄电池的正极、熔断丝、开锁继电器线圈、门锁开关搭铁，开锁继电器开关闭合，电流流经门锁电动机或门锁电磁线圈，四个车门同时打开。

当用钥匙转动锁芯使门锁开关中的"锁止"触点闭合时，锁止继电器通电使其触点闭合，四个车门同时锁住。

（2）集成电路-继电器控制的中控门锁系统。

门锁控制器由集成电路和继电器组成，集成电路可根据各种开关发来的信号，控制三极管的导通与截止，从而控制继电器的工作状态，由此可控制门锁电动机的电流方向，实现锁门和开锁。

（3）电脑（ECU）控制的中控门锁系统。

（4）车速感应式中控门锁。

车速感应式中控门锁是指当车速超过 10 km/h（针对不同车辆，该数值有所差异）时，除驾驶座侧车门以外，其他 3 个车门锁扣会自动扣住，以确保行车安全。

## 3. 遥控门锁系统

为了便于操作，现在很多汽车的中控门锁系统均配备了遥控发射器来控制车门的开与锁、后备厢门的开与锁，以及灯光、喇叭的控制等，极大地方便了驾驶员。同时车门锁又是车身上被操作最多的部件之一，也是车身舒适性得以实现的最基本的一环。但从防盗和安全的角度来讲，车门和车门锁更要坚固，遥控门锁系统使正常开启和非法侵入的操作途径分离开来，合法使用者可通过射频遥控进行操作，享受它的便捷和舒适，而非法侵入者却只能面对坚固的机械机构而束手无策。

5-10 遥控门锁系统锁车

遥控门锁的基本原理是通过遥控门锁的发射器发出微弱电波，此电波由汽车天线接收后送至中控门锁系统中的 ECU 进行识别对比，若识别对比后的代码一致，ECU 便把信号送至执行器来完成相应的动作。

### （四）电动座椅

汽车座椅为驾驶员提供了便于操作且舒适、安全的驾驶位置；为乘员提供了不易疲劳且舒适而安全的乘坐位置。为了满足不同乘员的乘坐要求，现代汽车座椅增加了位置自动调节、加热、立体音响、精神恢复、强身健体等功能。随着电动座椅功能的增加，其类型也不断增多，如按照调节方式的不同可分为手动调节式和动力调节式。其中动力调节式按照动力源的不同又分为真空式、液压式和电动式三种。电动座椅因操作方便、结构简单被广泛使用。

按照座椅电动机的数目和调节方向数目的不同，电动座椅又有两向、四向、六向、八向和多向可调等。

**1. 普通电动座椅**

普通的电动座椅由座椅开关、若干个双向电动机、传动装置及控制电路等组成，能实现包括前后滑动调节①、前后垂直位置调节②③、靠背位置调节④、头枕高度调节⑤、头枕前后调节⑦、腰部支撑调节⑥等，如图5-17所示。各调节装置在座椅上的布置如图5-18所示。

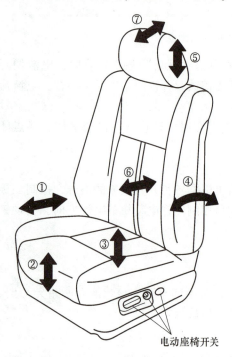

图5-17 电动座椅的基本结构

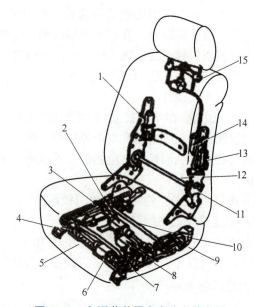

图5-18 各调节装置在座椅上的布置

1—电动机（腰部支撑）；2—电动机（后垂直）；
3、5—电动机支架；4—连接杆（前垂直）；
6—电动机（滑动）；7—调节装置（前垂直）；8—电动机（前垂直）；
9—调节装置（后垂直）；10—连接杆（后垂直）；11—调节装置（靠背）；
12—连接杆（靠背）；13—电动机（靠背）；
14—电动机（头枕）；15—调节装置（头枕）

（1）电动座椅开关。

电动座椅开关主要有以下3种：滑动与垂直调节开关、靠背与头枕调节开关、腰部支撑调节开关，如图5-19所示。

（2）电动机。

电动座椅中使用的电动机一般为永磁式双向直流电动机，通过控制开关来改变流经电动机内部的电流方向，从而实现转动方向的改变。

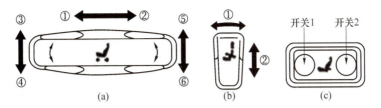

图 5-19 电动座椅开关

(a) 滑动与垂直调节开关；(b) 靠背与头枕调节开关；(c) 腰部支撑调节开关

（3）传动装置。

电动座椅的传动装置主要包括变速器、联轴节、软轴及齿轮传动机构等。电动机轴与软轴相连，软轴再与变速器的输入轴相连，动力经过变速器的降速增矩以后，从变速器的输出轴输出，变速器的输出轴与蜗杆轴或齿轮轴相连，最终蜗轮蜗杆或齿轮齿条带动座椅支架产生位移，从而实现不同位置的调节。

（4）控制电路。

电动座椅的控制电路如图 5-20 所示。

5-11 电动座椅控制

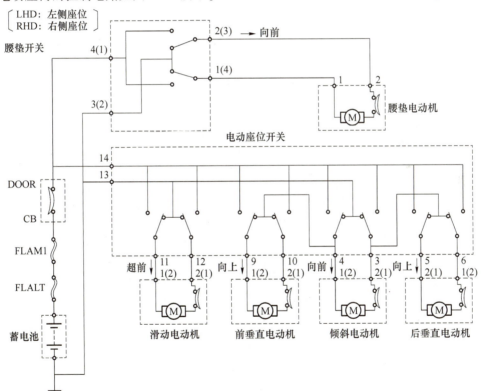

图 5-20 电动座椅的控制电路

5-12 座椅加热系统

（5）座椅加热系统。

为改善驾驶员和乘员的乘坐环境，在一些轿车上设置了座椅加热系统。汽车上的座椅加热系统可分为加热速度不可调式和可调式两种。

现对加热速度不可调式座椅加热系统进行介绍。

图 5-21 所示为北京现代索纳塔轿车电动座椅加热电路，此电路可以同时对驾驶员和副驾驶员座椅进行加热，也可以分别加热。其中座椅加热线圈和靠背加热线圈是串联连接的，其工作过程如下：

5-13 本田雅阁轿车座椅加热器控制电路

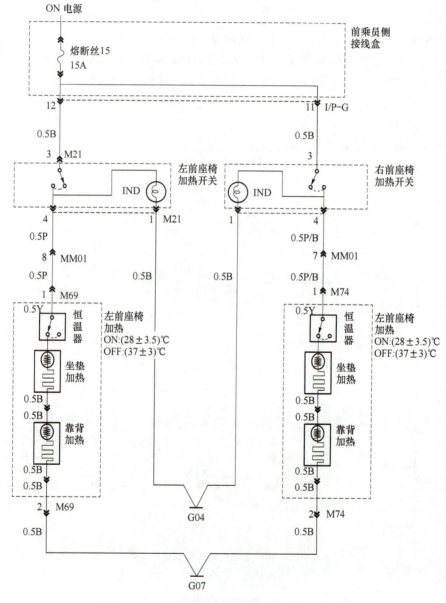

图 5-21　北京现代索纳塔轿车电动座椅加热电路

若只需对驾驶员座椅进行加热，则闭合左前座椅加热开关，电流回路为：电源→熔断丝 15→端子 12→端子 M21→加热开关→端子 4→恒温器开关→座椅加热丝→靠背加热丝→

搭铁。此时只对驾驶员的座椅进行加热，同时驾驶员座椅加热指示灯（IND）点亮。单独对副驾驶员座椅加热时的电路分析与上相同。

若要对两个座椅同时加热，则两座椅的加热开关同时关闭，此时，两座椅的座椅加热丝和靠背加热丝串联以后再并联，两指示灯同时点亮。其电路分析不再赘述。

**2. 汽车自动座椅**

自动座椅是在普通电动座椅的基础上增加了一套具有存储记忆功能的电子控制系统。电子控制系统中可以存储不同驾驶员或乘员的座椅位置，不同的驾驶员或乘员可以通过一个按钮调出自己的座椅位置，使得座椅的调整更加方便、快捷。

（1）自动座椅的组成。

自动座椅的电子控制系统有两套控制装置，一套是手动的，包括座椅开关和一组座椅位置调整电动机等，驾驶员或乘员可以根据自身需要通过相应的座椅开关和腰垫开关来调整，它的控制方式和普通电动座椅完全相同；另一套是自动的，包括座椅位置传感器、存储和复位开关、ECU 及与手动控制系统共用的一组调整电动机。

（2）基本工作原理。

驾驶员通过操纵电动座椅开关可以控制座椅的前后滑动调节、座椅前部的上下调节、座椅后部的上下调节、靠背的倾斜调节、头枕的上下调节及腰垫的前后调节等。其中腰垫的前后调节是通过腰垫开关与腰垫电动机直接控制的，无存储功能，其余 5 种功能均有储存功能。当驾驶员将座椅调整好后，按下储存和复位开关，电脑即将各位置传感器的信号储存起来，以便驱动调节电动机将座椅调整到原来的位置。

自动控制座椅的功能见表 5-1。

表 5-1 自动控制座椅的功能

| 装置名称 | 功　能 |
| --- | --- |
| ECU | 控制自动座椅的电路、存储执行和复位动作。当收到来自自动控制座椅开关的输入信号后，在 ECU 内的继电器动作，控制自动座椅运动。座椅的储存和复位由电驱动的倾斜与伸缩 ECU 和座椅 ECU 之间的相互联系进行控制 |
| 自动座椅开关 | 该开关接通时向 ECU 输入滑动、前垂直、后垂直、倾斜或头枕信号 |
| 腰垫开关 | 该开关接收来自 DOOR +B 的电源。当开关接通时，电源输入腰垫电动机，开关控制电动机的转向和电流的接通与切断。该开关不接至 ECU，而且调整位置不能储存在复位用的储存器中 |
| 位置传感器 | 该传感器将每个电动机的位置信号送至 ECU，用作存储和复位 |
| 电动机 | 由来自自动控制座椅 ECU 或腰垫开关的电流驱动，用来直接驱动座椅的各部分。每个电动机具有内设电路断路器 |

（3）自动座椅的位置记忆与恢复。

自动座椅电子控制系统电路由位置传感器、电子控制器 ECU 和执行机构的驱动电动机三大部分组成。

要实现座椅位置的记忆与恢复，必须有座椅位置传感器。它主要有两种形式，一种是滑动电位计式，如图 5-22 所示；另一种是霍尔式，如图 5-23 所示。

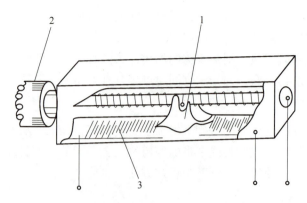

图 5-22 滑动电位计式位置传感器
1—滑块；2—齿轮（电动机驱动）；3—电阻丝

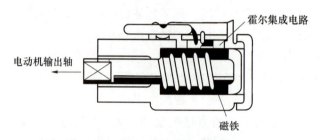

图 5-23 霍尔式位置传感器

滑动电位计式位置传感器主要由座椅电动机驱动的齿轮、电阻丝以及在其上滑动的滑块组成。其工作原理是：当电动机驱动座椅的同时，也驱动齿轮 2 带动螺杆，驱动滑块 1 在电阻丝 3 上滑动，从而将座椅位置信号转变成电压信号输入给 ECU。霍尔式位置传感器主要由永久磁铁、霍尔集成电路等组成。永久磁铁安装在由电动机驱动的转轴上，由于转轴的旋转引起通过霍尔元件磁通量的变化，从而使霍尔元件产生霍尔电压，再经霍尔集成电路进行放大处理，然后取出旋转的脉冲信号输入 ECU。

### （五）电动后视镜

后视镜是汽车必备的安全装置之一，驾驶员在行车过程中，通过后视镜来获取汽车后方和侧方等外部信息。驾驶员调整后视镜的位置比较困难，特别是乘员车门一侧的后视镜。使用电力控制系统可以方便地解决这个问题，驾驶员只需在驾驶位置上操纵电动后视镜开关，就可获得理想的后视镜位置。

**1. 后视镜的种类**

（1）按照安装位置不同分类。

后视镜按照安装位置不同，可分为内后视镜、外后视镜（左、右后视镜）和下后视镜三种。内后视镜一般装在驾驶室内的前上方，用于驾驶员观察车内部的情况或者透过后车窗观察汽车后方的道路状况；左、右后视镜一般装在车门或前立柱附近，用于驾驶员观察道路两侧后方的情况；下后视镜安装在车身外部的车前或车后部位，用于驾驶员观察车前或车后地面的情况。

（2）按照镜面形状不同分类。

后视镜按照镜面形状不同，可分为平面镜、球面镜和双曲率镜。平面镜的镜面为一平面，用其观察到的物体映象不会失真，可以真实地反映车后物体的外形和实际距离，但是平面镜后视范围小，视觉盲区过大，常用其作内后视镜；球面镜的镜面为一球面，后视镜的范围大，但是后视物体映象失真，不能真实地反映车后物体大小和实际距离，常用其作外后视镜和下视镜；双曲率镜的球面部分采用较大的曲率半径，基本上解决了失真和盲区的问题，兼具前两者的优点，但其制造工艺复杂，成本较高，主要用于驾驶员侧的后视镜。

（3）按照操纵方式不同分类。

按照操纵方式不同，外后视镜可分为普通外后视镜和电动外后视镜。普通外后视镜为机械式结构，驾驶员可以用手来上下左右调整后视镜的镜面角度，或驾驶员操纵车厢内的手柄，通过2~3根软轴的推拉传递力来改变外后视镜的角度；有的后视镜的调整机构装在车门内板上，结构为杠杆式，驾驶员操纵车厢内的手柄，通过杠杆传递力来改变外后视镜的角度。电动外后视镜的调整机构包括两个小型直流电动机、减速齿轮和离合器等。驾驶员通过车厢内的按钮即可调整外后视镜的角度。此种机构操作方便，但其结构复杂、价格较高，故多用于轿车中。

**2. 电动后视镜的组成**

如图 5-24 所示，汽车的电动后视镜一般由镜片、驱动电动机、控制电路及操纵开关等组成。在每个后视镜镜片的背后都有两个可逆电动机，可操纵其上下及左右运动。通常垂直方向的倾斜运动由一个永磁电动机控制，水平方向的倾斜运动由另一个永磁电动机控制。

**3. 电动后视镜的工作过程**

图 5-25 所示为北京现代索纳塔轿车的双后视镜控制电路。图 5-25 所示电路中的虚线框分别表示对电动后视镜开关进行操作时总开关内部的联动情况。以一侧后视镜中一个电动机的工作情况为例，若要调节左后视镜垂直方向的倾斜程度，则应按下"升/降"按钮。

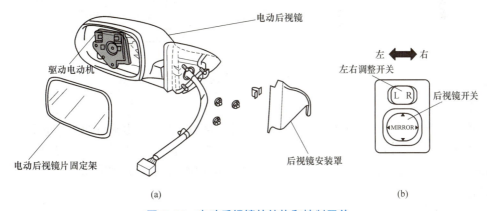

图 5-24 电动后视镜的结构和控制开关

5-14 电动后视镜操作

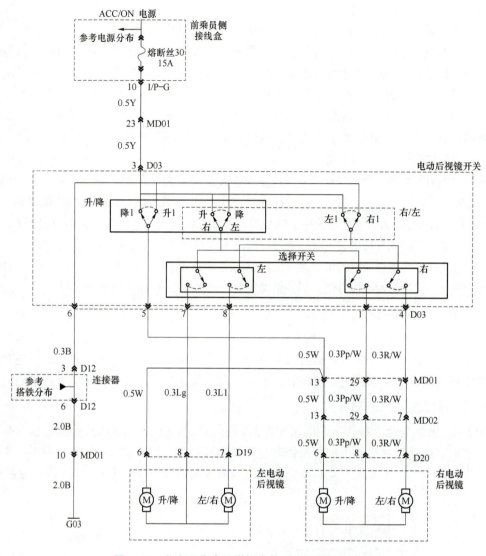

图 5-25 北京现代索纳塔轿车的双后视镜控制电路

(1)"升"。

实线框"升/降"开关中的箭头开关均与"升"接通,此时的电流方向为:电源→熔断丝30→开关端子3→"升右"端子→选择开关中的"左"→端子7→左电动后视镜连接端子8→"升/降"电动机→端子6→开关端子5→升1→开关端子6→搭铁,形成回路,这时左后视镜向上旋转运动。

(2)"降"。

实线框"升/降"开关中的箭头开关均与"降"接通,此时的电流方向为:电源→熔断丝30→开关端子3→降1→开关端子5→左电动后视镜连接端子6→"升/降"电动机→左电动后视镜连接端子8→开关端子7→选择开关中的"左"→"降左"端子→开关端子6→搭铁,形成回路,此时后视镜向相反的方向旋转。

5-15 北京现代索纳塔轿车电动后视镜电路

## 二、任务实施

### 项目（一）车锁锁芯的拆装与更换

**1. 项目说明**

（1）概述。

汽车门锁是车辆锁止和打开的主要操纵装置，门锁的驱动分为遥控驱动和手动驱动。东风雪铁龙爱丽舍轿车车门锁的锁芯是汽车手动门锁的驱动装置，也是安全装置。

（2）作用。

通过拧动锁芯，将车门锁止或者打开。

（3）结构。

东风雪铁龙爱丽舍轿车车门锁锁芯是单独的，不与门把手总成在一起。通常拆换锁芯需要把车辆内衬拆下，比较烦琐，爱丽舍轿车在车门侧有专用工具拆卸孔，更换简单快捷，如图5-26所示。

图5-26 爱丽舍轿车车门锁锁芯及其拆卸孔

**2. 技术要求与标准**

（1）参训学员必须穿戴相应的劳保用品（棉丝手套、安全鞋），以免发生意外事故。

（2）拆装前，先将蓄电池断电，以免损坏用电设备。

（3）使用一字螺丝刀或卡扣专用拆卸工具，拆卸一些装饰件时要注意保护漆面，防止损伤漆膜。

（4）在内饰件拆装过程中，要注意保护表面不被划伤，防止因损坏而影响内饰件的美观性。

（5）在拆装过程中，要特别掌握合适的力度，禁止野蛮操作，防止损坏零部件。

**3. 设备器材**

（1）东风雪铁龙爱丽舍三厢轿车一辆。

（2）常用工具一套。

（3）照明灯一只。

（4）防护用品一套。

（5）锁芯拆卸专用工具 ZX 9504 T.E［1］，如图5-27所示。

### 4. 作业准备

（1）安装方向盘等三件防护套。　　　　　　　　□ 任务完成

（2）将车辆停放在工位上。　　　　　　　　　　□ 任务完成

（3）拉紧手刹。　　　　　　　　　　　　　　　□ 任务完成

（4）打开左前门。　　　　　　　　　　　　　　□ 任务完成

（5）记录单准备。　　　　　　　　　　　　　　□ 任务完成

### 5. 操作步骤

（1）拆卸堵塞：把两个皮质堵塞①拆下，如图 5-28 所示。

图 5-27　铁芯拆卸专用工具　　　　　　图 5-28　拆卸堵塞

（2）拆卸卡簧：将专用工具插入孔②内，按图示方向旋转至极限，稍用力向孔内推，使锁芯与前门脱开，如图 5-29 所示。将锁芯拆下，如图 5-30 所示。

图 5-29　拆卸卡簧　　　　　　　　　　图 5-30　拆卸锁芯

（3）更换锁芯：将锁芯取出，拆下。利用回形针③使传动片④保持在前门外，更换新的锁芯，如图 5-31 所示。把锁芯与传动片连接好，将锁芯送入锁孔内，如图 5-32 所示。

（4）安装卡簧：将专用工具 [1] 向外拉，使锁芯可靠定位；按图 5-29 所示相反的方向旋转，取出工具 [1]。

（5）装上堵塞。

（6）作业项目完成后，要搞好工位的清扫、整理工作，培养良好的工作习惯。

图 5-31 用回形针固定

图 5-32 安装锁芯

## 6. 作业记录单（见表 5-2）

表 5-2 门锁锁芯拆卸顺序

| 学生姓名 | | 班级学号 | |
| --- | --- | --- | --- |
| 拆卸顺序 | 拆卸部件名称 | 拆卸顺序 | 拆卸部件名称 |
| 1 | | 11 | |
| 2 | | 12 | |
| 3 | | 13 | |
| 4 | | 14 | |
| 5 | | 15 | |
| 6 | | 16 | |
| 7 | | 17 | |
| 8 | | 18 | |
| 9 | | 19 | |
| 10 | | 20 | |

## 项目（二）后视镜的拆装与更换

### 1. 项目说明

（1）概述。

汽车后视镜属于重要安全件，其镜面、外形和操纵都颇为讲究。后视镜的质量及安装都有相应的行业标准，不能随意更改。后视镜按安装位置划分为：外后视镜、下后视镜和内后视镜。后视镜的用途：外后视镜反映汽车后侧方情况，下后视镜反映汽车前下方情况，内后视镜反映汽车后方及车内的情况。

（2）作用。

汽车后视镜反映汽车后方、侧方和下方的情况，使驾驶员可以间接地看清楚这些位置的情况，它起着"第二只眼睛"的作用，扩大了驾驶员的视野范围。

（3）结构。

汽车后视镜总成一般由后视镜玻璃和后视镜框两个部件组成。后视镜根据操控方式不同，又可分为电动后视镜和手动后视镜。东风雪铁龙新爱丽舍车型采用手动后视镜。

**2. 技术要求与标准**

（1）参训学员必须穿戴相应的劳保用品（棉丝手套、安全鞋），以免发生意外事故。

（2）拆装前，先将蓄电池断电，以免损坏用电设备。

（3）使用一字螺丝刀或卡扣专用拆卸工具，拆卸一些装饰件时要注意保护漆面，防止损伤漆膜。

（4）内饰件拆装过程中，要注意保护表面不被划伤，防止因损伤影响内饰件的美观性。

（5）拆装过程中，要特别掌握合适的力度，禁止野蛮操作，防止损坏零部件。

**3. 设备器材**

（1）东风雪铁龙三厢爱丽舍轿车一辆。

（2）常用工具一套。

（3）照明灯一只。

（4）防护用品一套。

**4. 作业准备**

（1）安装方向盘等三件防护套。　　　　　　　　□ 任务完成

（2）将车辆停放在工位上。　　　　　　　　　　□ 任务完成

（3）拉紧手刹。　　　　　　　　　　　　　　　□ 任务完成

（4）打开左前门。　　　　　　　　　　　　　　□ 任务完成

（5）记录单准备。　　　　　　　　　　　　　　□ 任务完成

**5. 操作步骤**

（1）拆卸门角撑内护板：用内饰拆装工具，拆下门角撑内护板，如图 5-33 所示。

图 5-33　拆卸门角撑内护板

（2）拆卸调整支架：用梅花螺丝刀拆下调整支架，拆卸固定螺钉，如图 5-34 所示。

图 5-34　拆卸调整支架

（3）拆卸后视镜总成：扶住后视镜，用梅花螺丝刀拆下固定螺钉；用手握住后视镜总成，将后视镜总成线束从门框线束座孔中穿出，取下后视镜总成，如图 5-35 所示。

图 5-35　拆卸后视镜总成

（4）安装：按照与拆卸相反的顺序安装。

（5）作业项目完成后，要搞好工位的清扫、整理工作，培养良好的工作习惯。

### 6. 作业记录单（见表 5-3）

表 5-3　后视镜拆卸顺序

| 学生姓名 | | 班级学号 | |
| --- | --- | --- | --- |
| 拆卸顺序 | 拆卸部件名称 | 拆卸顺序 | 拆卸部件名称 |
| 1 | | 11 | |
| 2 | | 12 | |
| 3 | | 13 | |
| 4 | | 14 | |
| 5 | | 15 | |
| 6 | | 16 | |
| 7 | | 17 | |
| 8 | | 18 | |
| 9 | | 19 | |
| 10 | | 20 | |

5-16 电动后视镜的更换

5-17 车门内饰板的拆装与更换

## 三、拓展学习

### （一）可加热电动后视镜

可加热电动后视镜即车窗两边的反光镜。第一，无须用手去调节角度，一般在驾驶座旁有操纵按钮，通过操纵按钮可以调节镜子的角度。第二，镜子可以自动加热，下雨和下雪时可以把镜子上面的水珠或积雪烤干，从而不致影响驾驶员的视线。

可加热后视镜一般在冬季较实用。冬季早上，在开车时经常发现全车的玻璃上几乎都有霜，用毛巾很难擦除。对于前风挡玻璃结霜，我们可以在打着车后开暖气吹玻璃去除；后风挡玻璃的霜气可以通过开启后风窗加热开关，通过后风窗玻璃内的加热丝加热去除。

带有后视镜加热的车，冬季后视镜结霜或冻冰后，只要打开后风窗除霜开关，电动后视镜便开始加热，后视镜上的霜或冰很快就会消失，这样给驾驶员带来了极大的方便。在冬天或者潮湿天气，即后视镜起雾以及附着小水滴时可以使用后视镜加热功能。使用方法：按下后视镜加热功能键（在雾灯开关旁边），十几分钟之后加热功能自动断开，这时后视镜加热按键的灯也熄灭。

电加热后视镜的原理和作用：在两侧后视镜的镜片内安装一个电热片（电热膜），在雨雪天气时，车主打开后视镜电加热功能，电热片会在几分钟内迅速加热至一个固定的温度，一般在 35 ℃~60 ℃，从而起到对镜片加热、除雾和除霜的效果。

### （二）自动防炫目后视镜

自动防炫目后视镜的原理：它有两个光敏二极管，一个安装在后视镜正面，一个安装在背面，它们分别接收汽车前面及后面射来的光线。当后车的大灯灯光照射在车内后视镜上时，从两个光敏二极管的信号比较中可以判断后面的光强于前面的光，于是电子控制器施加电压给后视镜镜面的电离层，将其颜色变深，后面射来的强光就会被镜面吸收掉很大一部分，余下反射到驾驶员眼内的光线就变得柔和多了。

自动防炫目后视镜固然能防炫目，但在从车库倒车出来时，由于车后面的光线较强而车前面光线弱，此时后视镜如变暗就不利于在倒车时看清车后的情况，因此一些汽车便设计成当汽车挂倒挡时自动取消防炫目功能，或者用开关手动取消该功能。

### （三）运动座椅

一般的普通汽车座椅强调舒适性，但是在弯道行驶时，无法支撑侧向加速施加于身体的强大离心力，驾驶员的身体产生严重的侧倾，相应影响到车身所传送的抓地力与转向的回馈力，对于大马力运动型车辆来说，这种情况的出现会使安全性随之降低。

轮胎与地面摩擦所产生的抓地反应，经由方向盘及车身传给驾驶员，一般称它为"路感"，而驾驶员就是根据路感的回馈，做出最适当的驾驶反应的。因为要控制一部行进中的车辆，除了转动方向盘之外，还要精准地抓住车身重心的转移，所以除了驾驶员自身的敏感度外，座椅也提供了极大的帮助。

运动座椅专门针对高速行驶的车身与人体动态反应而设计，因此特别将椅背及椅垫这两个部分加以强化，使人体两侧的腰部/肩部以及背部能够有良好的侧向支撑性，座椅本身的刚性也经过加强，因此能够对转弯时侧向加速度产生的离心力给予有效的抗衡，且能够更准确地感受到轮胎与路面的抓地性，使驾驶员能够对车辆进行精确的操控。

### （四）刮水片

刮水片的使用寿命一般是一年左右，主要看使用的频率；另外，每次下雨后应用毛巾把刮水片清洁干净，这样既可延长刮水片的使用寿命，也可保护玻璃。

定期检查：检查刮水器的方法很简单，喷出一些清洁液，然后开动刮水器，留意其动作是否流畅，并仔细听是否有较大的"刮刮"声，如有则表示刮水器过分压向玻璃，这时必须做出适当的调校。当刮水器扫完一至两下之后，看是否有水分留在风挡玻璃上，同时观察一下是否留下划痕，如有则表示刮水器上的刮水胶条已经老化，应该更换新的胶条。

避免长时间暴晒：避免长时间在太阳下暴晒可以延长刮水器的使用寿命，有一点需要特别注意：发现玻璃上有沙尘时，往往只开启刮水器扫走沙粒了事，这样做是错误的，因为这样做会大大损坏刮水器的胶条及汽车玻璃。因此在开启之前，应先喷洒一点清洗液，当然人工清洁更佳。保养刮水器还要注意维护好汽车的喷水系统：加入中性、去污、润滑的清洗剂；不良清洗液会腐蚀喷水系统、刮水器及汽车面漆；及时充水，避免喷水电动机空载。

远离油污：原因是玻璃上有油污，遇水之后水迹容易凝结成水珠，不易除去，容易出现细水现象。同理，汽车风挡玻璃上有油渍或者刮水器不小心碰到油渍时，会刮不干净雨水。刮水器虽然搁在风挡玻璃上，但日常保养时人们却很容易忽略，如果发现玻璃上有油渍，洗车时最好用玻璃清洗液擦拭刮水片和玻璃。

# 学习任务 6
## 汽车空调系统结构与拆装

一辆东风雪铁龙爱丽舍汽车行驶 63 686 公里，打开空调冷风时，空调不凉。车主将车开到 4S 店，经检查，制冷系统中无制冷剂。经过进一步检查，是储液干燥器渗漏所致，需拆装并更换储液干燥器，请你完成该项作业任务。

通过本任务的学习，应能：

1. 叙述空调系统的组成及主要部件的作用、结构、原理、安装位置和拆装方法；
2. 描述空调调节系统的调节方式、控制系统的控制内容和控制方式；
3. 根据维修手册，正确选用常用工具和专用设备，在 90 min 内，安全规范地进行空调系统主要部件的拆装和更换。

### （一）概述

汽车空调系统能使车内空气的温度、湿度、流速和清洁度等达到驾驶员和乘员所希望的舒适程度。空调已成为现代汽车的一种必要装备，一方面它对驾驶员提高安全驾驶、减少交通事故有着重要作用；另一方面，满足了人们对车内舒适环境提出的更高要求。

**1. 汽车空调系统的功能**

（1）调节车内温度。

汽车空调利用其制冷装置和加热装置调节车内空气的温度，使其保持在一个人体感觉适宜的范围。

（2）调节车内空气的流速和方向。

调节车内出风口的位置、出风的方向以及风量的大小。车内空气的流速和方向对人体的舒适度影响较大，夏季，气流速度稍大，有利于人体降温，但过大的风速直接吹到人体上，会使人感到不舒服，舒适的气流速度一般为 0.25 m/s 左右；冬季，风速过大，会影响人体的保温，一般在 0.15~0.25 m/s。根据人体生理特点，头部对冷比较敏感，脚部对热比较敏感，因而布置空调出风口时，应将冷风吹到乘员的头部、暖风吹到乘员的脚部。

(3) 调节车内湿度。

汽车空调能将车内的湿度调节到人体感觉适宜的范围。汽车空调通过制冷装置进行冷却降温,去除空气中的水分,再由采暖装置降低空气中的湿度。目前,汽车上一般未安装加湿装置,故只能通过开车窗或通风设备进行车内外的通风调节。

(4) 净化车内空气。

由于车内空间较小,当人员较多时,车内易出现缺氧和二氧化碳浓度过高的情况,再加上发动机排出的废气和道路上的灰尘等都容易进入车内,因此,要求汽车空调具有补充车内新鲜空气、对空气进行过滤净化和杀菌消毒的功能。

此外,汽车空调还能除去挡风玻璃上的雾、霜、冰、雪,给驾驶员一个清晰的视野,确保行车安全。

**2. 汽车空调系统的组成**

为完成空调的上述功能,汽车空调系统通常由下列各个子系统组成:

(1) 制冷系统:对车内的空气或车外吸进来的新鲜空气进行冷却除湿,降低车内的温度和湿度。

(2) 采暖系统:对车内的空气和车外吸进来的新鲜空气进行加热,提高车内的温度。

(3) 送风系统:把车外的新鲜空气吸进车内进行换气,并调节车内的气流。

(4) 空气净化系统:用来过滤和净化空气,并对空气杀菌消毒,去除异味。

另外,有些豪华型车上还装有专门的加湿装置。

**3. 汽车空调系统的类型**

(1) 按驱动方式不同分类。

① 非独立式空调:非独立式制冷系统的压缩机由发动机驱动,空调的工作状态受发动机工况的影响,一般多用于中、小型汽车上。

② 独立式空调:独立式制冷系统的压缩机由专用的发动机(或称副发动机)驱动,具有工作稳定、制冷量大、不受主发动机工况的影响等优点,多用于大、中型客车上。

(2) 按控制方式不同分类。

① 手动空调:手动空调一般设有开关键、调温键和调风键等,操纵机构一般为拉索式。

② 自动空调:自动空调一般用按键控制,操纵机构大多是电控气动式。

(3) 按热量的来源不同分类。

① 发动机冷却水采暖空调:在小型客车和轿车上,一般将上述各子系统有机地结合起来,组成同时具有采暖、降温除湿、挡风玻璃除霜、挡风玻璃除雾等功能的冷暖一体化空调系统。

② 独立热源采暖空调:在大、中型客车上,空调各系统通常独立安装并可单独使用。如在车顶上安装两个或三个独立的强制换气扇用于车内通风换气,冬季用独立的燃油燃烧式加热器为车内供暖,夏季则用专门的副发动机(空调发动机)驱动独立式制冷系统为车内提供冷气。

## （二）空调制冷系统

### 1. 制冷基本原理

制冷的基本思路。

人们在游泳后，会有冷的感觉，在手臂上涂抹酒精时也有凉爽的感觉，这是因为液体的蒸发带走了热量。

从制冷装置的运作情况来看，制冷过程中热量的转移是靠液体的状态变化实现的，我们将这种液体称为制冷剂。

根据物质沸点与压强的关系，降低压强可以使物质的沸点降低，使其更加容易蒸发而吸收热量；提高压强可以使物质的沸点升高，使其更加容易转化为液体而放出热量。物质物理状态的变化如图6-1所示。

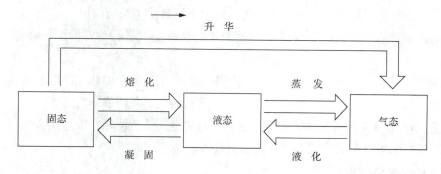

图6-1 物质物理状态的变化

### 2. 制冷系统的分类、组成及工作过程

（1）制冷系统的分类。

汽车空调制冷系统多采用以R12（氟利昂）或R134a（新型无氟环保型制冷剂）为制冷剂的蒸气压缩式制冷循环系统，目前车辆上主要采用膨胀阀式或膨胀管式制冷循环系统。

① 膨胀阀式制冷循环系统。

图6-2所示为膨胀阀式制冷循环系统，其主要由压缩机、冷凝器、储液干燥器、冷凝器风扇、膨胀阀和蒸发器等部件组成。各部件用耐压金属管或特制的耐压橡胶软管依次连接形成一个封闭的系统，系统内充有一定量的制冷剂和压缩机机油。

② 膨胀管式制冷循环系统。

图6-3所示为膨胀管式制冷循环系统，其主要由压缩机、冷凝器、集液器、冷凝器风扇、膨胀管和蒸发器等部件组成。

（2）制冷系统的工作过程。

汽车空调制冷系统的工作过程如图6-4所示。

① 压缩过程：压缩机由发动机曲轴皮带轮驱动旋转，将蒸发器中因吸热而汽化的低温低压制冷剂蒸气吸入后压缩成温度为70 ℃左右、压力为1.3~1.5 MPa的高温高压制冷剂气体，经高压管送入冷凝器。

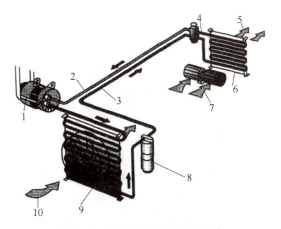

图 6-2 膨胀阀式制冷循环系统

1—压缩机；2—低压侧；3—高压侧；4—膨胀阀；
5—进入车内的冷空气；6—蒸发器；7—暖空气；
8—储液干燥器；9—冷凝器；10—车外冷空气

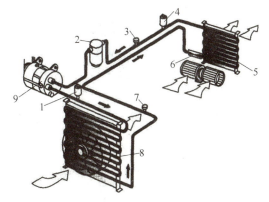

图 6-3 膨胀管式制冷循环系统

1—高压开关；2—集液器；3—低压维修阀；
4—低压开关；5—蒸发器；6—膨胀阀；
7—高压维修阀；8—冷凝器；9—压缩机

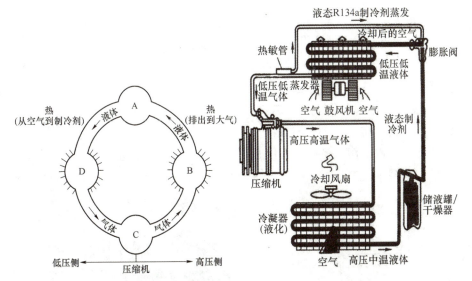

图 6-4 汽车空调制冷系统的工作过程

② 放热过程：经冷凝器及风扇冷却，将高温高压的制冷剂气体冷凝成温度为 50 ℃ 左右、压力为 1.1~1.4 MPa 的液态制冷剂，释放出热量，再送入储液干燥器。

③ 干燥过程：在储液干燥器中，将中温、高压的液态制冷剂过滤，除去制冷剂中的水分和杂质，然后经高压管送入膨胀阀。

④ 节流过程：制冷剂液体经过膨胀阀的小孔喷出，节流降压。经过膨胀阀的制冷剂变为压力为 0.15~0.13 MPa、温度为 -5 ℃ 左右的低温低压湿蒸气，然后进入蒸发器。膨胀阀能够根据制冷负荷的大小调节制冷剂的流量。

⑤ 吸热过程：在蒸发器内，由于容积增大、压力降低，制冷剂汽化，吸收大量的热量，从而使制冷剂温度变为 0 ℃~5 ℃，使蒸发器表面及其周围空气的温度降低。

当鼓风机将车外或车内空气强制吹过蒸发器表面时，便将空气冷却并送进车厢内。在蒸发器内吸热汽化后的制冷剂蒸气再次被压缩机吸入，然后重复上述过程。

6-1 汽车空调系统及组成部件的结构原理（1）　　6-2 汽车空调系统及组成部件的结构原理（2）

**3. 制冷剂**

在制冷系统中用于转换热量并循环流动的物质称为制冷剂。目前，汽车空调系统中使用的制冷剂有 R134a，如图 6-5 所示，其中字母"R"是 Refrigerant（制冷剂）的简称。

R134a 在一个标准大气压下，沸点为 -26.18 ℃，具有无色、无味、无毒、渗透性强等特性。但它能腐蚀某些塑料，与聚烷乙二醇润滑油混合后会腐蚀钢件，在液态时能吸收少量的水分，到了气态时能吸收大量水分。

**4. 冷冻润滑油**

空调系统中的压缩机润滑油是一种在高、低温工况下均能正常工作的特殊润滑油，如图 6-6 所示。

（1）作用。

① 润滑作用：润滑压缩机轴承、活塞、活塞环、连杆、曲轴等零部件表面，减少阻力和磨损，降低功耗，延长使用寿命。

② 冷却作用：及时带走运动表面摩擦产生的热量，防止压缩机温度过高。

③ 密封作用：润滑油渗入各摩擦件的密封面形成油封，可阻止制冷剂的泄漏。

④ 降低压缩机磨损：润滑油不断冲洗摩擦表面，带走磨屑，可减少摩擦件的磨损。

图 6-5　制冷剂　　　　　　　图 6-6　冷冻润滑油

（2）特性。

压缩机冷冻润滑油在空调制冷系统中完全溶解于制冷剂中，并随制冷剂一起在制冷系统中循环，它工作在高温与低温交替的环境之中，为保证其正常工作，冷冻润滑油需具有以下特殊性能：

① 凝固点要低，在低温下具有良好的流动性。

② 应具有一定的黏度，且受温度的影响要小。

③ 与制冷剂的溶解性能要好。在制冷系统中，制冷剂与冷冻润滑油混合在一起循环流动，因此，要求制冷剂与冷冻润滑油能够互溶。

④ 应具有较高的热稳定性，即在高温下不氧化、不分解、不结胶、不积炭。

⑤ 挥发性要差，即在制冷系统中不应有结晶状的石蜡析出，以保持良好的低温流动性。

⑥ 化学性质要稳定，即与制冷剂和其他材料不起化学反应。

⑦ 不含水分。若冷冻润滑油中水分过多，则会在膨胀阀的节流口处结冰，造成冰堵，影响制冷剂的流动，同时，油中的水分会造成镀铜现象及某些材料的腐蚀。

（3）型号。

国产的压缩机冷冻润滑油有 13、18、25、30 四种牌号；进口压缩机冷冻润滑油中 SUNISO 系列有 3GS、4GS、5GS 等。R134a 空调系统中使用的压缩机润滑油代号有 PAG（聚烃乙二醇）及 ESTER（聚酯类冷冻油）等。

**5. 制冷系统的主要部件**

汽车空调制冷系统主要由制冷压缩机、冷凝器、储液干燥器（集液器）、膨胀阀（膨胀管）、蒸发器、鼓风机及制冷管道等组成。

（1）制冷压缩机。

① 作用。制冷压缩机是汽车空调制冷系统的心脏，其作用是吸入来自蒸发器的低温、低压的气态制冷剂，压缩为高温、高压的气态制冷剂，并将制冷剂送往冷凝器。

② 类型。汽车空调制冷压缩机常见的类型有斜盘式压缩机、旋叶式压缩机、滚动活塞式压缩机、涡旋式压缩机、摆盘式压缩机、曲轴连杆式压缩机等。

斜盘式压缩机的组成和结构如图 6-7 所示。当主轴旋转时，斜盘也随着旋转，斜盘边缘推动活塞做轴向往复运动。如果斜盘转动一周，则前后两个活塞各完成压缩、排气、膨胀、吸气循环，即相当于两个气缸作用。

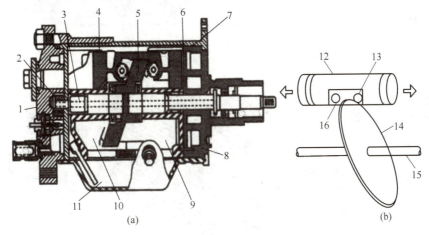

图 6-7 斜盘式压缩机的组成和结构

1—后盖；2—油泵齿轮；3、15—主轴；4、12—活塞；5—旋转斜盘；
6—吸气阀；7—前排气阀；8—前盖；9—前缸半部；10—后缸半部；
11—油底壳；13、16—推力轴承；14—斜盘

3 缸斜盘式的 3 个活塞等间隔（两两间隔 120°）分布，为了使机器受力合理、结构紧凑，通常将活塞制成双头活塞，轴向 6 缸，3 缸在压缩机前部，另外 3 缸在压缩机后

部；5缸斜盘式的5个活塞等间隔（两两间隔72°）分布，轴向10缸，5缸在压缩机前部，另外5缸在压缩机后部。双头活塞的两活塞各自在相对的气缸（一前一后）中，活塞一头在前缸中压缩制冷剂蒸气时，活塞的另一头就在后缸中吸入制冷剂蒸气，反向时互相对调。各缸均备有高低压气阀，另有一根高压管，用于连接前后高压腔。斜盘与压缩机主轴固定在一起，斜盘的边缘装合在活塞中部的槽中，活塞槽与斜盘边缘通过钢球轴承支承在一起。

这种压缩机结构紧凑、转动扭矩小、运动平稳性较高，并且效率高、性能可靠，最适合小型高速车辆使用。

（2）冷凝器。

① 作用。空调系统的冷凝器一般安装在发动机散热器的前面，其作用是将压缩机排出的高温、高压气态制冷剂冷凝成高温（50 ℃～55 ℃）、高压（1 100～1 400 kPa）的液态制冷剂，制冷剂在冷凝器中散热而发生状态的改变，冷凝器将热量散发到大气中。冷凝器的散热面积越大，冷却效果越好。为了保证更好的冷却效果，提高制冷能力，常在冷凝器前装设电控风扇，风扇有高速和低速两个挡位。

② 类型。冷凝器常见类型有管片式、管带式和平流式，如图6-8所示。

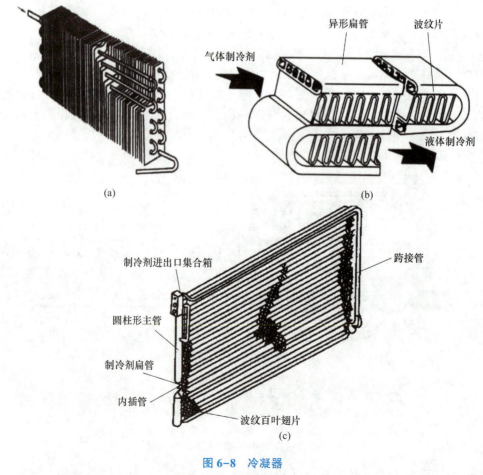

图 6-8 冷凝器

(a) 管片式；(b) 管带式；(c) 平流式

a. 管片式冷凝器。

管片式冷凝器是最早采用的一种冷凝器结构，它用胀管法将铝翅片胀紧在圆铜管上，铜管的端部用 U 形弯头焊接起来。此种冷凝器清理焊接氧化比较麻烦，而且散热效率较低。

b. 管带式冷凝器。

管带式冷凝器采用一根扁形管弯成蛇形，管内用隔肋隔成若干孔道，管外用 0.2mm 铝片焊在上下两管外皮处，铝片折成波纹状以增大散热面积。

桑塔纳 2000 系列轿车使用了 R134a 制冷剂后，系统压力升高，为提高冷凝效果，将管片式冷凝器改为全铝管带式冷凝器。

c. 平流式冷凝器。

平流式冷凝器由输入端接头进入圆柱形主管中，再分别同时流入多个扁管中，并平行地流至对面的主管，然后集中经过跨接管流至冷凝器输出端接头。

（3）蒸发器。

① 作用。空调系统的蒸发器和冷凝器一样，都是一种热交换器，一般安装在前排乘员座位一侧杂物箱下方。其作用是将来自膨胀阀的

6-3 冷凝器的作用、组成与结构

低温、低压湿气状制冷剂在其管道中蒸发，汽化成为气态制冷剂，吸收大量热量，使蒸发器及周围空气温度降低，同时对空气起除湿作用。

② 类型。蒸发器的类型有管片式、管带式和层叠式三种，如图 6-9 所示。管片式结构简单、加工方便，但换热效率较差；管带式比管片式工艺复杂，效率可提高 10% 左右；层叠式加工难度较大，但其换热效率较高，结构较紧凑。

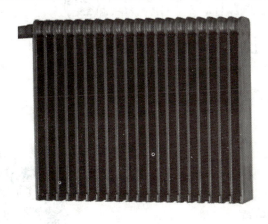

图 6-9 蒸发器

6-4 蒸发器的分类、组成与结构

（4）储液干燥器。

① 作用。储液干燥器用于膨胀阀式制冷循环系统中，安装在冷凝器和膨胀阀之间，其作用如下：

a. 暂时储存制冷剂，使制冷剂的流量与制冷负荷相适应。当含有蒸气的液态制冷剂进入储液器后，液态和气态的制冷剂分离。液态制冷剂通过膨胀阀进入蒸发器，多余的制冷剂可暂时储存在储液罐中。在制冷负荷变动时，及时补充和调整供给膨胀阀的液态制冷剂量，

保证制冷剂流动的连续性和稳定性。

b. 吸收制冷剂中的水分及过滤制冷剂中的杂质。若制冷剂中含有杂质和水分，则制冷系统管路会发生脏堵和冰塞现象，制冷系统将不能正常工作。

c. 在储液器上部出口端装有一个玻璃视液镜，用于观察制冷剂在工作时的流动情况，由此可判断制冷剂量是否合适。

d. 有些储液器出口端旁边装有一只安全熔塞，也称易熔螺塞，它是制冷系统的一种安全保护装置，其中心有一轴向通孔，孔内装填有焊锡之类的易熔材料，这些易熔材料的熔点一般为 85 ℃~95 ℃。当冷凝器因通风不良或冷气负荷过大而冷却不够时，冷凝器与储液器内的制冷剂温度和压力将会异常升高。当压力达到 3 MPa 左右时，温度超过易熔材料的熔点，此时，安全熔塞中心孔内的易熔材料便会熔化，使制冷剂通过安全熔塞的中心孔逸出散发到大气中去，从而避免系统的其他部件因压力过高而损坏。

e. 有些储液器上装有维修阀，可安装压力表和加注制冷剂。

f. 有些储液器上装有压力开关，可在系统压力不正常时，终止压缩机的工作。

② 组成结构。储液干燥器的结构如图 6-10 所示，它主要由外壳、干燥剂、过滤器、视液镜、安全熔塞和管接头等组成。制冷剂在储液器中的流动情况如图 6-10 中箭头所示。

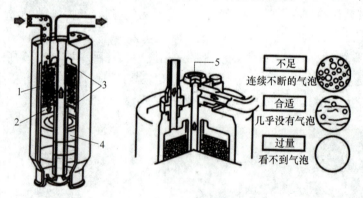

图 6-10 储液干燥器的结构

1—干燥剂；2—气态制冷剂；3—过滤器；4—液态制冷剂；5—视液镜

直立式储液器在安装使用前，不得过早将其进、出管口的包装打开，以免湿空气侵入储液器和系统内部，使之失去除湿的作用。安装时，先弄清楚储液器的进、出口端，在储液器的进、出口端一般打有记号，如进口端用英文字母 IN、出口端用英文字母 OUT 表示，或直接打上箭头以表示进、出口端，且安装角度一定要垂直，倾斜度不得超过 15°。

6-5 储液干燥器的作用、组成与结构

（5）集液器。

集液器用于膨胀管式的制冷循环系统中，其安装在蒸发器出口处的管路中。由于膨胀管无法调节制冷剂的流量，因此从蒸发器出来的制冷剂不一定全部是气体，可能有部分液体。为防止压缩机损坏，在蒸发器出口处安装集液器，一方面将制冷剂进行气液分离，当制冷剂进入集液器后，液体部分沉积在集液器底部，气体部分从上部的管路进入压缩机；另一方面起到与储液干燥器相同的作用。集液器的结构如图 6-11 所示。

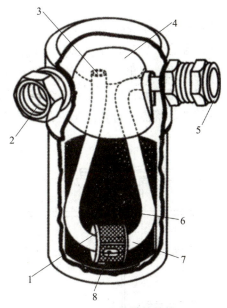

图 6-11　集液器的结构

1—过滤器；2—来自蒸发器；3—气态制冷剂入口；4—塑料盖；
5—到压缩机；6—干燥剂；7—U 形管；8—制冷剂孔

（6）膨胀阀。

① 作用。膨胀阀也称节流阀，是一个感压和感温阀，是汽车空调制冷系统中的一个主要部件。它安装在蒸发器的入口处，作用是将从储液干燥器来的高温、高压液态制冷剂经膨胀阀的小孔喷出，使其降压，体积膨胀，转化为雾状制冷剂，并在蒸发器中吸热变为气态制冷剂。同时还可根据制冷负荷的大小调节制冷剂的流量，确保蒸发器出口处的制冷剂全部转化为气体。

② 类型。膨胀阀的结构形式有三种，分别为外平衡式膨胀阀、内平衡式膨胀阀、H 形膨胀阀，如图 6-12 所示。

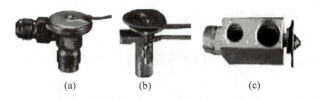

图 6-12　膨胀阀

（a）外平衡式膨胀阀；（b）内平衡式膨胀阀；（c）H 形膨胀阀

a. 内、外平衡式膨胀阀。

6-6 外平衡式、内平衡式膨胀阀的结构与原理

b. H形膨胀阀。

H形膨胀阀因其内部通道形同H而得名，如图6-13所示。它取消了外平衡式膨胀阀的外平衡管和感温包，直接与蒸发器进、出口相连。它有四个接口通往空调系统，其中两个接口和普通膨胀阀一样，一个接储液干燥器出口，一个接蒸发器入口；另外两个接口，一个接蒸发器出口，一个接压缩机进口。感温元件处在进入压缩机的制冷剂气流中。H形膨胀阀具有结构紧凑、使用可靠、维修简单等优点，符合汽车空调的要求。

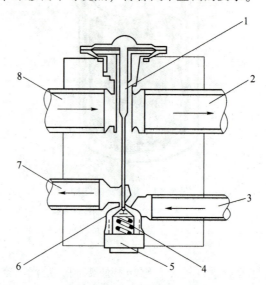

图6-13　H形膨胀阀的结构

1—感温器；2—接压缩机入口；3—接储液干燥器出口；4—压力弹簧；
5—阀座；6—针阀；7—接蒸发器入口；8—接蒸发器出口

这种膨胀阀安装在蒸发器的进、出管之间，感应温度不受环境影响，也无须通过毛细管而造成时间滞后，调节灵敏度较高。由于无感温包、毛细管和外平衡管，不会因汽车颠簸使充注系统断裂外漏以及感温包包扎松动而影响膨胀阀的正常工作。

（7）膨胀节流管（孔管）。

膨胀节流管直接安装在冷凝器出口和蒸发器进口之间，用于将液态制冷剂节流降压。

6-7 热力膨胀阀的分类结构与原理

膨胀节流管的结构如图6-14所示。它是一根细铜管，装在一根塑料套管内。在塑料套管外环形槽内，装有密封圈。有的还有两个外环形槽，每槽各装一个密封圈。把塑料套管连同膨胀节流管一起插入蒸发器进口管中，密封圈用于密封塑料套管外径和蒸发器进口管内径间的配合间隙。膨胀节流管两端都装有滤网，以防止系统堵塞。

由于膨胀节流管不能调节流量，液体制冷剂很可能流出蒸发器而进入压缩机，造成压缩机液击。因此，装有膨胀节流管的制冷系统必须同时在蒸发器出口和压缩机进口之间安装一个集液器，实行气液分离，避免压缩机发生液击。

由于膨胀节流管没有运动部件，结构简单，可靠性高，同时节省能耗，故很多高级轿车都采用这种方式。其缺点是制冷剂流量不能根据工况变化而进行调节。

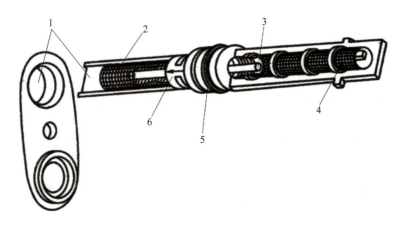

**图 6-14 膨胀节流管的结构**

1—到蒸发器；2—制冷剂滤网；3—定直径孔管；4—灰尘滤网；5—O 形密封圈（将高压与低压侧隔开）；6—制冷剂流向

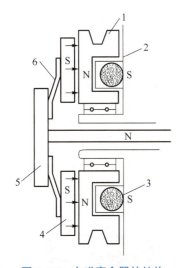

**图 6-15 电磁离合器的结构**

1—带轮；2—压缩机壳体；3—线圈；4—摩擦盘；5—驱动盘；6—弹簧爪

（8）电磁离合器。

① 作用。电磁离合器安装在压缩机上，其作用是控制发动机与压缩机的动力传递。空调制冷系统工作时，使发动机驱动压缩机运转，制冷系统停止运行时，切断发动机到压缩机的动力传递。

② 组成结构。电磁离合器的结构如图 6-15 所示，主要由三大部件组成：带轮组件、衔铁组件、线圈组件。带轮由轴承支承，可以绕主轴自由转动，其侧面平整，开有条形槽孔，表面粗糙，以便衔铁吸合后有较大的摩擦力。带槽有单槽、双槽和齿形槽等。带轮以冲压件居多，以使它的另一侧有一定空间嵌入线圈绕组。线圈绕组是用于产生电磁场的，有固定式和转动式两种。固定式线圈绕组被固定在压缩机壳体上，有引线引出供接电源使用。衔铁组件由驱动盘、摩擦盘、复位弹簧等组成，整个组件靠花键与压缩机主轴连接。

③ 工作过程。

a. 当接通空调开关使制冷系统进入工作状态时，电磁离合器的定子线圈通电产生磁力，将驱动盘吸向皮带轮，使两者结合在一起，发动机的动力便通过皮带轮传递到驱动盘，带动压缩机运转。

b. 当空调制冷系统停止工作时，电磁离合器的定子线圈断电，磁力消失，驱动盘与皮带轮分离，此时皮带轮通过轴承在压缩机的壳体上空转，压缩机停止运转。

### （三）空调暖风系统

**1. 暖风系统概述**

（1）暖风系统的作用。

现代汽车空调均配置暖风系统，其作用是在寒冷的季节为车内提供暖气；在车内外因温差较大结霜或雾时,去除车窗玻璃上的霜或雾;与由蒸发器来的冷气混合,调整车内的温度和湿度,满足乘员的舒适要求。

(2)暖风系统的类型。

按所使用的热源不同分类:

① 水暖式暖风系统:利用发动机冷却液的热量提高空气的温度,多用于轿车。

② 独立燃烧式暖风系统:装有专门的燃烧机构,多用于客车和载货车。

③ 综合预热式暖风系统:既利用发动机的冷却液热量,又装有燃烧预热的综合加热装置,多用于大客车。

④ 气暖式暖风系统:利用发动机排气系统的热量提高空气温度,多用于风冷式发动机上。

**2. 水暖式采暖系统**

(1)工作原理。水暖式采暖系统通常使用发动机工作时冷却液的余热(80 ℃~95 ℃)为车内提供暖气。其具有结构简单、成本低、不耗能、操作维修方便等优点,虽采暖量较小,但足以满足小型客车和轿车车内供暖的需要,故广泛用于小型客车和轿车上。其缺点是采暖量受汽车发动机运转工况的影响较大。

图 6-16 所示为水暖式采暖装置的采暖原理。发动机水套内的冷却液经热水管道和热水阀进入采暖热交换器时,其温度较高,当空气吹过热交换器时,空气被加热变为暖气送入车内。在冷却液通往热交换器的管路上有一热水阀,它可以关闭或控制水量的大小,以调节供热量。

(2)组成及安装位置。水暖式采暖系统主要由加热器芯、热水阀、鼓风机等组成,在车上的安装位置如图 6-17 所示。

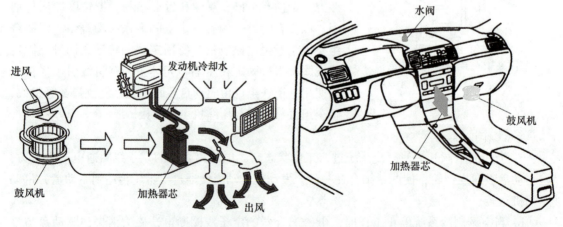

图 6-16 水暖式采暖装置的采暖原理　　图 6-17 水暖式采暖装置主要部件安装位置

① 加热器芯。加热器芯(见图 6-18)由水管和散热器片组成,发动机的冷却水进入加热器芯的水管,通过散热器片散热后,再返回发动机的冷却系统。

② 热水阀。热水阀(见图 6-19)用来控制进入加热器芯的水量,进而调节暖风系统的加热量,调节时,可通过控制面板上的调节杆或旋钮进行控制。

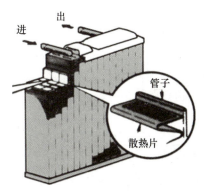

图 6-18 加热器芯

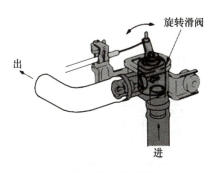

图 6-19 热水阀

③ 鼓风机。鼓风机（见图 6-20）将空气吹过加热器芯并经加热后送入车内。通过调节鼓风电动机的转速，可以调节向车厢内的送风量。鼓风机以电力驱动，不受发动机转速的影响，即使在发动机转速很低的时候仍然可以进行取暖和除霜。

**3. 独立热源式暖风系统**

独立热源式暖风系统用柴油、汽油或煤油等燃料，在一个专门的燃烧器内燃烧，燃烧所产生的热量为车内提供暖气。其特点是供暖充分，不受汽车运行状态的影响，但结构复杂、耗能多，故主要用于需要较大供暖量的大、中型客车上。

图 6-20 鼓风机

### （四）空调调节系统

**1. 空调调节系统的类型**

空调调节系统有手动调节和自动调节之分，现以手动调节为例说明空调调节系统的工作情况。空调的手动调节包括温度调节、出风口位置调节、鼓风机风速调节、空气内外循环调节等，通常通过空调控制面板上的拨杆或旋钮进行调节。

**2. 空调控制面板上的开关**

空调控制面板上有温度调节开关、气流选择开关、鼓风机速度选择开关、进气方式（内外循环）选择开关、空调开关（A/C）、运行模式选择开关等，其中温度调节开关、气流选择开关、进气方式（内外循环）选择开关是通过气道中的调节风门实现的，空调开关（A/C）、运行模式选择开关、鼓风机速度选择开关是通过电路控制实现的。空调控制面板到调节风门的控制方式有拉线式和电动式两种。空调控制面板上的开关如图 6-21 所示。

**3. 温度调节**

温度调节采用冷暖风混合的方式，所有空气先通过蒸发器，用一个调节风门控制通过加热器芯的空气量，通过加热器芯的空气和未通过加热器的空气混合后形成不同温度的空气从出风口吹出，实现温度调节。冷气和暖风共用一个鼓风机。图 6-22~图 6-24 所示分别为调节风门处于不同位置时空气的流经路线。

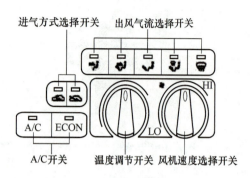

图 6-21 空调控制面板上的开关

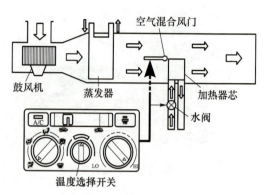

图 6-22 调节风门在中间位置

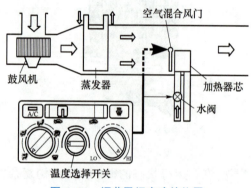

图 6-23 调节风门在冷的位置

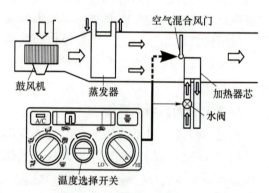

图 6-24 调节风门在热的位置

**4. 气流选择调节**

通过控制面板上的气流选择开关调节出风口的位置，分别设置了中央出风口、侧出风口、脚下出风口、风挡玻璃除霜出风口等不同的出风口位置，如图 6-25~图 6-27 所示。

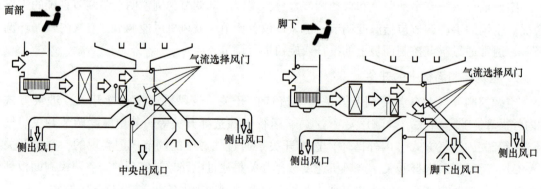

图 6-25 中央出风口位置　　　　　图 6-26 脚下出风口位置

**5. 进气方式选择调节**

选择进入车内的空气是外部的新鲜空气还是车内的非新鲜空气，如果选择外部新鲜空气则称为外循环；选择车内空气则称为内循环，如图 6-28 所示。

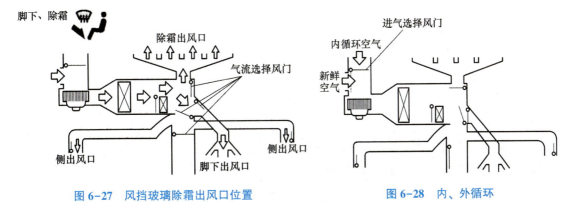

图 6-27　风挡玻璃除霜出风口位置　　　　　图 6-28　内、外循环

**6. 鼓风机速度选择调节**

在鼓风机电路中串入 3 个电阻，通过开关控制 OFF 挡、LO 挡、2 挡、3 挡、HI 挡等转速挡位，依次调节风速，风量由小到大。鼓风机速度调节原理如图 6-29 所示。

6-8　内外循环系统工作原理　　　　　　　6-9　冷凝器散热风扇

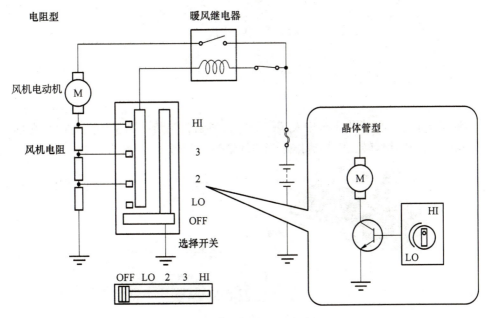

图 6-29　鼓风机速度调节原理

### (五)空调空气净化系统

**1. 作用**

空调空气净化系统的作用是除去车内空气中的灰尘,保持车内空气的清洁;部分车辆还具有去除异味、杀灭细菌的作用;一些高级轿车上还装备了负氧离子发生器,使车内的空气更加清新。

**2. 净化方式**

(1)大多数车辆在空调的进气系统中安装空气滤清器,通过滤清器滤除空气中的尘埃,使车内的空气保持清洁,如图 6-30 所示。

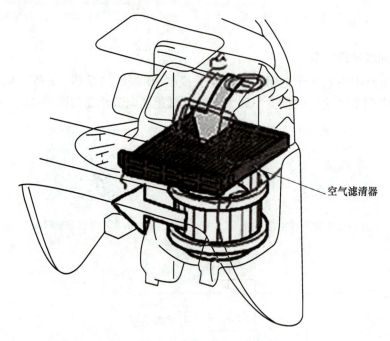

图 6-30 空调空气滤清器

(2)有些车辆在空气净化系统中安装了烟雾传感器,当传感器检测到车内存在烟气时,自动使鼓风机以高速挡运转,以加速排除车内的烟气,如图 6-31 所示。

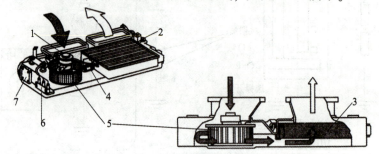

图 6-31 空调烟雾净化装置

1—鼓风机电动机;2,3—空气滤清器;4—烟雾传感器;5—鼓风机风扇;6—调速电脑;7—放大器

(3)有些车辆在空调空气滤清器中加入了活性炭,吸收空气中的异味;有些高级轿车上还

安装了杀菌灯和负氧离子发生器，使车内的空气更加卫生、清洁和清新，如图6-32所示。

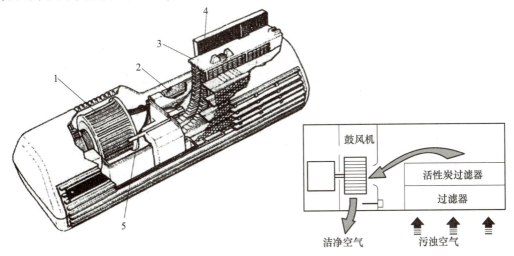

图6-32 有杀菌灯和负氧离子发生器的空气净化系统
1—鼓风机风扇；2—杀菌灯；3—过滤器；4—活性炭过滤器；5—离子发生器

## （六）空调控制系统

**1. 空调控制系统概述**

（1）控制系统的功能。

保证空调制冷系统正常运转，同时也保证空调系统工作时发动机的正常运转。

（2）控制系统的控制方式。

通过控制压缩机电磁离合器的接合与分离实现温度控制和系统保护，通过对鼓风机的转速控制调节制冷负荷。

（3）控制的类型。

① 控制对象按参数可分为制冷温度控制、压力控制及转速控制等。

② 控制对象按部件可分为蒸发器控制、压缩机电磁离合器控制、风门控制以及风机转速控制等。

③ 制冷温度的控制方法有控制蒸发器的表面温度和控制蒸发器出口的压力两种。

④ 现在很多高级车辆上采用了微型计算机控制，真正实现了空调的自动控制。

（4）控制内容。

①压缩机电磁离合器控制； ②蒸发器温度控制； ③冷凝器风扇控制；
④制冷循环的压力控制； ⑤发动机的怠速提升控制； ⑥发动机失速控制；
⑦皮带保护控制； ⑧压缩机双级控制； ⑨双蒸发器控制；
⑩冷却液温度控制； ⑪制冷剂温度控制； ⑫环境温度控制。

**2. 空调控制系统**

（1）压缩机电磁离合器控制。

① 作用。

电磁离合器安装在压缩机上，其作用是控制发动机与压缩机的动力传递。空调制冷系统工作时，使发动机能驱动压缩机运转；制冷系统停止运行时，切断发动机到压缩机的动力传递。

② 组成结构。

电磁离合器的组成结构如图6-33所示，它主要由压力板、皮带轮和定子线圈等组成。压力板与压缩机轴相连，皮带轮通过轴承安装在压缩机的壳体上，并通过皮带由发动机驱动，定子线圈也安装在压缩机的壳体上。

③ 工作过程。

a. 电磁离合器的接合状态。

当接通空调开关使空调制冷系统进入工作状态时，电磁离合器的定子线圈通电，线圈通电后产生磁力，将压力板吸向皮带轮，使二者

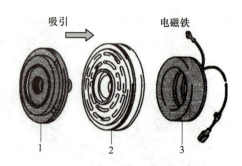

图6-33 电磁离合器的组成结构
1—压力板；2—皮带轮；3—定子线圈

结合在一起，发动机的动力便通过皮带轮传递到压力板，带动压缩机运转。

b. 电磁离合器的分离状态。

当空调制冷系统停止工作时，电磁离合器的定子线圈断电，磁力消失，压力板与皮带轮分离，此时皮带轮通过轴承在压缩机的壳体上空转，压缩机停止运转。

（2）蒸发器温度控制。

① 控制目的：防止蒸发器结霜或结冰。如果蒸发器的温度低于0℃，凝结在蒸发器表面的水分就会结霜或结冰，严重时会堵塞蒸发器的空气通路，导致系统制冷效果大大降低。为了避免这种情况的发生，必须控制蒸发器的温度在0℃以上。

② 控制方式：用蒸发压力调节器控制蒸发器的压力来控制蒸发器的温度；用温度传感器或温度开关控制压缩机的运转来控制蒸发器的温度。

③ 蒸发压力调节器的控制原理、安装位置、结构及控制过程。

a. 控制原理：根据制冷剂的特性，只要蒸发器出口的压力高于某一数值（对于R134a为0.18MPa），蒸发器的温度就不会低于0℃，因而只要将蒸发器出口处制冷剂的压力控制在一定的数值，就可以防止蒸发器表面结霜或结冰。蒸发压力调节器可根据制冷负荷的大小调节蒸发器出口处的压力，以确保蒸发器出口的压力而使制冷剂不低于0℃。

b. 安装位置：蒸发压力调节器安装在蒸发器出口至压缩机入口的管路中，如图6-34所示。

c. 结构：如图6-34所示，其主要由金属波纹管、活塞和弹簧等组成，在管路中形成可调节制冷剂流量的阀门。

d. 蒸发压力调节器的控制过程：当制冷负荷减小时，蒸发器出口处制冷剂的压力降低，作用在活塞上向左的压力$P_e$减小，小于金属波纹管内弹簧向右的压力$P_s$，使活塞向右移动，阀门开度减小，制冷剂的流量随之减小，并使蒸发器出口处的压力升高；反之，在制冷负荷增大时，活塞向左移动，阀门开度增大，增加制冷剂的流量，以适应制冷负荷增大的需要。

④ 蒸发器温度控制。

a. 控制形式：一种是用温度开关（恒温器）直接控制压缩机电磁离合器；另一种是用

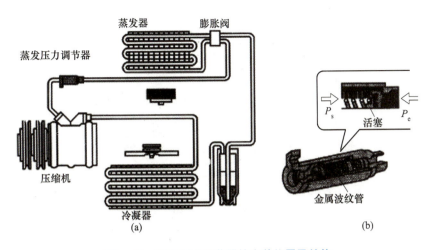

图 6-34 蒸发压力调节器的安装位置及结构
(a) 安装位置；(b) 结构

温度传感器（热敏电阻）通过空调 ECU 间接控制压缩机电磁离合器。

b. 温度开关控制：将温度开关（恒温器）安装在蒸发器的中央，当蒸发器表面温度低于某一设定值时，温度开关切断压缩机电磁离合器电路，使压缩机停止工作，防止蒸发器结冰。温度开关的安装位置如图 6-35 所示。

c. 温度传感器控制：将温度传感器安装在蒸发器的表面，当蒸发器表面的温度低于某一设定值时，热敏电阻的阻值变化，传输给空调 ECU 低温信号，空调 ECU 控制继电器切断压缩机电磁离合器电路，使压缩机停转，控制蒸发器温度不低于 0℃。温度传感器控制电路如图 6-36 所示。

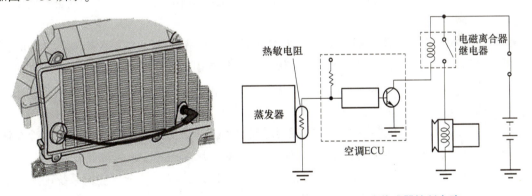

图 6-35 温度开关的安装位置　　图 6-36 温度传感器控制电路

(3) 冷凝器风扇控制。

① 电子风扇的工作情况：现在很多车辆采用电子风扇对冷却系统进行散热，与空调系统的冷凝器共用同一电子风扇。当冷却液温度较低时，风扇不工作；当冷却液温度升高到某一规定值时，风扇以低速运转；当温度进一步升高到另一个设定值时，风扇则以高速运转。当空调制冷系统开始运作时，不管冷却液温度是高还是低，风扇都运转；当制冷系统压力高过一定值时，风扇则以高速运转。

② 风扇转速的控制方式：一种是利用一个电子风扇以串联电阻的方式调节风扇的转速，另一种是利用两个电子风扇以串联和并联的方式调节风扇的转速。

③ 冷凝器和散热器风扇控制电路，如图 6-37 所示。

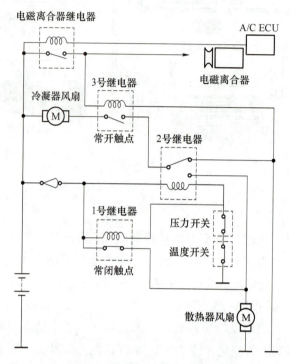

图 6-37　冷凝器和散热器风扇控制电路

通过压力开关、冷却液温度开关和三个继电器实现风扇不转、低速运转、高速运转三级控制。

压力开关在制冷系统压力高时断开，低时接通；冷却液温度开关在冷却液温度高时断开，低时接通；3 号继电器只在空调制冷系统工作时起作用，使冷凝器风扇以低速或高速运转；2 号继电器为双触点继电器，用来控制冷凝器风扇的转速；1 号继电器用来控制散热器风扇。

不开空调时，3 号继电器不工作，冷凝器风扇也不工作。如果冷却液温度过高，冷却液温度开关断开，1 号继电器线圈断电，触点闭合，散热器风扇运转，加强散热效果。

打开空调，3 号继电器线圈通电，触点闭合。如果冷却液温度较低，空调系统内压力也较低，2 号继电器线圈通电，使其下触点闭合，形成了冷凝器风扇和散热器风扇的串联电路，两个风扇都以低速运转。如果冷却水温度升高或制冷系统内压力增大，压力开关或冷却液温度开关切断 2 号和 1 号继电器线圈电路，使 2 号继电器的上触点闭合，1 号继电器的触点接通，将冷凝器风扇和散热器风扇连接成并联电路，两个风扇都以高速运转。

(4) 制冷循环的压力控制。

① 控制目的：制冷循环系统中若出现压力异常，将造成系统不同程度的损坏。若系统压力过低，制冷剂量过少，将造成润滑油不能随制冷剂一起循环，使压缩机缺油而损坏。若由于制冷剂量大或冷凝器冷却不良造成系统压力过高，有可能造成系统部件损坏。因此，在

制冷系统工作时，必须对系统压力进行监测，以防止出现上述两种情况。

② 控制方法：在系统的高压管路中安装压力开关，即低压开关和高压开关。如果系统压力低于规定值，低压开关将切断压缩机的电路使压缩机停止工作。如果系统压力高于规定值，有两种处理方法，一种是加强冷凝器的冷却强度，使压力降低；另一种是切断压缩机电磁离合器的电路，使压缩机停止运转。压力开关的功能如图 6-38 所示。

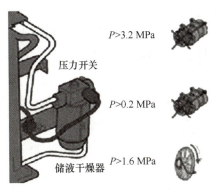

图 6-38　压力开关的功能

③ 高压开关。

它安装在压缩机至冷凝器之间的高压管路上，其作用是防止系统在异常的高压压力下工作。

若冷凝器散热不良、散热堵塞或风扇损坏，将导致冷凝压力异常上升，此时，若空调制冷系统继续工作，过高的制冷剂压力会造成冷凝器或系统管路的破裂。

为使系统压力不致过高，高压压力开关自动切断电磁离合器的电路，使压缩机停转；或接通冷却风扇高速挡电路，自动提高风扇转速，以降低冷凝器温度和压力。

高压开关的压力控制范围为：2.82~3.10 MPa 时断开，1.03~1.73 MPa 时接通。

④ 低压开关。

低压开关通常安装在系统的高压回路中，防止压缩机在压力过低的情况下工作。若系统高压回路中压力过低，说明缺少制冷剂，润滑油不能随制冷剂一起循环，久而久之将损坏压缩机。

低压开关的工作范围一般为：80~110 kPa 时断开；230~290 kPa 时接通。

6-10 空调其他控制系统

⑤ 高、低压复合开关。

当高、低压力开关用于保护作用时，为使结构紧凑，减少接口，通常将高、低压开关做成一体安装在储液干燥器上。

（5）空调的其他控制系统（发动机的怠速提升控制系统、发动机失速控制系统、皮带保护控制系统、压缩机双级控制系统、双蒸发器控制系统、冷却液温度控制系统、制冷剂温度控制系统、环境温度控制系统）。

## 二、任务实施

### 项目（一）空调压缩机的就车拆装与分解

**1. 项目说明**

汽车空调压缩机是一种易损件，长期使用会出现不制冷、制冷不足、电磁离合器或轴承损坏等故障，需要对压缩机进行维修或更换，因此需要掌握压缩机就车拆装和离车分解组装的方法和步骤。空调系统的拆装作业应特别注意以下事项：

（1）在拆开制冷系统时，必须戴手套及防护眼镜，以免制冷剂冻伤皮肤。

（2）制冷剂的排放应使用空调加注回收一体机进行排空。

（3）拆开制冷系统后，要及时加盖或包扎密封，防止空气中的潮气或杂质进入。

（4）拧紧或拧松螺纹接头时，为避免部件的损坏，应同时使用两把扳手，按规定扭矩拧紧。

（5）拆卸具有线束插接器的部件时，必须脱开蓄电池端子或将点火开关置于"OFF"挡，切断电源。

**2. 技术标准与要求**

（1）一个学员能在 90 min 内完成此项目。

（2）技术标准：正确使用空调加注回收一体机，熟知拆装压缩机的方法和步骤。压缩机传动盘中心螺母的紧固力矩为 40 N·m；压缩机固定螺丝的紧固力矩为 60 N·m；压缩机高低压连接管的紧固力矩为 35 N·m。

**3. 设备器材**

（1）东风雪铁龙三厢爱丽舍轿车一辆。

（2）常用工具一套。

（3）专用工具一套，如图 6-39 所示。

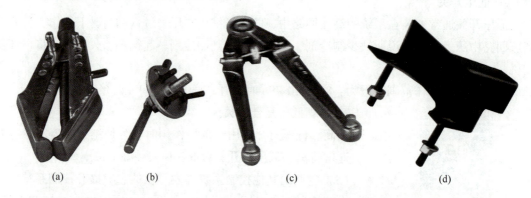

(a)　　　　(b)　　　　(c)　　　　(d)

图 6-39　压缩机拆装专用工具

(a) 两爪拉拔器；(b) 传动盘拔出器；(c) 传动盘拆装扳手；(d) 压缩机维修支架

（4）空调加注回收一体机一台。

（5）汽车举升机一台。

（6）带台钳的工作台一个。

（7）防护用品一套。

**4. 作业准备**

（1）车辆准备。　　　　　　　　　　　　　　□ 任务完成

（2）工具准备。　　　　　　　　　　　　　　□ 任务完成

（3）记录单准备。　　　　　　　　　　　　　□ 任务完成

（4）举升机准备。　　　　　　　　　　　□ 任务完成

（5）车辆开进工位。　　　　　　　　　　□ 任务完成

（6）顶好车辆位置。　　　　　　　　　　□ 任务完成

（7）稍微举升车辆。　　　　　　　　　　□ 任务完成

（8）检查车辆是否平稳。　　　　　　　　□ 任务完成

**5. 操作步骤**

（1）就车拆装压缩机。

① 打开发动机盖，安装车外防护用品。

② 将空调加注回收一体机连接到空调高低压维修阀上，回收制冷剂，完毕后拆下空调加注回收一体机，如图6-40所示。

③ 举升车辆至举升机上部，拆下电磁离合器线束插接器，如图6-41所示。

图6-40　回收制冷剂

图6-41　拆下电磁离合器线束插接器

④ 拆下压缩机高低压连接管，并立即用专用堵塞堵住高低压管接头及压缩机端口，如图6-42所示。

⑤ 松开皮带张紧轮支架固定螺栓，转动调整螺栓，松开并取下皮带，如图6-43所示。

图6-42　拆下连接管并堵住管接头及压缩机端口

图6-43　松开皮带张紧轮固定螺栓，拆下皮带

⑥ 拆卸压缩机固定螺栓，前后各一个，如图6-44和图6-45所示。

图 6-44 拆卸压缩机前固定螺栓

图 6-45 拆卸压缩机后固定螺栓

⑦ 取下压缩机，如图 6-46 所示。
⑧ 安装：按与拆卸相反的顺序安装压缩机。
（2）压缩机的分解与组装。
① 将压缩机支架安装在台钳上，并将压缩机固定在支架上，如图 6-47 所示。

图 6-46 取下压缩机

图 6-47 安装支架，固定压缩机

② 将传动盘拆装扳手安装在传动盘上，用快速扳手拆下中心螺母，如图 6-48 所示。
③ 安装传动盘拔出器，转动手柄，拆下传动盘，如图 6-49 所示。

图 6-48 拆卸中心螺母

图 6-49 拆卸传动盘

④ 取出传动盘垫片、半圆键和卡簧，如图6-50所示。

⑤ 安装两爪拉拔器，转动中心螺栓，拔出皮带轮，如图6-51所示。

⑥ 取下皮带轮，拆下卡簧，如图6-52所示。

⑦ 松开线束卡箍螺丝，取下电磁离合器线束和线圈，如图6-53所示。

图6-50 取出传动盘垫片、半圆键、卡簧

图6-51 安装拉拔器，拆卸皮带轮

图6-52 取下皮带轮、卡簧

图6-53 拆卸电磁离合器线束和线圈

⑧ 压缩机分解完毕，零部件如图6-54所示。

图6-54 压缩机零部件

⑨ 压缩机组装：按与拆卸相反的顺序组装压缩机。

6-11 涡旋式压缩机的分解与装配（1）     6-12 涡旋式压缩机的分解与装配（2）

**6. 记录与分析**（见表 6-1）

表 6-1 压缩机拆卸顺序

| 学生姓名 | | 班级 | | 学号 | |
|---|---|---|---|---|---|
| 就车拆卸顺序 | 拆卸部件名称 | 分解拆卸顺序 | 拆卸部件名称 | 分解拆卸顺序 | 拆卸部件名称 |
| 1 | | 1 | | 5 | |
| 2 | | 2 | | 6 | |
| 3 | | 3 | | 7 | |
| 4 | | 4 | | 8 | |

### 项目（二）储液干燥器的拆装

6-13 储液干燥器的拆装     6-14 制冷管路的拆装

### 项目（三）制冷管路的拆装

### 项目（四）冷凝器的拆装

6-15 冷凝器的拆装     6-16 膨胀阀的拆装

### 项目（五）膨胀阀的拆装

### 项目（六）蒸发器的拆装与分解

6-17 蒸发器的拆装与分解

### ❄ 三、拓展学习

## 空调自动控制系统

### （一）空调自动控制系统的组成

空调的自动控制系统是在手动控制装置的基础上发展而来的。驾驶员通过操作控制器总成上的按键来选择空调系统的工作模式和风速，控制系统的电子控制单元会根据各种传感器传送来的信号，按照预先编制的程序对信号进行处理，并通过执行元件不断地对风机转速、出风温度、送风方式及压缩机的工作状况等进行调节，从而使车厢内温度、空气流动状况等始终保持在驾驶员设定的水平上。

图 6-55 所示为空调自动控制系统的控制面板。

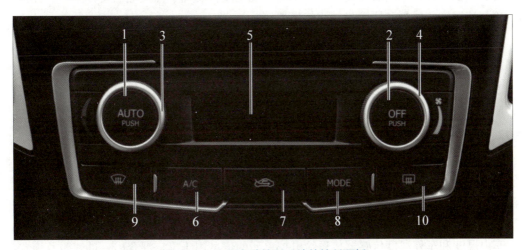

**图 6-55　空调自动控制系统的控制面板**

1—自动模式（AUTO）按键；2—空调关闭按键；3—温度调节旋钮；4—风量调节旋钮；
5—空调状态显示屏；6—"A/C"（空调）按键；7—空气内/外循环按键；8—通风模式选择按键；
9—前风窗玻璃除雾器按键；10—后风窗玻璃/车外后视镜除雾器按键

图 6-56 所示为空调自动控制系统的结构组成和控制示意图。控制装置主要由传感器、执行元件和空调电控单元组成。

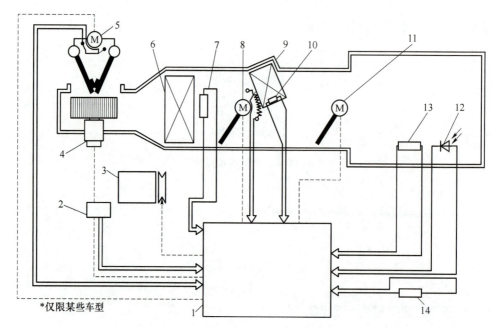

图 6-56　空调自动控制系统的结构组成和控制示意图

1—空调电控单元；2—功率晶体管；3—压缩机；4—鼓风机电动机；5—进气控制伺服电动机；6—蒸发器；7—蒸发器传感器；8—空气混合控制伺服控制电动机；9—热交换器；10—冷却液温度传感器；11—出风模式伺服电动机；12—光照传感器；13—车内温度传感器；14—车外环境温度传感器

### （二）传感器

传感器主要包括车内温度传感器、车外环境温度传感器、蒸发器温度传感器、光照传感器、冷却液温度传感器和压缩机锁止传感器等。

**1. 车内温度传感器（INCAR）**

车内温度传感器是一个负温度系数的热敏电阻，当车内温度发生变化时，热敏电阻的阻值发生变化，从而向空调电控单元输送车内温度信号。它通常安装在仪表盘后面的吸气装置内，$R_{25}=2.186\text{k}\Omega$，车内温度传感器在短路或开路情况下，默认温度为25℃。

**2. 车外环境温度传感器（AMB）**

车外环境温度传感器安装在后视镜或保险杠下端，它也是一个热敏电阻，当车外环境温度发生变化时，热敏电阻的阻值发生变化，从而向空调电控单元输送车外环境温度信号。环境温度传感器在短路或开路情况下，默认温度为25℃，当环境温度≤-1℃时禁止压缩机开启，当环境温度≥1℃允许压缩机开启，中间为滞差区。

车内温度和车外温度传感器传送给电控单元的信息用于确定混合门、进气门及模式门的位置，以及鼓风机的转速以及压缩机的工作状态。当两传感器指示的车内、车外温度高时，混合门向"冷"的方向移动，送风系统中出风口的温度降低；反之，当车内、车外温度低时，混合门向"热"的方向移动。在制冷工况下，若车内、车外温度传感器输送的温度高，则鼓风机的转速就越高；反之，鼓风机的转速降低。

**3. 阳光辐射传感器（SUN）**

阳光辐射传感器用于采集阳光强度，其内置的光敏二极管随着阳光强度变化，其电流跟随发生变化，两者为线性关系。

**4. 蒸发器温度传感器（EVAP）**

蒸发器温度传感器感应传递蒸发器后的空气平均温度，为热敏电阻型传感器，$R_0$ 为 6.194kΩ。蒸发温度传感器在短路或开路情况下，默认温度为 6℃，当蒸发温度≤1℃时禁止压缩机开启，当蒸发温度≥3℃时允许压缩机开启，中间为滞差区。变排量压缩机，理论上不需要控制器通过蒸发器温度值来进行控制。

**5. 吹面出风口温度传感器（VENT）**

吹面出风口温度传感器感应传递吹面出风口的温度，布置在主驾驶左侧出风口内，为热敏电阻型传感器。吹面出风口温度传感器在短路或开路情况下，默认温度为 25℃。

**6. 吹脚出风口温度传感器（FOOT）**

吹脚出风口温度传感器感应传递吹脚出风口的温度，布置在主驾驶左侧出风口内，为热敏电阻型传感器。吹面出风口温度传感器在短路或开路情况下，默认温度为 25℃。

**7. 冷却液温度传感器**

冷却液温度传感器用于测量热交换器芯的温度，修正混合风门的位置，限制压缩机在发动机处于高温状态下仍然工作。

自动空调的执行器主要包括风门电动机、暖风电动机及压缩机电磁离合器等。三个风门电动机全部为步进电动机。

**1. 进风伺服电动机（循环步进电动机）**

进风伺服电动机控制空调的进风方式，电动机的转子经连杆与进风风门相连，内装一个电位计。当电动机带动风门转动时，向空调电控单元反馈电动机的位置情况。

**2. 空气混合伺服电动机（温度步进电动机）**

当进行温度调节时，空调电控单元控制空气混合伺服电动机连杆顺时针或逆时针转动，改变空气混合风门的开启角度，从而改变冷、暖空气的混合比例，调节送风温度。

**3. 送风方式控制伺服电动机（模式步进电动机）**

当按下空调控制面板上某个送风方式键时，空调电控单元便将电动机上的相应端子接通，而电动机内的驱动电路据此使电动机连杆转动，将送风控制风门转到相应的位置上，打开某个送风通道。

**4. 暖风电动机（鼓风机电动机）**

暖风电动机转速可通过操作空调控制面板上的"高速""中速"和"低速"按键设定。当按下"AUTO"键时，空调电控单元根据送风温度自动调整暖风电动机转速，若冷却液温度传感器检测到冷却液温度低于 40℃时，空调电控单元控制暖风电动机停止工作。

**（三）空调电控单元**

空调电控单元与操纵面板制成一体，它对输入的各种传感器信号和功能选择键的输入指令进行计算和分析比较后，发出指令，控制各个执行器动作，使车内温度、空气流动状况等始终保持在驾驶员设定的水平上，极大地简化了操作。空调自动控制具有以下功能：

（1）温度控制。

（2）鼓风机转速控制。

（3）气流方式控制。

（4）进气控制。

（5）故障诊断储存。

（6）故障和安全报警。

# 学习任务 7
## 汽车防盗系统结构与拆装

张先生大众速腾汽车防盗系统出现故障,经维修技师检查判定需更换。请你安全规范地进行汽车防盗器的拆装作业。

通过本任务的学习,应能:
1. 叙述汽车防盗系统的结构、类型及连接方式;
2. 分析汽车防盗系统的工作过程;
3. 根据维修手册,正确选用防盗系统拆装工具和设备,安全规范地进行汽车防盗系统的更换。

## 一、知识准备

为防止汽车被盗,最初汽车上装备了门窗、门锁等机构阻止盗贼进入车辆,且采用了电动车窗、中央门锁系统、遥控门锁系统等。这些主要为方便用户而设计,并不能有效防止车辆被盗,因此现代汽车装备了专门的防盗系统,同时具备遥控、报警、防起动等功能。

汽车防盗系统是一种安装在车上,用来增加盗车难度、延长盗车时间的装置,是对无权进入车内起动汽车和拆卸防盗系统的企图进行监测的装置。在检测到任何侵入行为时,防盗系统会使起动机或发动机电脑控制系统处于锁止状态,通过报警系统进行声光报警,并阻止汽车起动。

### (一)汽车防盗系统的种类

按结构不同,可分为机械式、电子式和网络式;按设定方式不同,可分为定码与跳码两种。

**1. 机械式汽车防盗系统**

机械式汽车防盗系统大多为采用防盗锁,它通过锁定方向盘、制动器踏板、变速杆、车轮等主要操纵件,使盗车者无法将汽车开走。

机械式汽车防盗系统发展至今经过数次技术升级,目前市场上已有了较可靠的护盘式转向盘锁。此类防盗锁为隐藏式,有一层防锯、防钻钢板保护,材质比较传统的拐杖锁坚固,锁芯设计也更加周密。

**2. 电子式防盗系统**

电子式防盗系统主要靠锁定发动机控制电脑或起动线路来达到防盗的目的，同时具有声音和灯光报警功能。因此，在电子式防盗系统触发时发动机无法起动，同时防盗喇叭鸣叫和外部灯光闪烁发出警报，既可吓跑盗车者，又可引起路人的注意。

**3. 网络式防盗系统**

网络式汽车防盗系统是利用 GPS 卫星定位系统对汽车进行监控，以达到防盗的目的。该防盗系统不但可以锁定汽车点火或起动功能，还可以通过 GPS 卫星定位系统（或其他网络系统）将报警信息和报警汽车所在的位置传送到报警中心。

7-1 防盗系统的种类

在此系统中还可以增加交通事故自动报警、防盗系统意外失效自动报警及防抢劫自动报警等功能。

## （二）汽车防盗系统的组成

如图 7-1 所示，汽车防盗系统一般由报警调置/解除装置、传感器、防盗电控单元（ECU）、报警装置、防止发动机起动和汽车移动装置等组成。

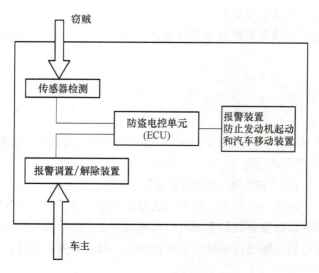

图 7-1 汽车防盗系统的组成

**1. 报警调置/解除装置**

当所有的车门、发动机底部及后备厢关闭时，车主通过报警调置/解除装置使车上所有的车门锁止，汽车防盗报警系统进入预警状态。当汽车防盗报警系统起动时，设在车内可见位置的工作显示灯工作，以保证防盗报警系统正确无误地开始工作，且对小偷也是一种心理威慑。

其设置的方法可分为主动式与被动式两种。

主动式是指用于装置起动的特别操作方式，具有暗号开关或密码电源开关板，其典型方式是无线电或红外线遥控方式。此方式的优点是在安装上通用性强，其缺点是容易忘记调置，以致发生疏漏。

被动式不要求驾驶员特别操作，当车门关闭后，防盗报警装置能自动进行工作，不会发生忘记装置起动的疏漏，能够提高防盗效果。

**2. 传感器**

传感器的功用是当报警系统工作时，传感器检测汽车有无异常情况发生。当汽车被移动或车门被打开时，传感器将检测到的信号传送给防盗电控单元（ECU），防盗电控单元（ECU）根据其内部储存的数据进行比较，判断汽车是否正在被盗。

若汽车被盗，传感器主要通过以下方式进行检测：车门开启操作不正常，后备厢盖、油箱盖或发动机盖被非法打开；汽车非法移动而产生振动，车辆倾斜；车窗玻璃被打破。

**3. 防盗电控单元（ECU）**

防盗电控单元（ECU）的功能如图7-2所示，主要包括接收各种传感器发送的信号，根据电控单元中预先储存的数据和编制的程序，通过数学计算和逻辑判断，确定车门是否锁定，车辆是否非法移动，以便控制各个执行器，从而使汽车处于报警状态。此外，防盗电控单元（ECU）还具有故障自诊断功能。

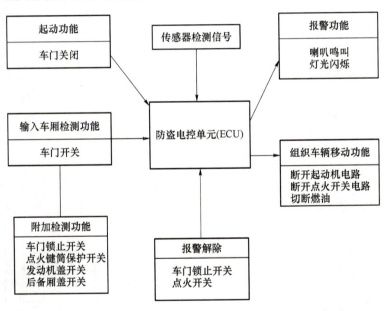

图7-2 防盗电控单元（ECU）的功能

**4. 报警装置**

防盗系统报警的方法通常采用喇叭鸣叫和灯光闪烁的方式，也有采用专用喇叭与普通喇叭进行组合的报警方法。此外，还设有专用警笛或者用电波向车主报警的方式。

### （三）汽车防盗系统主要部件的结构与原理

**1. 防盗传感器**

防盗传感器的作用是检测汽车是否被盗。汽车防盗系统采用的传感器主要有以下几种：热释电式红外线传感器、超声波传感器、振动式传感器（检测汽车的冲击）和玻璃破碎传感器。

(1) 热释电式红外线传感器。

热释电式红外线传感器也称红外探头，通常安装在汽车内部驾驶员附近，它通过红外辐射变化来探测是否有人侵入车内。

图7-3所示为热释电式红外线传感器的结构。它能以非接触形式，检测出物体放射出来的红外线能量变化，并将其转换成电信号输出。热释电式红外线传感器的内部电路如图7-3（b）所示。当车内的红外线无变化或变化较小时，无电信号输出或输出电信号较弱；当红外线能量变化较大时，则输出较强的电信号。

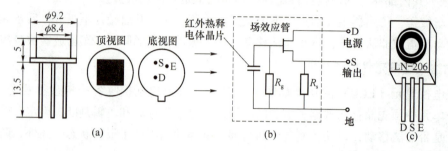

图7-3 热释电式红外线传感器

(a) 金属封装；(b) 内部电路；(c) 塑料封装

(2) 超声波传感器。

超声波传感器是指检测频率在人耳可听音频范围以上（20 kHz以上）的传感器。

图7-4所示为超声波传感器的结构。将两个压电元件黏合在一起，称为双压电晶片；由一个压电元件构成的则称为单压电晶片。超声波射在压电晶片上，使压电晶片振动而产生电压信号；反之，在压电晶片上加上一个电压也会产生超声波。

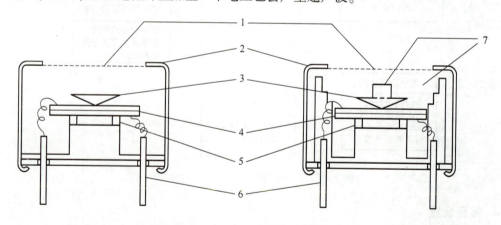

图7-4 超声波传感器的结构

1—保护膜；2—外壳；3—圆锥共振片；4—双压电晶片振子；5—支点；6—端子；7—匹配箱

(3) 振动式传感器。

振动式传感器主要用来检测汽车受到的冲击。当汽车受到冲击，其振动达到一定强度时，防盗电控单元输出信号，控制报警装置报警。

振动传感器主要有压电式振动传感器、压阻式振动传感器和磁致伸缩式振动传感器。

(4) 玻璃破碎传感器。

如图 7-5 所示，玻璃破碎传感器是利用压电陶瓷对振动敏感的特性来接收玻璃受撞击和破碎时产生的振动波，然后转换成电信号输出，并将此信号输送给电控单元。

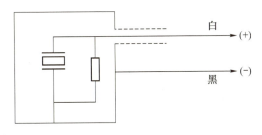

图 7-5 玻璃破碎传感器的基本原理

**2. 遥控发射器**

遥控发射器是利用手持遥控发射器将密码发送给遥控接收器，以开启车门，即在黑夜中不必用钥匙找到钥匙孔的位置，或者在雨天不用钥匙开启车门，即使手中提着物品也能方便开启车门，因此，颇受用户的欢迎。

近年来，遥控装置不仅应用于车门钥匙，而且在防盗系统、后备厢开锁、车窗或滑动车顶的开闭等方面也广泛采用。作为遥控信号的载体，一般采用红外线、无线电波以及超声波等。汽车上的无线遥控装置就是在远离车辆的地方，对汽车上对应装置的执行器进行无线遥控。无线遥控装置主要由遥控发射器和遥控接收器组成，如图 7-6 所示。

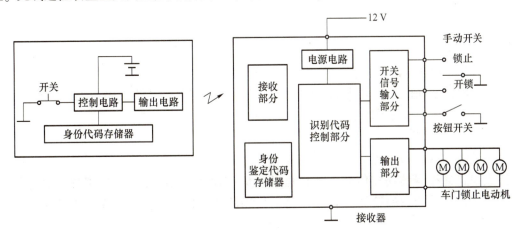

图 7-6 无线遥控装置的基本组成

(1) 遥控器。

遥控器的功能是：当遥控操作开关接通时，读出存储在存储器中的功能代码和身份鉴定代码（固定代码+可变代码），经信号调制处理后，转换为红外线或无线电波的遥控信号，并向外输出（在红外线方式中，脉冲调制后驱动发光二极管；而在无线电波方式中，高频调制后向发射天线供电）。其中，身份鉴定固定代码有 100 多万种，可变代码有 1 000 多种，功能代码有 4 种，这些代码按照需要被存储在只读存储器或随机存储器中。

遥控器按遥控信号的载体不同，可分为红外线式遥控器、无线电波式遥控器以及超声波式遥控器，下面具体介绍前两种。

① 红外线式遥控器。

红外线式遥控器主要由发光二极管、控制电路、身份代码存储器、开关按钮和电池等组成。

为延长红外线式遥控器的遥控距离和电池的寿命,通常采用脉冲方式调节和驱动发光二极管,此时的调制频率大多为 38 kHz。

② 无线电波式遥控器。

无线电波式遥控器主要由输出部分、控制电路、身份代码存储器、开关按钮和电池等组成。输出部分由调制电路、高频振荡电路、高频放大电路以及发射天线等组成。

红外线式遥控器与无线电波式遥控器的性能比较见表 7-1。

表 7-1 红外线式遥控器与无线电波式遥控器的性能比较

| 项目 | 红外线式遥控器 | 无线电波式遥控器 |
| --- | --- | --- |
| 操作距离/m | 2~5 | 3~10 |
| 方向性 | 大(光的直线直射性) | 小(无线电迁移性) |
| 接收器安装位置 | 受光的可能部位(仪表板等) | 任意 |
| 干扰信号 | 太阳灯、荧光灯 | 全盘不同频带的其他电波 |
| 环境干扰因素 | 车窗积雪、结冰 | 根据气候条件、地点发生变化 |
| 响应性/s | 0.2~0.3 | 0.2~0.3 |
| 法规 | 无 | 有 |

(2)接收器。

① 接收器的作用。

对接收的信号进行放大和调制,检查身份鉴定代码是否相符,当代码一致时,判别功能代码,并驱动相应的执行器。

② 接收器的性能。

a. 身份鉴定代码的设定。

接收来自遥控器的遥控信号,并把这种代码存储在 EPROM 中。当用户遗失遥控器时,只要装备与使用的遥控器具有相同鉴定代码的遥控器,就能很快重新使用无键式遥控开关。

b. 降低暗电流。

接收器在车辆驻车时处于长时间的待机状态,红外线方式与无线电波方式的接收电路和 CPU 电路必须保证通电,但是,在车辆上对容许的暗电流必须加以限制。因此,实施了低电流化措施,包括接收电路的低电流化、电源的间断驱动、CPU 的待机动作等。但是,对于这些降低电流的措施,以及辨别遥控信号与噪声的 CPU 程序处理,存在着接收灵敏度降低、遥控响应时间滞后等问题,需要进行综合判断。

(3)天线。

遥控系统中的天线有发射天线和接收天线两种。发射天线可将钥匙兼作天线之用,而不必设置专用天线;接收天线一般可采用遥控专用天线、与收音机共用一个天线、采用镶嵌在汽车后风窗玻璃内的加热电阻作为天线等。

与收音机共用一个天线的遥控装置的组成如图 7-7 所示。当其接收天线信号后，由分配器将信号分检出遥控信号和收音机接收信号。分配器的电路如图 7-8 所示。

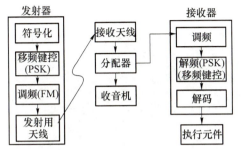

图 7-7　与收音机共用一个天线的遥控装置的组成

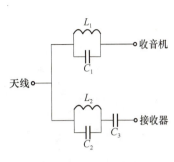

图 7-8　分配器电路

## 二、任务实施

### 项目　汽车防盗器的安装

**1. 项目说明**

有些汽车购买后需要加装防盗器；有些汽车在使用过程中，防盗器损坏需要更换。因此，需要掌握防盗器的正确拆装方法和步骤。

**2. 技术标准与要求**

（1）一个学员能在 90 min 内完成此项目。

（2）正确选用与使用常用工具和专用工具，熟知安装防盗器的方法和步骤。

（3）拆装车辆时要认真仔细，并对车型结构了解清楚，在无把握的情况下不可拆装。

（4）对车型的电路要按规定方式查找，不可凭经验只查找与安装防盗器有关的线路。

（5）因为很多车会因断点火线而造成电脑故障，故建议断接起动机线，不要断点火线。

**3. 设备器材**

（1）大众速腾轿车一辆。

（2）常用工具一套。

（3）照明灯一只。

（4）解码仪、万用表各一套。

（5）防护用品一套。

**4. 作业准备**

（1）顶好车辆位置。　　　　　　　　　　　　□ 任务完成

（2）工具准备。　　　　　　　　　　　　　　□ 任务完成

（3）防护用品准备。　　　　　　　　　　　　□ 任务完成

（4）记录单准备。　　　　　　　　　　　　　□ 任务完成

**5. 操作步骤**

（1）检查锁头、方向盘灯、边门灯、发动机是否工作正常。
（2）将防盗器排插线与主机连接好，如图7-9所示。
（3）拆下A柱及方向盘下方护板，如图7-10所示。

图7-9　防盗器排插线连接

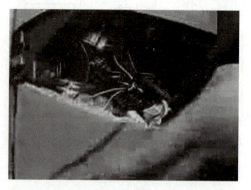

图7-10　拆A柱及方向盘下方护板

（4）查找要接的+12 V常火线、负电（搭铁）、转向灯线、门边线、刹车线、起动机线、中控锁线、开/关信号线等，如图7-11所示。汽车防盗器配线与寻找判断方法如下：

图7-11　线路的查找

① +12 V线：即蓄电池正极线（常火线），在钥匙开关处于"OFF"或者处于任何状态时，都有正电为+12 V的电源线。

② ACC线：钥匙开关开至"ACC"位置时测电笔灯会亮，"ON"位置时测电笔灯也会亮，当起动电动机时测电笔灯会灭，则此线为ACC线。

③ ON线：当钥匙开至"ON"时测电笔灯会亮，在起动电动机时测电笔灯也会亮，此线为ON线。

④ 起动电动机线：测电笔一端接地（搭铁），一端找线。钥匙开关开至"ON"状态时，测电笔灯不亮，起动电动机时测电笔灯会亮，松开电动机时测电笔灯会灭，则此线为起动电动机线。

⑤ 转向灯线：钥匙必须开至"ON"，在开左、右转向灯时对该线分别进行测试，测电笔灯会亮（左、右分开找和接），则此线为转向灯线。

⑥ 车门开关控制线（门边线）：一般车型为负触发，查找时应将室内灯开关设定到开门控制位置，将驾驶员侧门打开，并将其他三个门关好，这时车顶灯会亮起。将测电笔一端接地，一端接至门开关线上，这时测电笔灯不亮；当按驾驶员门侧控制开关后，测电笔灯会

亮，而顶灯亮度也会降低至不亮，此线即负触发的门边线。另一种测法为，将测电笔一端接+12 V电源，另一端测试门边线，这时测电笔灯不亮，但用手按下驾驶员侧门控制开关，则室内顶灯亮度降低，测电笔灯亮，此门边线即正触发的门边线。

⑦ 刹车灯控制线：在刹车灯控制开关上引出有两条线，其中一条与刹车保险相通；另外一条为刹车控制线，用测电笔检测：检测笔一端接线上，另一端接地，踩下刹车踏板时，开关接通，刹车灯会亮，同时测电笔灯也亮，放开刹车踏板后，测电笔灯会熄灭。

⑧ 中控锁线：用跨接线将中控锁线端与负电接通、断开测试，中控锁分别会开、关锁，即正触发。

⑨ 搭铁线：因汽车车体均与蓄电池负极相连通，故与汽车车体金属部分连接即为搭铁。

（5）将查找好的线对应防盗器主机接线示意图连接，如图7-12所示。

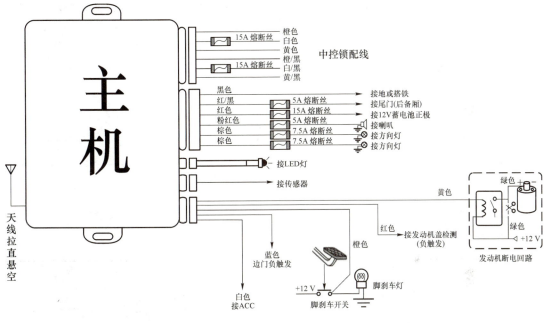

图7-12 主机接线示意图

（6）安装后，要自检车辆全部功能是否正常。
（7）用防盗遥控器按键功能自检安装效果。防盗遥控器如图7-13所示。

图7-13 防盗遥控器

1—静音键；2—设定键；3—操作指示灯；4—接触键；5—寻车键

① 操作指示灯。
② 设定键——锁门，并进入声光防盗警戒状态。
③ 静音键——锁门，并进入静音防盗警戒状态。
④ 接触键——车门开锁，并解除防盗警戒状态。
⑤ 寻车键——喇叭鸣叫，方向灯同步闪亮，声光寻车。
（8）把所拆下的饰板件装回原位。

**6. 记录与分析（见表 7-2）**

表 7-2 汽车防盗器安装顺序

| 学生姓名 | | 班级学号 | |
|---|---|---|---|
| 安装顺序 | 部件名称 | 安装顺序 | 部件名称 |
| 1 | | 11 | |
| 2 | | 12 | |
| 3 | | 13 | |
| 4 | | 14 | |
| 5 | | 15 | |
| 6 | | 16 | |
| 7 | | 17 | |
| 8 | | 18 | |
| 9 | | 19 | |
| 10 | | 20 | |

7-2 汽车防盗器的安装（1）

7-3 汽车防盗器的安装（2）

## 三、拓展学习

汽车防盗器的常见故障疑难解答。

7-4 汽车防盗器的常见故障疑难解答

# 学习任务 8
## 安全气囊结构与拆装

张先生驾驶的东风爱丽舍汽车,安全气囊达到使用期限,需更换。请你安全规范地对其车辆的安全气囊进行拆装和更换。

通过本任务的学习,应能:
1. 叙述汽车安全气囊的组成、结构及各部件间的相互关系;
2. 分析安全气囊系统及其主要部件的工作过程;
3. 根据维修手册,正确选用安全气囊拆装工具和设备,在 90 min 内,安全规范地进行汽车安全气囊的拆装。

### 一、知识准备

安全气囊系统(Supplemental Restraint System,SRS),简称安全气囊,又称为"辅助可充气约束系统",是轿车上的一种辅助性的安全保护系统(见图 8-1),与座椅安全带配合使用,起到最佳的保护作用,为驾乘人员提供十分有效的防撞保护。

图 8-1　安全气囊系统

汽车在行驶过程中,由于一些意外会导致交通事故,而且事故发生的时间一般较短,驾乘人员没有足够的反应时间来主动保护自己,只能采用被动安全保护装置来减少事故对人体的伤害。在现代汽车中普遍安装有正面防护安全气囊，配合座椅安全带使用，以减少汽车发生碰撞时对驾驶员及乘员所造成的伤害。

正驾驶位的气囊装在方向盘的中间位置，副驾驶位的安全气囊安装在正前方的平台内部。因为正面发生的猛烈碰撞会导致车辆前方大幅度变形，而车内乘员会随着这股猛烈的惯性向前俯冲，造成跟车内构件的相互撞击。车内正驾驶位置的安全气囊可以有效地防止在发生碰撞时方向盘顶到驾驶者的胸部，避免致命的伤害。

有些汽车加装了侧面气囊系统，作用是保护汽车遭侧面碰撞以及车辆翻滚时乘员的安全，一般安装于车门上。在车辆遭到侧面碰撞导致车门严重变形时，侧面安全气囊可以有效地保护车内驾乘人员，防止来自侧面撞击导致对驾乘人员的腰部、腹部、胸部外侧以及胳膊的伤害，保证身体上肢的活动能力和逃生能力。

### （一）安全气囊的类型

**1. 按照碰撞类型分类**

根据碰撞类型不同，安全气囊可分为正面防护安全气囊、侧面防护安全气囊和顶部防护安全气囊。正面防护安全气囊系统是目前应用最广泛的一种，而侧面防护安全气囊和顶部防护安全气囊正在逐渐普及。

**2. 按照安全气囊数目分类**

按照安全气囊安装数目不同，可分为单气囊系统（只安装在驾驶员侧）和双气囊系统（驾驶员侧和副驾驶员侧各有一个安全气囊）及四气囊、六气囊、八气囊系统等。

**3. 按照安全气囊控制类型分类**

按照安全气囊控制类型不同，可分为机械式和电子控制式安全气囊，现代汽车大部分采用电子控制式安全气囊。

### （二）对安全气囊的要求

**1. 可靠性高**

安全气囊是在汽车发生碰撞时才工作的安全装置，因此其可靠性就显得尤为重要。在汽车未发生碰撞事故的情况下，安全气囊的使用年限为 7~15 年。若在碰撞事故中安全气囊开启，则安全气囊系统应全套更换。

**2. 安全可靠**

安全气囊系统要能正确区分制动减速度和碰撞减速度的区别。也就是说，汽车在发生碰撞时，根据不同车速，确定安全气囊可靠地工作。但是在紧急制动或在高低不平的路面上行驶时，汽车也会产生较大的减速度和激烈的振动，这时则要保证安全气囊不工作。

**3. 灵敏度高**

当汽车发生碰撞时，安全气囊系统要在二次碰撞（指驾驶员或乘员与转向盘、仪表板或风挡玻璃碰撞）前，正确、快速打开气囊，并能正确泄气，起到缓冲作用。此外，由于现代汽车大多采用电子控制式安全气囊，这就要求安全气囊系统在汽车发生碰撞、电源出现故障的短时间内（20 s），应能够正常工作。因此，一般情况下，安全气囊系统采用双电源，即在电源断电的情况下，安全气囊控制系统电路中的备用电源可引爆安全气囊。

**4. 具有防误爆功能**

安全气囊系统一般采用二级门限控制，减速度的控制门限要合理。过低，当发生轻微碰撞时，安全气囊就会引爆；过高，当汽车发生碰撞时，安全气囊打不开，或者打开过晚。

**5. 具有自动诊断功能**

安全气囊系统能及时发现故障，并以报警灯的形式报告给驾驶员。

### （三）安全气囊的工作过程

**1. 碰撞过程**

物体受到作用时间极短的力而改变其运动状态的现象在物理上称为"碰撞"。

我们对碰撞过程做以下分析：在汽车匀速行驶时，假设碰撞到垂直平坦、既不移动也不变形的刚性壁面上，那么，可以认为汽车的动能只消耗在汽车结构的塌陷变形上，初始时，汽车的速度等于初速度，而塌陷变形与减速度均为零，此时的碰撞称为"一次碰撞"。

一次碰撞后，汽车速度下降，但车内乘员由于惯性的作用，仍以原来的初速度向前运动，即与汽车室内固定物体产生相对位移和相对速度。因乘员的相对位移受到室内物体的限制，即乘员以一定的相对速度与室内物体接触，产生另一次碰撞，通常称为"二次碰撞"。

由此可见，一次碰撞没有直接造成人员受伤，而二次碰撞才是乘员受伤的原因。由于乘员身体的不同部位与汽车室内的距离不同，故身体的不同部位在汽车室内的相对移动和二次碰撞发生的时间也不相同。如乘员膝部首先与仪表板下部接触，继而是胸部与转向盘接触，最后是头部与风挡玻璃接触。

**2. 工作过程**

当汽车的速度超过 30 km/h 而发生前碰撞事故时，装在汽车前端的碰撞传感器和装在汽车中部的安全传感器可检测到车速突然减速，由碰撞传感器将撞击信息传给电子控制单元（ECU），经微处理器判断撞击的严重程度，并在几毫秒内决定是否开启气囊。若需要则发出点火信号，使气体发生器在极短的时间内向气囊充气（气体的数量是经过严格设计计算的），人体脸部一旦接触气囊，气囊的泄气孔就会逐渐泄气，从而起到对驾驶员和乘员的缓冲保护作用。

8-1 安全气囊系统工作过程

德国博世公司在奥迪轿车上进行试验，当汽车以 50 km/h 的车速与前面的障碍物碰撞时，安全气囊的动作时序为：

（1）碰撞约 10 ms 后，安全气囊系统达到引爆极限，气囊组件中的电雷管引爆点火剂并产生大量热量，使充气剂（叠氮化钠药片）受热分解，驾驶员尚未动作。

（2）碰撞约 40 ms 后，气囊完全充满，体积最大，驾驶员向前移动，安全带倾斜系在驾驶员身上并收紧，部分冲击能量已被吸收。

（3）碰撞约 60 ms 后，驾驶员头部及身体上部压向气囊，气囊背面的排气孔在气体和人体压力作用下排气，利用排气节流作用吸收人体与气囊之间弹性碰撞产生的动能。

（4）碰撞约 110 ms 后，大部分气体已从气囊逸出，驾驶员身体上部回到座椅靠背上，恢复汽车前方的视野。

（5）碰撞约 120 ms 后，碰撞危害解除。

由此可见，在安全气囊系统动作过程中，气囊动作时间极短。从开始充气到完全充满的时间约为 30 ms，从汽车遭受碰撞开始到气囊收缩为止的时间约为 120 ms，而人的眼皮眨一下所用的时间约为 300 ms。因此，安全气囊动作的状态和经历的时间无法用肉眼来确认。

由于碰撞时间极短，碰撞力极大，在这极短的时间内使汽车改变运动状态，其减速度极大。汽车以 50 km/h 的速度碰撞，碰撞前的速度是 13.9 m/s，如果按作用的时间约 1 ms 计算，则其减速度为 13 900 m/s$^2$。此时质量为 1 kg 的物体受到的力约为 13 896 N。汽车碰撞后速度为零，在这一瞬间，车内乘员仍以 13.9 m/s 的速度前进，最后撞到转向盘及车厢等物体上而停下来，乘员因此可能受到严重伤害。

8-2 车辆碰撞后安全气囊打开过程

在汽车碰撞至乘员碰撞之间有一时间间隔，约 50 ms，为安全气囊系统提供了工作时间，气囊在约 30 ms 的时间内被充满气体，在乘员前面形成一道柔软的弹性屏障，弹性体使力的作用时间延长，因而使减速度值减小，作用力也减小，柔软接触面使力的作用面积加大，防止作用力集中压在乘员头部等凸出部分。

### （四）安全气囊系统的组成

汽车安全气囊系统的分类较多，其实际结构和位置因车型不同而有所差别，但基本结构与原理是大同小异的，主要由电控部分和机械部分组成。

图 8-2 所示为轿车安全气囊系统组件在车上的位置，其主要由碰撞传感器、电子控制单元、警告灯、气体发生器和气囊等组成。

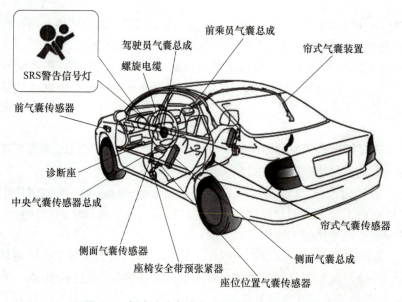

图 8-2 轿车安全气囊系统组件在车上的位置

8-3 安全气囊组成和工作原理

**1. 传感器**

安全气囊传感器也称碰撞传感器。

按照用途不同，碰撞传感器分为触发碰撞传感器和防护碰撞传感器。

触发碰撞传感器也称为碰撞强度传感器，用于检测碰撞时的加速度变化，并将碰撞信号传给气囊电脑，作为气囊电脑的触发信号。防护碰撞传感器也称为安全碰撞传感器，大多使用水银式安全传感器，其与触发碰撞传感器串联，起保险作用，用于防止因触发碰撞传感器短路而造成安全气囊误打开。

8-4 安全气囊传感器

### 2. 安全气囊警告灯与安全气囊电源

（1）安全气囊警告灯。

安全气囊警告灯位于组合仪表上，如图8-3所示。当中央安全气囊传感器总成自诊断机构检测出某一故障时，警告灯向驾驶员发出故障警告。在正常情况下，当点火开关转到"ACC"或"ON"位置时，警告灯会亮大约6 s，然后熄灭。如果安全气囊指示灯不亮，或不停地闪烁或常亮，则说明安全气囊系统有故障。若中央控制器出现异常，不能控制指示灯，则指示灯便由其他电路直接控制。

（2）安全气囊电源。

安全气囊系统有两个电源：一个是汽车电源（蓄电池和交流发电机）；另一个是备用电源。备用电源又称后备电源或紧急备用电源。

备用电源电路由电源控制电路和若干个电容器组成。在单安全气囊系统的控制组件中，设有一个电脑备用电源和一个点火备用电源。在双安全气囊系统的控制模块中，设有一个电脑备用电源和两个点火备用电源，即两条点火电路各设一个备用电源。点火开关接通10 s之后，如果汽车电源电压高于电控单元的最低工作电压，则电脑备用电源和点火备用电源即可完成储能任务。

图8-3 安全气囊警告灯

备用电源的功用是：当汽车电源与电控单元之间的电路切断后，在一定的时间（一般为6 s）内，维持安全气囊系统的供电，保持安全气囊系统的正常功能。当汽车发生碰撞而导致蓄电池和交流发电机与电控单元之间的电路切断时，电脑备用电源能在6 s之内向电脑供给电能，保持电脑测出碰撞、发出点火指令等正常功能；点火备用电源能在6 s之内向点火器供给足够的点火能量引爆点火剂，使充气剂受热分解给气囊充气。时间超过6 s之后，备用电源供电能力降低，电脑备用电源则不能保证电脑测出碰撞和发出点火指令；点火备用电源不能供给最小点火能量，安全气囊不能充气膨胀开。

### 3. 电气连接件

安全气囊系统的电气连接件包括螺旋电缆线盘、连接器（插接器）和线束。

（1）螺旋电缆线盘。

由于驾驶员侧气囊是安装在转向盘上的，而转向盘要能转动，故为了实现这种静止端与旋转端的电气连接，采用了螺旋电缆线盘，如图8-4所示。

螺旋电缆线盘用于转向盘上的电气开关到转向柱及车身侧的电气连接。它由旋转接线、螺旋电缆线盘壳、螺旋电缆、点火器连接器等组成。扁平电缆线长4.8 m，卷成一盘置于螺旋电缆盘内，一端与可以转动的螺旋电缆线盘壳上的插接器头相连接，另一端与盘壳上固定件的插接头相连接，向左或向右转动3圈也不会使电缆有任何被拉紧的现象，其使用寿命一般要求不低于10万次循环。

螺旋电缆的电阻取决于电缆的材料和长度。电缆长度由转向盘最大旋转圈数和转向柱安装轴的最小内径决定。由于与螺旋电缆串接的点火器阻抗很小，故螺旋电缆的阻抗偏差要控制得很小，若偏差过大，则会影响点火器故障的判断。

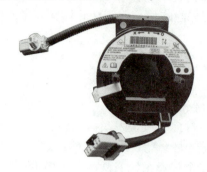

图 8-4　螺旋电缆线盘

（2）连接器和线束。

安全气囊系统的连接器特别强调可靠性，故采取了双保险锁定和分断自动短接等措施。连接器分断后，点火器的电源端和地线端会自动短接，防止因误通电或静电造成点火器误触发。此外，连接中央控制器的连接器还配备一个自检机构，如接合不良，则会给安全气囊的保养警示灯发出信号。

**4. 中央控制器（ECU）**

中央控制器由 CPU、RAM、EOM、接口、驱动器等组成，大多安装在车身中部靠近变速杆的位置，如图 8-5 所示。多数的中央控制器是由单片机加上其他电路所组成的，一般做成两块印制电路板，外壳由金属制作，一方面加强机械强度，另一方面可以屏蔽外界的电磁波干扰。它通过外面的插接件将传感器等输入信号及引爆器、报警器等输出信号与中央控制器连接起来。

中央控制器中还包括诊断电路，诊断电路并不控制气囊的动作，仅监视气囊装置的故障并开启气囊指示灯。它有一个微处理器，对监视的电路进行自检并显示气囊系统存在的故障。诊断电路每次开机都要对气囊系统进行一系列测试，监控气囊系统是否处

图 8-5　安全气囊 ECU

于整备状态。这些测试不会造成气囊的误触发，也不会妨碍气囊的正常触发。若测试中发现故障，中央控制器会记下相应的故障代码，实时点亮指示灯。气囊测试一般分为以下几种。

（1）起动诊断测试。

起动诊断测试是开机时进行的测试，包括 ROM 测试、RAM 测试、A/D 转换器测试、电子加速度计功能测试、储能测试。

（2）连接诊断测试。

诊断电路在工作中还要对一些重要的参数进行连续监测，以判断系统是否发生故障。连

续监测的内容有：点火输入电压是否正常；点火器是否对地或对电池正极短路；驾驶员侧点火器阻值是否超差；乘员侧点火器阻值是否超差；乘员侧充气器低压开关电路是否正常；外界碰撞传感器有无故障。

诊断电路有备用电源，即使蓄电池及其线路在传感器闭合前损坏，也能使气囊打开。点火线路接通 0.5 s 后气囊指示灯点亮，若 6 s 后熄灭，则表明系统无故障。

### 5. 机械部分

安全气囊机械部分主要由气体发生器、点火器、气囊、饰盖和底板组成。

驾驶员侧气囊组件位于转向盘中心处，乘员侧气囊组件位于仪表板右侧手套盒的上方。

(1) 气体发生器。

气体发生器又称充气泵或充气器，其作用是在有效的时间内产生气体，使气囊膨胀。

图 8-6 所示为 AUDI A6 装备的 AVANT 双级气体发生器。

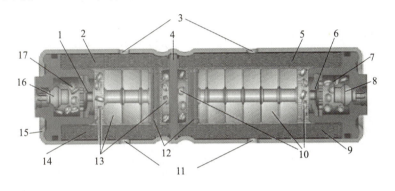

图 8-6　AUDI A6 装备的 AVANT 双级气体发生器

1、6—破裂片；2、5、9、14—金属过滤器；3、11—气体出口；4—隔板；7—点火介质 1；8—点火器 1；
10—工作介质 1；12—补偿介质；13—工作介质 2；15—壳体；16—点火器 2；17—点火介质 2

壳体内有两个烟火式气体发生器，中间用隔板隔开，使用的是中空鼓起的药片状燃料。如果安全气囊控制单元起动了点火器，那么它就会点燃点火介质，火苗凭借产生的压力压碎破裂片，于是点燃真正的工作介质。由于工作介质为药片状且中空鼓起，故可使得全部的工作介质被快速点燃。金属过滤器对产生的气体进行冷却并净化，然后这些气体经气体出口进入气囊。

固体燃料式气体发生器所产生的气体全部来自气体发生剂的燃烧，所以气体灼热。

(2) 点火器。

点火器装置封装在一个用铝箔密封的带孔的圆筒中，其结构如图 8-7 所示。点火器安装在充气泵中，可接收安全气囊 ECU 的低电平信号，发热并点燃充气泵中的叠氮化钠。

由于点火器负责点爆气囊，因此必须采取一定的预防措施确保电流信号通过其电路。一般安全气囊点火器内安装有大约 200Ω 的电阻，安全气囊电脑用该电阻来调节电路。修理时绝不能用指针式电压-电阻表来测量电路，否则气囊会膨胀。点火器在传感器动作时，响应来自电源的低电平信号使点火系统触发。点火器由传爆管总成和尼龙壳体组成，传爆管由电热头、药托、药筒等组成。连接器中设有短接条，连接器摘下或未完全接合时，短接条将引线短接，防止因静电、感应电而造成气囊误开。

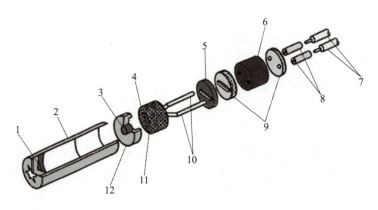

图8-7 点火器结构

1—引爆炸药；2—药筒；3—引药；4—电热丝；5—陶瓷片；6—永久磁铁；
7—引出导线；8—绝缘套管；9—绝缘垫片；10—电极；11—电热头；12—药托

点火器的作用过程：点火器引线端加电→电流通过电热头→加热头加热→引燃引药→生成的压力和热量冲破药筒将充气器的点火系统点燃。

（3）气囊。

气囊一般由防裂性能较好的聚酰胺织物制成，它是一种半硬的高分子材料，能承受较大的压力，经过硫化处理，可减少气囊充气膨胀时的冲击力。为使气体密封，气囊里面涂有涂层材料。

气囊的大小、形状、漏气性能是确定安全气囊保护效果的重要因素，必须根据不同汽车的实际情况来确定。气囊静止时被折叠成包，安放在气体发生器上部和气囊饰盖之间，气囊饰盖表面模压有浅印，以便气囊充气爆开时撕裂饰盖，并减小冲出饰盖的阻力。

安全气囊要求具有良好的耐热性，温度在规定的范围内变化。在汽车发生碰撞后，气囊膨胀的延迟期不应超过10 ms。如果使气囊以爆炸速度直接展开，则有可能撞击到驾驶员，使之受到伤害。为此，气囊的后部和侧面带有缝隙或排气口，从而实现气囊可控地展开。理想的情况是：气囊应在汽车发生碰撞之后，驾驶员或乘员开始前扑之前瞬时展开，此时，驾驶员或乘员头部移动需小于15 cm；接着驾驶员或乘员扑向气囊，而气囊也立即冷却和泄漏，在气囊收缩的同时吸收冲击能量，保护驾驶员和乘员免受危害。

（五）典型车型安全气囊的电路图

本田NEC型安全气囊系统电路如图8-8所示。

8-5 本田汽车安全气囊的电路分析

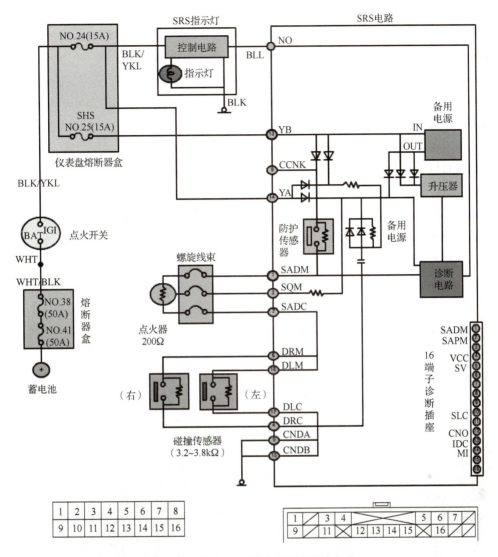

图 8-8 本田 NEC 型安全气囊系统电路

## 二、任务实施

### 项目 方向盘安全气囊的拆装

**1. 项目说明**

安全气囊系统并不是绝对安全的，同样有保质期，气囊系统经 10 年后必须送维修厂更换，更换日期一般贴在工具箱的标签上或遮阳镜的下面。另外，安全气囊系统只能工作一次，发生事故被引爆后的气囊必须更换。

**2. 技术标准与要求**

（1）一个学员能在 90 min 内完成此项目。

(2) 正确选用与使用常用工具和专用工具，熟知拆装正面安全气囊的方法和步骤。

(3) 安全气囊内有火药及电雷管等易爆品，故在维修操作时必须按正确的顺序进行，否则可能会使安全气囊系统在维修中发生意外，从而导致严重事故。

(4) 拆装工作完成后，应检查气囊警告灯。

3. 设备器材

(1) 东风雪铁龙三厢爱丽舍轿车一辆。

(2) 常用工具一套。

(3) 照明灯一只。

(4) 解码仪、万用表各一套。

(5) 防护用品一套。

4. 作业准备

(1) 顶好车辆位置。　　　　　　　　　　　□ 任务完成

(2) 工具准备。　　　　　　　　　　　　　□ 任务完成

(3) 防护用品准备。　　　　　　　　　　　□ 任务完成

(4) 记录单准备。　　　　　　　　　　　　□ 任务完成

5. 操作步骤

(1) 拆装操作前，务必将点火开关转到"LOCK"位置，并在蓄电池负极端子拆下电缆90 s以后方可开始工作。

(2) 拆卸转向盘两侧盖板，转向盘如图8-9所示。

(3) 拧下两侧面的固定螺栓，如图8-10所示。

图8-9　转向盘

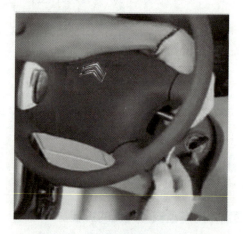

图8-10　拧下两侧面的固定螺栓

(4) 小心地拿开气囊组件，如图8-11所示。

(5) 拆卸喇叭及气囊的插接器，如图8-12所示。

图 8-11　拿开气囊组件　　　　　　图 8-12　拆卸喇叭及气囊插接器

①喇叭插接器；②气囊插接器

（6）拆下转向盘安全气囊总成，应将转向盘衬垫顶面向上，不可翻转倒置，如图 8-13 所示。

 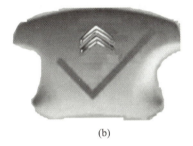

(a)　　　　　　　　　　　　　　(b)

图 8-13　转向盘安全气囊的放置

(a) 错误放置；(b) 正确放置

（7）安装：按与拆卸相反的顺序安装。安装螺旋接线器时，必须将其预置在中间位置，使转向盘由中间位置向左右两个方向各转 2.5 圈时不致拉断螺旋导线或引起其他故障。

**6. 记录与分析（见表 8-1）**

表 8-1　方向盘安全气囊拆装顺序

| 学生姓名 | | 班级学号 | |
|---|---|---|---|
| 拆装顺序 | 部件名称 | 拆装顺序 | 部件名称 |
| 1 | | 11 | |
| 2 | | 12 | |
| 3 | | 13 | |
| 4 | | 14 | |
| 5 | | 15 | |
| 6 | | 16 | |
| 7 | | 17 | |
| 8 | | 18 | |
| 9 | | 19 | |
| 10 | | 20 | |

## 三、拓展学习

对汽车安全气囊的正确认识。

8-6 对汽车安全气囊的正确认识

# 学习任务 9
## 车载网络系统结构与拆装

网络能为我们提供大量而丰富的资料，且能在非常短的时间内传输给我们。那么，汽车电气设备能否实现网络传输？能否实现信息共享呢？

通过本任务的学习，应能：
1. 正确叙述车载网络系统的组成和结构；
2. 正确描述车载网络系统的工作过程。

### ❀ 知识准备

车用电气设备越来越多，从发动机控制到传动系统控制，从行驶、制动、转向系统控制到安全保障系统及仪表报警系统控制，从电源管理到为提高舒适性而做的各种努力，都使汽车电气系统成为一个复杂的系统，并且都集中在驾驶室。此外，近年来新型电子通信产品的出现，数字通信、媒体、导航、定位、娱乐等电子设备在汽车上得到越来越广泛的运用，对汽车的综合布线和信息共享、交互提出了更高的要求。

从布线角度分析，传统的电气系统大多采用点对点的单一通信方式，相互之间少有联系，这样必然产生庞大的布线系统。据统计，一辆采用传统布线方法的高档汽车，其导线长度可达 2 000 m，电气节点达 1 500 个。据资料介绍，该数字大约每 10 年增长 1 倍，从而加剧了粗大的线束与汽车有限的可用空间之间的矛盾。无论从材料成本还是工作效率上考虑，传统布线方法都不能适应汽车的发展。

为满足电控燃油喷射、防抱死、废气再循环控制、巡航控制和空调等系统的实时性要求，有必要对汽车公共数据实行共享，如发动机转速、车速、加速踏板位置等。但每个控制单元对实时性的要求因数据的更新速率和控制周期不同而不同，这就要求其数据交换网是基于优先竞争的模式，且本身具有较高的通信速率，而车载网络技术恰能满足这些要求。

### （一）车载网络系统的概念

**1. 多路传输**

在同一通道或线路上同时传输多条信息即为多路传输。这听起来似乎不可能，但在某种意义上讲是可能的。事实上数据是依次传输的,但传输速度非常快,接近于同时传输。日常生活中 $\frac{1}{10}$ s 算是非常快了,但对一台运算速度相对较慢的计算机来说,$\frac{1}{10}$ s 太长了。如果将 $\frac{1}{10}$ s 分成许多时间间隔,每个时间间隔叫作一个时间片,每个时间片由其中的一个信号占用,这样利用每个信号在时间上的交叉,便可在同一物理通信线路上传输多个数字信号。

#### 2. 模块

模块是一种电子装置,简单的如温度和压力传感器,复杂的如计算机(微处理器)。在计算机多路传输系统中,一些简单的模块常常被称为节点。

#### 3. 数据总线

模块间运行数据的通道称为数据总线,即所谓的信息"高速公路"。如果一个模块可以通过总线发送数据,又可以从总线接收数据,则这样的数据总线就称为双向数据总线。汽车上的数据总线实际上是一条或两条导线。

为了抗电子干扰,双线制数据总线的两条线是绞接在一起的(双绞线)。各汽车制造商一直在设计各自的数据总线,如果与国际标准不兼容,就称为专用数据总线;如果是按照某种国际标准设计的,就是非专用的。但事实上,人们所了解到的大多都是专用的数据总线。

#### 4. 网络

为了实现信息共享,通常把多条数据总线或者把数据总线和模块当作一个系统连在一起。

#### 5. 通信协议

通信协议是通信双方控制信息交换规则的标准、约定的集合。要实现车内各ECU之间的通信,必须制定规则,即通信方法、通信时间和通信内容,保证通信双方能相互配合,使通信双方能共同遵守及接受一组规定和规则,就好像现实生活中的交通规则一样。

所谓优先权的处理机制,是当模块A检测到发动机已接近过热时,相对于其他不太重要的信息(如模块B发送的最新的大气压力变化数据)有优先权。

#### 6. 总线速度

数据总线的速度通常用比特率表示。比特率是每秒传输的二进制的位数,其单位是位每秒(b/s)。高速数据总线及网络容易产生电噪声(电磁干扰),这种电噪声会导致数据传输出错。一般设计总线的传输速度有3种基本形式,即低速型、中速型和高速型。

### (二)车载网络可用的传输介质

车载网络可用的传输介质主要有双绞线、同轴电缆、光纤电缆和无线介质。

#### 1. 双绞线

双绞线是由两根各自封装在绝缘塑料套内的铜线扭绞而成的,其可分为屏蔽型(STP)和非屏蔽型(UTP)两类,如图9-1所示。STP是在UTP外面加上一层由金属丝纺织而成的屏蔽层构成的,以提高抗电磁干扰能力。双绞线的特点是价格低,连接方便、可靠,但其屏蔽相对较差,传输距离较短。目前,CAN总线大多使用双绞线。

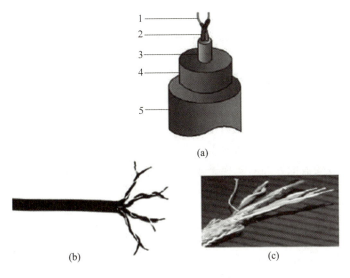

图 9-1 双绞线

（a）结构示意图；（b）非屏蔽双绞线；（c）屏蔽双绞线
1—内导体芯线；2—绝缘层；3—箔屏蔽层；4—铜屏蔽层；5—外套

### 2. 同轴电缆

如图 9-2 所示，同轴电缆的中央是一条单根的铜导线，其外部被一层绝缘材料包围着，在这层绝缘介质的外部是一个网状金属屏蔽层。网状金属屏蔽层既可以屏蔽噪声，也可作信号的地线，最外面的一层是塑料封套。同轴电缆具有较好的抗干扰性和较高的数据传输速率，但在同轴电缆中传输时必须将数字信号转换成模拟信号。

图 9-2 同轴电缆

1—塑料封套；2—绝缘层；3—中心铜线；4—网状屏蔽层

### 3. 光纤电缆

光纤是有线传输介质中性能最好的一类，它可以传输光信号，利用光电转换原理实现电信号与光信号之间的转换。在发送端，用发光二极管或半导体激光器将电信号转换成光信号；在接收端，用光电管将光信号转换成电信号。

光纤是由石英玻璃抽成的细丝，一般包括纤芯和包层两部分。由于纤芯与包层采用了不同的材料，因而对光纤的折射率不同，使得光线以全反射方式在光纤中传播。

光纤电缆因其抗电磁干扰、信号传输速率快和音频响应好等优点，将逐渐取代传统的同轴电缆和双绞线。

#### 4. 无线介质

无线介质是不需要传输电缆的一种空间介质。目前，特别值得一提的是，短程无线通信标准——蓝牙技术在汽车中的应用，使汽车网络更加丰富多彩。蓝牙技术的实质内容是建立通用的无线通信空中接口及其控制软件的公开标准，使通信和计算机进一步结合，使车载电话、移动通信、手提电脑等在不用电线或电缆的情况下，能在近距离内进行相互通信、相互操作。当用户在驾车时，将移动电话与个人电脑相连接，通过移动电话随时阅读电子邮件，并下载音频和视频内容。车主在任何时间、任何地点都可以了解汽车的状况，并给予必要的控制，而且它可以帮助汽车各部分的数据处理器实现无线连接，使车上所有信息装置实现数字化。

### （三）车载网络的分类

美国汽车工程师协会（SAE）车辆网络委员会根据 SAEJ2057 标准将汽车数据传输网划分为 A、B、C 三大类。

A 类汽车数据网是面向传感器/执行器控制的低速网络，数据传输速率通常小于 10 kb/s，主要应用于后视镜调整及电动门窗和灯光照明控制等。

B 类汽车数据网是面向独立模块间数据共享的中速网络，速率为 10~125 kb/s，主要应用于车身电子舒适性模块、仪表显示等系统的控制。

C 类汽车数据网是面向高速、实时闭环控制的多路传输网，速率在 125 kb/s~1 Mb/s，主要应用于牵引控制、发动机控制和 ABS 等系统的控制。

### （四）CAN 总线

CAN 即控制器局域网络，属多路传输系统的一种，是德国 BOSCH 公司在 20 世纪 80 年代初为了解决现代汽车中众多控制与诊断仪器之间的数据交换而开发的一种串行数据通信协议。

CAN 总线分为高速和低速两种，高速 CAN 总线速率为 250 kb/s~1 Mb/s，低速 CAN 总线速率为 10~125 kb/s。高速 CAN 总线应用于发动机、变速箱、ABS 等实时性要求较强的控制模块，低速 CAN 总线运用于车身控制模块。

#### 1. CAN 总线的特点

CAN 作为一种多主总线，支持分布式实时控制的通信网络，其通信介质可以是双绞线、同轴电缆或光纤。在汽车发动机的控制部件、传感器、防滑系统中应用总线的传输速率最高可达 1 Mb/s，CAN 总线属于总线式串行通信网络，由于其采用了许多新技术及独特的设计，故与一般的通信总线相比，CAN 总线的数据通信具有突出的可靠性、实时性和灵活性。其特点如下：

（1）CAN 为多主工作方式，网络上的每个节点均可在任意时刻主动地向网络上其他节点发送信息，而不分主从。其通信方式灵活，且无须站地址等节点信息。

（2）CAN 网络上的节点信息分成不同的优先级，可满足不同的实时要求，高优先级的数据最多可在 134 μs 内得到传输。

（3）CAN 采用非破坏性总线仲裁技术，当多个节点同时向总线发送信息时，优先级较低的节点会主动退出发送，而最高优先级的节点可不受影响继续传输数据，从而大大节省了总线冲突仲裁时间，在大负荷下表现出良好的性能。

（4）CAN 只需通过报文的标识符滤波即可实现点对点、一点对多点及全局广播等几种方式传送、接收数据，无须专门的"调度"。

（5）CAN 采用 NRZ 编码，直接通信距离最远可达 10 km（速率为 5 kb/s），其通信速率最高可达 1 Mb/s（此时通信距离最长为 40 m）。

（6）CAN 上的节点数主要取决于总线驱动电路，目前可达 110 个；标识符可达 2 032 种，而扩展标准的标识符几乎不受限制。

（7）CAN 采用短帧结构传输，每帧有效字节为 8 个，传输时间短，受干扰的概率低，并且每帧信息均有 CRC 检验和其他检验措施，数据出错率极低。当节点发生严重错误时，具有自动关闭功能，但总线上的其他节点不受影响。

（8）CAN 的通信介质包括双绞线、同轴电缆或光纤，可灵活选择。

### 2. CAN 数据传输系统的构成

CAN 数据传输系统如图 9-3 所示，由一个 CAN 控制器、一个 CAN 收发器、两个数据传输终端及以及两条数据总线组成。

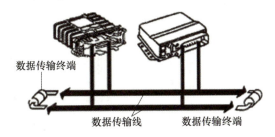

图 9-3　CAN 数据传输系统

（1）CAN 控制器用于接收控制单元中微处理器发出的数据，处理数据并传给 CAN 收发器。同时，CAN 控制器也接收收发器收到的数据，处理数据并传给微处理器。

（2）CAN 收发器是一个发送器和接收器的组合，它将 CAN 控制器提供的数据转化成电信号并通过数据总线发送出去，同时，它也接收总线数据，并将数据传到 CAN 控制器。

（3）数据传递终端实际上是一个电阻器，其作用是避免数据传输终了又反射回来，产生反射波而使数据遭到破坏。

（4）CAN 数据总线用来传输数据的双向数据线分为 CAN 高位（CAN-H）和低位（CAN-L）数据线。数据设有指定接收器，通过数据总线发送给各控制单元，各控制单元接收后进行计算。为了防止外界电磁波干扰和向外辐射，CAN 总线采用两条线缠绕在一起，如图 9-4 所示，两条线上的电位是相反的，如果一条线的电压是 5 V，另一条线的电压就是 0 V，两条线的电压和等于常值。通过这种办法，CAN 总线得到保护而免受外界电磁场干扰，同时 CAN 总线向外辐射保持中性，即无辐射。

### 3. CAN 数据总线的基本传输原理和过程

CAN 数据总线的基本传输原理在很大程度上与电话会议的方式相似。一个用户控制单元向网络中"说出"数据，而其他用户"收听"这些数据。一些控制单元认为这些数据对它有用，它就接收并且应用这些数据，而其他控制单元也许不会理会这些数据。故数据总线中的数据并没有指定的接收者，而是被所有的控制单元接收并计算。数据的具体传输过程如图 9-5 所示。

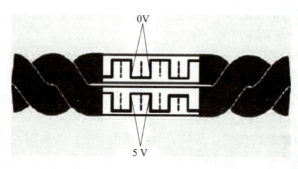

图 9-4　CAN 数据总线传输线

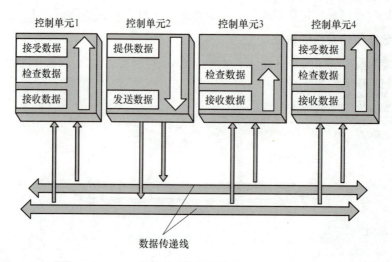

图 9-5　数据传输过程

（1）提供数据。

控制单元向 CAN 控制器提供数据并用于传输。

（2）发出数据。

CAN 收发器从 CAN 控制器处接收数据，将其转化为电信号发出。

（3）接收数据。

所有与 CAN 数据总线一起构成网络的控制单元称为接收器。

（4）检验数据。

控制单元对接收到的数据进行检验，判断是否为功能所需。

（5）认可数据。

如果所接收的数据是重要的，它将被认可及处理，反之将其忽略。

**（五）LIN 总线**

LIN 总线是一种低成本的串行数据网络，适用于汽车中如车门、转向器、座椅、空调、照明灯等的控制。LIN 总线多用于不需要 CAN 总线的宽带和多功能的场合，从而使其成本大大节省。

LIN 总线技术规范中，除定义基本协议和物理层外，还定义了开发工具和应用软件接口。LIN 通信是基于 SCI（UART）数据控制格式，采用单主控制器/多从设备模式，仅使用一根 12 V 信号总线和一根无固定时间基准的节点同步时钟线。这种低成本的串行通信模式和相应的开发环境已由 LIN 协会给出标准。

**1. 主要特征**

（1）低成本，基于通用 UART 接口，几乎所有微控制器都具备 LIN 必需的硬件。
（2）采用单主控制器/多从设备模式，无须总线仲裁机制。
（3）极少的信号线即可实现国际标准 ISO 9141 的规定。
（4）保证传输信号的延迟时间。
（5）传输速率最高可达 20 kb/s。
（6）从节点不需要晶振或陶瓷振荡器就能实现同步。
（7）不需要改变 LIN，从节点的硬件和软件就可以在网络上增加节点。
（8）通常一个 LIN 网络上节点数目小于 12 个，共有 64 个标识符。

**2. 通信规则**

一个 LIN 总线由一个主节点、一个或多个从节点组成。所有从节点都有一个从通信任务，该通信任务分为发送任务和接收任务；主节点则有一个主发送任务。一个 LIN 网络上的通信总是由主节点的主发送任务发起的，主控制器发送一个起始报文，该起始报文由同步断点、同步字节、消息标识符所组成。相应地，在接收并且滤除消息标识符后，一个从任务被激活并且开始本消息的应答传输。该应答由 2（或 4 或 8）个数据字节和一个校验码组成。起始报文和应答报文构成一个完整的报文帧。

由于 LIN 报文帧由报文标识符组成，所以这种通信规则可以采用以下多种方式进行数据交换：

（1）由主节点到一个或多个从节点。
（2）由一个从节点到主节点或其他的从节点。
（3）通信信号可以在从节点之间传播，而不经过主节点或者通过主节点广播到网络中的所有节点。

### （六）MOST 总线

MOST（面向媒体的系统传输）总线可连接多种设备，包括汽车导航、数字视频、蜂窝电话以及 CD/DVD 等。MOST 技术针对光纤媒体而优化，可支持高达 24.8 Mb/s 的数据传输速率，并且在器件层提供高度的可靠性和可扩展性。如图 9-6 所示，MOST 总线是一种同步网络，网络中所有时钟均工作于正常状态，具有相同的长期频率准确度。

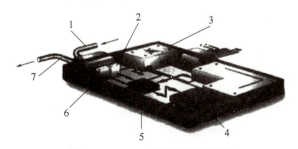

图 9-6 MOST 控制单元的组成

1—光纤入口；2—接收光电二极管；3—电源模块；4—控制器；5—收发器；6—发送光电二极管；7—光纤出口

MOST 总线提供了对实时音频和压缩视频的完全支持。MOST 总线受到德国汽车制造商和供应商的支持，主要包括宝马、戴姆勒克莱斯勒等公司。

在物理层上，传输介质本身为具有塑料保护套、内芯为 1 mm 的光纤，可以将一束光纤像电线一样捆成光缆。光纤传输采用 650 nm 的 LED 发射器，数据的最高传输速率为 24.8 Mb/s。其网络上各节点的控制单元由发送光电二极管、接收光电二极管、电源模块、收发器和控制器等组成。

MOST 网络允许采用多种拓扑结构，包括星形和环形。大多数汽车装置采用环形布局。一个 MOST 网络中最多可以有 64 个节点。一旦汽车接通电源，网络中的所有 MOST 节点就全部激活，这对低功耗、停电模式设计是一大难点，包括系统处在该种状态下的功耗量以及如何进入该状态。MOST 节点在通电时的默认状态是直通，即进入的数据从接收器直接传送至发射器，以保持环路的畅通。

# 学习任务 10
## 全车线路结构与拆装

张明是一名汽车运用技术专业的学生,老师让他结合汽车电路图对一辆爱丽舍汽车灯光系统电路进行分析。

通过本任务的学习,应能:
1. 描述汽车全车电路元件的结构、种类及连接方式;
2. 分析汽车全车电路图的种类、组成、连线规律及识读方法;
3. 结合电路图读图原则、方法,根据维修手册,分析汽车全车电路。

## 一、知识准备

### (一)汽车电路元件

汽车电路是由各种导线、熔断器、插接器、开关和继电器等配电装置组成的。

**1. 汽车导线**

汽车电气元件的连接导线有低压导线和高压导线两种。低压导线中有普通低压导线、起动电缆和蓄电池搭铁电缆、屏蔽线之分;高压导线包括铜芯线与阻尼线。

(1) 低压导线。

10-1 汽车电路概述

① 普通低压导线为铜质多股软线,导线的横截面积需要根据用电设备的工作电流大小进行选择。对功率很小的用电设备,如果仅根据工作电流的大小来选择导线,则导线的截面积较小、机械强度较低,容易折断,因此汽车电气线路中所用的导线截面积最小不得小于 0.5 mm²。我国汽车低压导线标称截面积所允许的负荷电流值见表 10-1,汽车 12 V 电气系统主要电路导线横截面积的推荐值见表 10-2。

表 10-1 低压导线标称截面积所允许的负载电流值

| 低压导线标称截面积/mm² | 0.5 | 0.8 | 1.0 | 1.5 | 2.5 | 3.0 | 4.0 | 6.0 | 10 | 13 |
|---|---|---|---|---|---|---|---|---|---|---|
| 允许载流量/A | — | — | 11 | 14 | 20 | 22 | 25 | 35 | 50 | 60 |

表 10-2　汽车 12 V 电气系统主要电路导线横截面积推荐值

| 电路名称 | 标称截面积/mm² |
|---|---|
| 尾灯、指示灯、仪表灯、牌照灯、刮水器电动机 | 0.5 |
| 转向灯、制动灯、停车灯 | 0.8 |
| 前照灯的近光、电喇叭（3 A 以下）电路 | 1.0 |
| 前照灯的近光、电喇叭（3 A 以上）电路 | 1.5 |
| 其他 5 A 以上电路 | 1.5~4.0 |
| 柴油车电热塞电路 | 4~6 |
| 电源电路 | 4~25 |
| 起动电路 | 16~95 |

屏蔽线（见图 10-1）又称同轴射频电缆，在外层绝缘层中带有金属纺织网管，或很多股导线装在一层编织金属网内，再在网外套装一层护套，称为屏蔽网。其作用是将导线与外界磁场隔离，避免导线受外界磁场的影响而产生干扰。屏蔽线常用于低压弱信号电路，如在氧传感器信号电路、曲轴位置传感器电路中普遍使用。

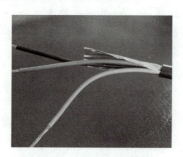

图 10-1　三芯屏蔽线

② 起动电缆是带绝缘包层的大截面积铜质或铝质多股软线，连接蓄电池正极与起动机电源端子。为保证起动机正常工作并能产生足够的驱动力矩，要求起动线路上每 100 A 电流产生的压降不得超过 0.1~0.5 V，且允许电流达 500~1 000 A。因此，起动电缆的横截面积比普通低压导线的横截面积大得多。常用的起动电缆横截面积有 25 mm²、35 mm²、50 mm² 和 70 mm² 等多种规格。

③ 蓄电池搭铁电缆又称搭铁线，一种是由铜丝编织成的扁形软铜线，另一种外形同起动机电缆，覆有绝缘层。搭铁电缆常用于蓄电池与车架、车架与车身、发动机与车架等总成之间的连接。国产汽车常用的搭铁线有 300 mm²、450 mm²、600 mm² 和 760 mm² 四种规格。

（2）高压导线。

高压导线用来传送高压电，由于工作电压很高（一般在 15 kV 以上）、电流强度较小，因此高压导线的绝缘包层很厚，耐压性能好，但线芯截面积较小。国产汽车使用的高压导线有铜芯线与阻尼线两种。

为衰减火花塞产生的电磁波干扰，目前广泛采用高压阻尼火线。

(3) 导线的颜色。

为便于维修，低压导线常以不同的颜色加以区分。各国汽车厂商在电路图上多以字母（主要是英文字母）表示导线颜色及其条纹颜色。各国，甚至各牌号汽车电路图导线的颜色代号各不相同，在读图时要注意。

导线常用颜色如图10-2所示，首先是黑、白、红、绿、蓝、灰、棕、紫，其次是粉红、橙、棕褐，再次是深蓝、深绿、浅绿。在线路较复杂的汽车上，导线采用条纹标志对比的双色线，如图10-3所示的红/黑（红为主色，黑为条纹辅色）、蓝/白、白/红等。

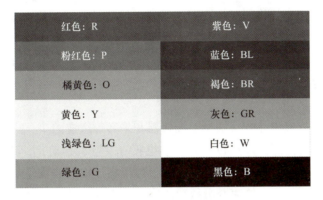

图 10-2　常用导线颜色

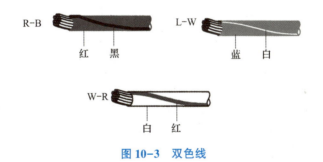

图 10-3　双色线

(4) 导线标志。

在汽车电气设备的电路中，导线上一般标注有符号，该符号用来表示导线的截面积和颜色。导线标志各国虽有不同，但总的来讲主要有以下四种。

① 以颜色作为导线标志。按电路的重要程度将导线编号，重点线路的导线选用醒目的颜色。

② 用具有一定含义的颜色作为导线标志。目前，我国汽车导线双色标已得到广泛使用。这种标志的优点是能较快地识别导线属于哪个电路系统，并大致找到控制开关。如果一个开关控制的电气元件属于一个系统，则底色全都相同，靠条纹来区分。但当电路特别复杂时，查线、配线不太方便。

③ 用数字和字母作为主要标志，颜色作为辅助标志。

当电路特别复杂时，仅用颜色作为导线标志容易混淆，因此在导线上印上数字或字母作为各条电路的识别标志，可做到确切无误。但目前大多数国家的数字、字母标准不统一，随车型而异，给实际应用带来了诸多不便。

④ 用具有一定含义的数字和字母作为导线的主要标志，颜色作为辅助标志。

汽车电气设备上各种接线柱采用数字或字母作标记，比如 30 表示与蓄电池正极直接相连的接线柱，50 表示与起动机电磁开关线圈相连的接线柱，31 表示搭铁接线柱等。欧洲许多国家都沿用这些接线柱标记。

**2. 汽车线束**

为使汽车上的线路整齐、安装方便和保护导线的绝缘层，汽车整车线路除高压线、蓄电池电缆和起动电缆外，一般将同区域不同规格的导线用棉纱或薄聚氯乙烯带缠绕包扎成束，称为线束。

汽车线束在汽车电气设备中占有重要位置。尤其是近年来，随着汽车电气设备与电子设备的增多，线束总成的结构与电路也越来越复杂，因此对线束的结构、功能、适用性和可靠性都提出了更高的要求。

现代汽车的线束总成由导线、端子、插接器和护套等组成。

汽车有多个线束，主要由发动机（点火、电喷、发电、起动）、车身、仪表、照明等分线束组成。线束有主线束和分线束之分。仪表板位于接近中央位置，一般汽车线束以仪表线束为核心，进行前后延伸。分线束与分线束之间、线束与终端电气之间采用插接器连接。线束上各端头均标注数字和字母，以标明导线的连接对象，以便于正确地连接导线和电气设备。

现代轿车的线束间采用了插接器，线束设计的自由度增大，给安装、检修和更换带来了方便。为保证插接器的可靠连接，插接器上配有一次锁紧、二次锁紧装置。为了避免装配和安装中出现差错，插接器还可制成不同的规格型号以及不同的形状和颜色。

**3. 插接器**

插接器是汽车电路中简单但不可缺少的元件，其使用方便、连接可靠，尤其适用于大量线束的连接。插接器的种类很多，可供几条至数十条导线使用，有长方体、多边体等不同形状，图 10-4 所示为插接器的形式。

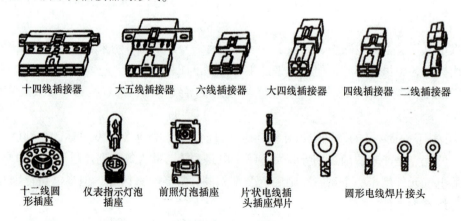

图 10-4 插接器的形式

插接器由插座和插头、导线接头和塑料外壳等组成，如图 10-5 所示。壳上有几个或多个孔位，用以放置导线接头，在导线接头上带有倒刺，当嵌入塑料壳后自动锁止；在塑料壳上也有锁止结构,当插头和插座接合后自动锁止,防止脱开。在检查及更换插接器时,要注意先打开锁止机构,避免强行拉动导线。

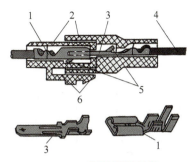

图 10-5 插接器的结构

1—插座;2—护套;3—插头;4—导线;5—倒刺;6—锁止机构

**4. 控制开关**

汽车电路是通过各种控制开关接通或切断电源与用电设备的。控制开关有机械式和电磁式两类。

(1) 电源总开关。

车辆上装有电源总开关,用于切断蓄电池与外电路的连接,以防止车辆停驶过程中蓄电池经外电路漏电。电源开关主要有闸刀式和电磁式两种。闸刀式电源开关直接由手动切断或接通电源,电磁式电源开关则是由电磁吸力控制触点的吸合或断开来实现的。

(2) 点火开关。

点火开关是一个多挡开关,需用相应的钥匙才能对其进行操纵。点火开关通常用于控制点火电路、仪表电路、发电机励磁电路、起动电路及一些辅助电器电路等。

(3) 普通开关。

普通开关通常用于控制单个系统的电气设备,按操纵形式分,主要有拨动式、旋转式,如 A/C 开关、鼓风机开关、危险信号开关等。

(4) 组合开关。

控制两种及两种以上电气设备的开关组合在一起,如方向盘下方的组合开关可控制转向灯、示宽灯、前照灯及变光、刮水器、洗涤器等,使操纵更加方便。

**5. 保险装置**

汽车电路中设有保险装置,当线路因负荷超载、短路故障而电流过大时,保险装置自动断开电源电路,以防止线路或用电设备烧坏。

(1) 熔断器。

熔断器的保护元件是熔丝,串联在所保护的电路中。当通过熔丝的电流超过其规定值时,熔丝发热熔断,从而保护用电设备不被烧坏。

熔断器的熔丝固定在可插式塑料片上或封装在玻璃管中。通常将熔断器集中安装在一个盒中,并称之为熔断器盒或电源盒,如图 10-6 所示。各熔断器都编号排列,有的还在熔断器上涂以不同的颜色,以便于检修时识别。

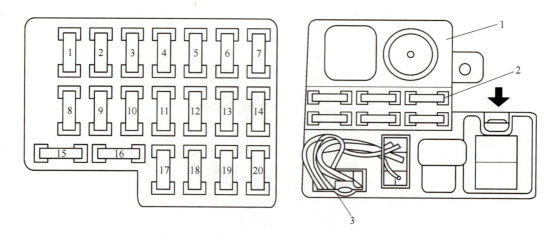

图 10-6 熔断器盒

1—熔断器盒；2—熔断器；3—易熔线

（2）易熔线。

易熔线比熔丝粗一些，由于被保护线路的工作电流往往较大，因此易熔线通常连接在电源线路和通过电流较大的线路上。

（3）断路器。

断路器起保护作用的主要元件是双金属片和触点。图 10-7 所示为自恢复式断路器的工作过程。当被保护线路中的电流超过规定值时，双金属片受热弯曲而使触点张开，切断电路。电路断电后，双金属片因无电流通过而逐渐冷却伸直，触点又重新闭合，接通电路。如果线路电流过大的问题未及时排除，自恢复式断路器就会使电路时而接通、时而切断，以限制通过线路的电流，从而起到线路过载保护的作用。

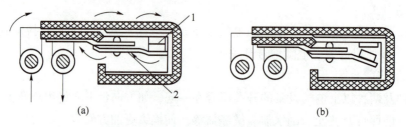

图 10-7 自恢复式断路器的工作过程

（a）触点闭合通路；（b）触点张开断路

1—触点；2—双金属片

（二）汽车电路图的种类

汽车电路图一般有布线图、电路原理图和线束图三种。

**1. 布线图**

布线图就是导线在车上、线束中的分布图。图 10-8 所示为东风雪铁龙轿车的布线图。

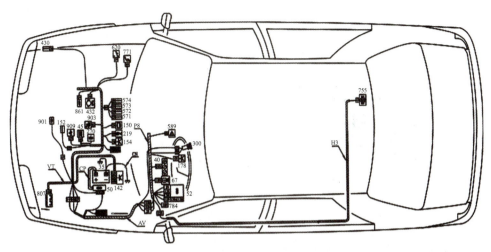

图 10-8 东风雪铁龙轿车的布线图

807—喷射双密封继电器；430—碳罐排放电磁阀；152—发动机转速传感器；909—冷却液温度传感器；
45—点火线圈；270—点火线圈上的电容器；861—进气预热器；432—怠速调节电磁阀；35—蓄电池；
50—电源盒；142—电喷电控单元；154—电子车速传感器；150—爆震传感器；620—惯性开关；300—点火开关；
178—应答器模拟模块；67—防盗控制盒；40—仪表盘；784—16 通道诊断插头；755—燃油泵

布线图是按照电器在车身上的大致位置布线，具有整车电器数量准确，导线走向清楚、有始有终，便于循线跟踪，故障查找起来比较方便等特点。它按线束编制将导线分配到各条线束中去，与各个插接件的位置严格对应。在各开关附近用表格法表示开关的接线与挡位控制关系，以及熔断器与电线的连接关系，并且表明了电线的颜色与截面积。

布线图的优点是电气设备的外形、安装位置与实际情况一致，因此可循线跟踪查线。缺点是图中导线密集、纵横交错，版面小，不易分辨，读图费时费力，不易抓住电路重点、难点，读图和查找、分析故障不便，不易表达电路内部结构与工作原理。

**2. 电路原理图**

电路原理图是用简明的图形符号，按电路原理将每个系统由上到下合理地连接起来，再将每个系统排列而成。电路原理图既表达了电气设备之间的连接，又体现了电气设备内部的电路情况，容易分析各电气设备工作时电流的路径。图 10-9 所示为东风 EQ1090 型汽车电气系统电路原理图。

电路原理图有整车电路原理图和局部电路原理图之分，可根据实际需要进行绘制或展示。

（1）整车电路原理图。

10-2 电路图的组成

在分析故障原因时，不能孤立地仅局限于某一部分，而要将这一部分电路在整车电路中的位置及其相关电路的联系都表达出来。整车电路原理图的优点在于：

① 对全车电路有完整的概念，它既是一幅完整的全车电路图，又是一幅互相联系的局部电路图，重点突出、繁简适当。

② 在此图上建立起电位高、低的概念：其负极"-"接地（俗称搭铁），电位最低，可用图中最下面的一条线表示；正极"+"最高，用最上面的一条线表示。电流的方向基本上是由上而下，路径为电源的正极"+"→开关→用电器→搭铁→电源负极"-"。

③ 尽可能减少电线的曲折与交叉，布局合理，图面清洁、清晰，图形符号考虑到元器件的外形与内部结构，便于联想、分析，易读易绘。

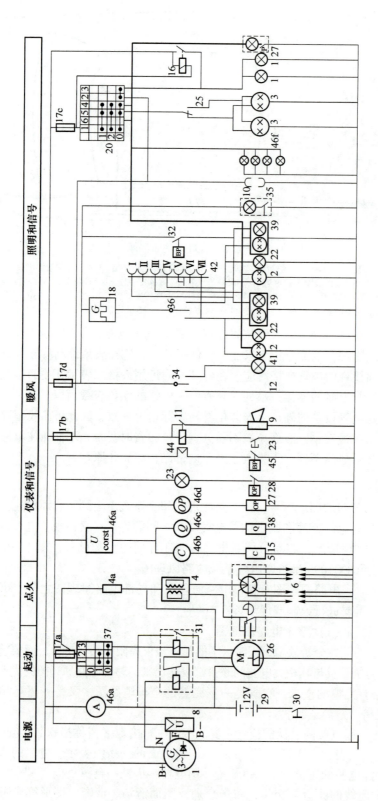

图10-9 东风EQ1090型汽车电气系统电路原理图

④ 各局部电路相互并联且关系清楚，发电机与蓄电池之间、各个子系统之间的连接点尽量保持原位，熔断器、开关及仪表等的接法基本符合原理图。

（2）局部电路原理图。

局部电路原理图是将重点部位进行放大、绘制，并加以说明。这种电路图的优点是用电器少、幅面小，看起来简单明了，易读易绘；其缺点是只能了解电路的局部。

**3. 线束图**

线束图是将有关电器的导线汇合在一起组成线束，以便于在汽车上安装。整车电路线束图常用于汽车厂总装线和修理厂的连接、检修与配线。线束图主要表明线束各用电器的连接部位、接线柱的标记、线头、插接器的形状与位置等。线束图一般不去详细描绘线束内部的电线走向，而只将露在线束外面的线头与插接器详细编号或用字母标记。它是一种突出装配记号的电路表现形式，非常便于安装、配线与检修。图 10-10 所示为东风雪铁龙轿车的线束图。

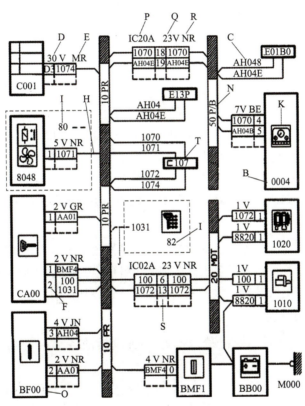

图 10-10　东风雪铁龙轿车的线束图

B—电器编号；C—导线编号；D—插接器插脚数；E—插接器颜色；F—插接器插脚编号；H—表示分向另一功能的信息；I—相关的功能编号；J—表示根据车辆装备而存在的导线；K—电器示意图；O—熔断器盒；P—中间插接器的编号；Q—中间插接器的通道数；R—中间插接器的颜色；S—中间连接的一部分；T——个铰接点；N—线束

### （三）汽车电路图中的符号

汽车电路图中常见的图形符号有电路图形符号和仪表、开关、指示灯标志图形符号。不同厂商生产的汽车，其电路图形符号也不相同。

10-3 汽车电路图形符号

10-4 仪表板上常用控制符号

### （四）汽车电路识图方法

各国汽车电路图的绘制方法、符号标识因文字、技术标准等不同，汽车电路图有很大差异，甚至同一国家不同公司的汽车电路图也存在着较大的差异。要想读懂一种车型的整车电路图，特别是较复杂的轿车电路图并不是一件轻松的事情。因此，掌握汽车电路读图的基本方法是十分必要的。

**1. 善于化整为零**

要读懂汽车电路图，首先要掌握组成电路的各个电气元件的基本功能和电气特性。在掌握全图基本原理的基础上，按整车电路系统的功能及工作原理将整车电路划分成若干个独立的系统，分别进行分析。通常将整车电路分解成电源、起动、点火、照明、信号、仪表、警报等系统来进行分析。这样可以化整为零，有重点地进行分析，并且各个单元电路又有其自身的一些特点，以其自身的特点为指导去分析电路就会减少一些盲目性。因此，为了阅读方便，现在多数汽车的电路原理图都是按各个系统进行绘制的。

10-5 识读电路图

**2. 认真读几遍图注**

在阅读局部电路图时，首先要认真阅读图注。图注说明了该汽车所有电气设备的名称及数码代号，通过阅读图注可初步了解该汽车装配了哪些电气设备。然后通过电气设备的数码代号在电路图中找出该电气设备，再进一步找出相互连线和控制关系。

**3. 熟悉电气元件及配线**

在分析某个电路系统时，要清楚该电路中所包括的各部件的功能和作用、技术参数等。

现代汽车电路如同人的神经一样分布在各个区域，其复杂程度与日俱增，而线路中的插接器、接线盒、继电器、接地点等如同神经的"节点"，熟悉这些电气元件在电路图中的表示符号、位置、连接方式、内部电路对阅读汽车电路图有很大帮助。因此，在阅读电路图时，要正确判断接点标记、线型和色码标志。需要指出的是，各国采用的标记颜色和字母不尽相同。

**4. 注意开关的作用**

开关是控制电路通断的关键，继电器不但是控制开关也是被控制对象。

我们通常按操纵开关的功能及不同工作状态来分析电路的工作原理。如点火系统的供电，点火开关应处于点火挡或起动挡。在标准画法的电路中，开关总是处于零位，即开关处于断开状态。电子开关的状态则视具体情形而定。

在一些复杂的控制电路中，对多层、多挡接线柱的开关，要按层、按挡位、按接线柱逐级分析其各层各挡的功能。当开关接线柱较多时，首先抓住从电源来的一两个接线柱，再逐个分析与其他各接线柱相连的用电设备处于何种挡位，从而找出控制关系。

分析汽车电路开关时应注意以下几个问题：

（1）蓄电池（或发电机）的电流是通过什么路径到达这个开关的？中间是否经过其他的开关和熔断器？这个开关是手动的还是电控的？

（2）该开关控制哪些用电器？每个被控制的用电器的作用是什么？

（3）开关的许多接线柱中，哪些是直通电源的？哪些是接用电器的？接线柱旁是否有接线符号？这些符号是否常见？

（4）开关共有几个挡位？在每一挡中，哪些接线柱有电？

（5）在被控的用电器中，哪些用电器应经常通电？哪些用电器应短暂通电？哪些应先通电？哪些应当单独工作？

### 5. 了解继电器的工作状态

现代汽车电路中经常采用各种继电器对一些复杂电路进行控制。了解继电器的工作状态，特别是一些电子继电器的工作状态，对分析电路会有帮助。

阅读电路图时，可以将含有线圈和触点的继电器看成是由线圈工作的控制电路和触点工作的主电路两部分组成的。主电路中的触点只有在线圈电路中有工作电流流过后才能动作。在电路图中画出的继电器线圈是处于失电状态的。在识图时，不能完全按原始状态分析，否则很难理解电路的工作原理。因为大多数用电设备都是通过继电器触点的变化而改变回路，进而实现不同的电路功能的，所以必须进行工作状态的分析。

### 6. 牢记回路原则

任何一个完整的电路都是由电源、熔断器、开关、控制装置、用电设备和导线等组成的。电流流向必须从电源正极出发，经过熔断器、开关、控制装置、导线等到达用电设备，再经过导线（或搭铁）回到电源负极，才能构成回路。因此电路读图时，有以下三种思路。

思路一：沿着电路电流的流向，由电源正极出发，经用电设备、开关、控制装置等回到电源负极。

思路二：逆着电路电流的方向，由电源负极（搭铁）开始，经过用电设备、开关、控制装置等回到电源正极。

思路三：从用电设备开始，依次查找其控制开关、连线、控制单元，到达电源正极和搭铁（或电源负极）。

实际应用时，可视具体电路选择不同思路，但有一点值得注意：随着电子控制技术在汽车上的广泛应用，大多数电气设备电路同时具有主回路和控制回路，读图时要兼顾两回路。

此外，汽车电子控制系统越来越多，其读图方法除以上所述要领适用外，以下方法与步骤对汽车电子控制系统的读图也很有帮助。

要以电控系统的ECU为中心，因为这是整个系统的控制中心，所有电器部件都必然与这里发生关系。对ECU的各个接脚有大致印象，弄清楚分为几个区域及各区域接脚排列的规律。找出该系统为ECU供电的电源线有哪些，弄清楚各电源线的供电状态（如常火线或开关控制)。找出该系统的搭铁线有哪些,注意分清哪些是在 ECU 内部搭铁、哪些是在车架上搭铁、哪些是在各总成机体上搭铁。找出哪些是系统的信号输入传感器,各传感器是否需要电源,并找出相应的电源线,以及该传感器在哪里搭铁。找出系统的执行器有哪些,弄清电源供给和搭铁情况及电脑控制执行器的方式。

### (五) 汽车电路识图实例

以解放 CA1091 型汽车整车电气系统电路为例,介绍汽车整车电路的分析方法。解放 CA1091 型汽车整车电路原理图如图 10-11 所示。

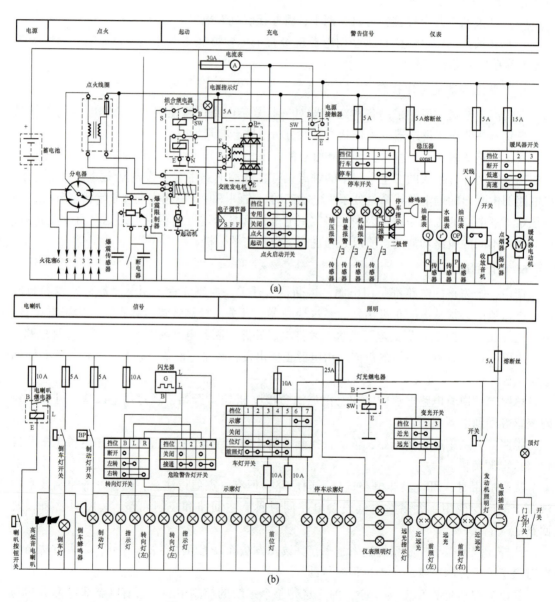

图 10-11　解放 CA1091 型整车电路原理图

解放 CA1091 型汽车电气系统电路原理图根据绘制原则分为四大系统电路，即电源、起动、点火系统电路；仪表、警报信号系统电路；收放机、暖风、点烟器系统电路；照明和信号系统电路。

## 二、拓展学习

**1. 雪铁龙 Elysee 汽车灯光系统电路。**

10-6 Elysee 汽车灯光系统电路

**2. 装配有中央电器控制单元 J519 的电路控制系统**

10-7 装配有 J519 的电路控制系统

# 参 考 文 献

[1] 刘文国. 汽车电气设备构造与维修［M］. 北京：电子工业出版社，2009.
[2] 孙志刚. 汽车电气设备与维修［M］. 北京：北京理工大学出版社，2010.
[3] 李军. 汽车使用性能与检测技术［M］. 北京：人民交通出版社，2008.
[4] 冀旺年. 汽车车身电气设备系统［M］. 北京：电子工业出版社，2008.
[5] 周建平. 汽车电气设备构造与维修［M］. 北京：人民交通出版社，2008.

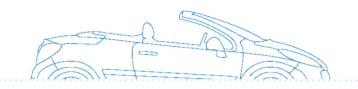

# 目 录
## CONTENTS

**学习任务 1　汽车电源系统结构与拆装学习评价** …………………… 001
　一、理论部分 …………………………………………………………… 001
　二、技能部分 …………………………………………………………… 004

**学习任务 2　汽车起动系统结构与拆装学习评价** …………………… 006
　一、理论部分 …………………………………………………………… 006
　二、技能部分 …………………………………………………………… 008

**学习任务 3　汽车照明与信号系统结构与拆装学习评价** …………… 010
　一、理论部分 …………………………………………………………… 010
　二、技能部分 …………………………………………………………… 013

**学习任务 4　汽车仪表与报警系统结构与拆装学习评价** …………… 015
　一、理论部分 …………………………………………………………… 015
　二、技能部分 …………………………………………………………… 017

**学习任务 5　汽车辅助电气设备结构与拆装学习评价** ……………… 019
　一、理论部分 …………………………………………………………… 019
　二、技能部分 …………………………………………………………… 023

**学习任务 6　汽车空调系统结构与拆装学习评价** …………………… 026
　一、理论部分 …………………………………………………………… 026
　二、技能部分 …………………………………………………………… 029

**学习任务 7　汽车防盗系统结构与拆装学习评价** …………………… 032
　一、理论部分 …………………………………………………………… 032
　二、技能部分 …………………………………………………………… 033

**学习任务 8　安全气囊结构与拆装学习评价** ………………………………… 034

　　一、理论部分……………………………………………………………… 034
　　二、技能部分……………………………………………………………… 035

**学习任务 9　车载网络系统结构与拆装学习评价** ……………………………… 036

**学习任务 10　全车线路结构与拆装学习评价** ………………………………… 038

# 学习任务 1　汽车电源系统结构与拆装学习评价

## 一、理论部分

**1. 选择题**

(1) 蓄电池与发电机两者之间在汽车上的连接方法是（　　）。
　A. 串联连接　　　　B. 并联连接　　　　C. 各自独立　　　　D. 以上都不对

(2) 蓄电池充足电时，正极板上的活性物质是（　　）。
　A. 硫酸　　　　　　B. 纯铅　　　　　　C. 二氧化铅　　　　D. 硫酸铅

(3) 蓄电池在汽车上的主要作用是（　　）。
　A. 用来充电　　　　　　　　　　　　　B. 用来吸收发动机的过电压，保护电子元件
　C. 用来给起动机供电，起动发动机　　　D. 做备用电源

(4) 对于蓄电池使用的电解液，以下哪种说法是正确的？（　　）
　A. 密度越大越好　　　　　　　　　　　B. 密度越小越好
　C. 对密度没有要求，而对纯度有要求　　D. 在保证不结冰的前提下，密度适当偏小

(5) 蓄电池在使用过程中，要注意检查液面高度，其标准高度是（　　）。
　A. 与极板组平行　　　　　　　　　　　B. 比极板组略低
　C. 没有严格要求，可高可低　　　　　　D. 比极板组高 15 mm

(6) 下列说法中哪个是错误的？（　　）
　A. 干荷蓄电池在使用前不需要初充电
　B. 普通蓄电池的轻微自放电是正常现象
　C. 免维护蓄电池在使用中无须补加蒸馏水
　D. 选择蓄电池时，主要是按照汽车的瓶架，根据蓄电池的外形尺寸来选

(7) 9 管发动机中，多增加的 3 个二极管的作用是（　　）。
　A. 提高发电机的功率
　B. 引出中性点接线柱
　C. 用来控制充电指示灯
　D. 用来调节输出电压，使输出电压保持恒定

(8) 交流发电机的转子中有一个线圈绕组，其作用是（　　）。
　A. 产生磁场，且磁场的大小可调　　　　B. 产生磁场，且磁场的大小恒定
　C. 产生交流电　　　　　　　　　　　　D. 产生直流电

(9) 对于采用星形连接的交流发电机三相绕组来说，下面哪种说法是错误的？（　　）

A. 一定是对称绕组　　　　　　　　B. 一定是用来产生交流电的
C. 每相绕组的首端连接一个炭刷　　D. 一定是末端连接在一起

(10) 当一辆解放汽车行驶时，充电指示灯亮，说明（　　）。
A. 发电机有故障　　　　　　　　　B. 调节器有故障
C. 充电线路有故障　　　　　　　　D. 不一定

**2. 判断题（对打"√"，错打"×"）**

(1) 现代汽车大多采用铅酸蓄电池。（　　）
(2) 交流发电机与蓄电池并联工作。（　　）
(3) 在一个单格蓄电池中，负极板的片数总比正极板多一片。（　　）
(4) 将蓄电池正负极板各插入一片到电解液中，即可获得 12 V 的电动势。（　　）
(5) 在放电过程中，正负极板上的活性物质都转变为硫酸铅。（　　）
(6) 在放电过程中，蓄电池的放电电流越大，其容量就越大。（　　）
(7) 在定电压充电过程中，其充电电流也是定值。（　　）
(8) 免维护蓄电池在使用过程中无须补加蒸馏水。（　　）
(9) 蓄电池主要包括极板、隔板、电解液和外壳等。（　　）
(10) 蓄电池可以缓和电气系统中的冲击电压。（　　）
(11) 蓄电池正极板上的活性物质是二氧化铅，负极板上的活性物质是海绵状纯铅。（　　）
(12) 蓄电池极板硫化的原因主要是长期充电不足，电解液不足。（　　）
(13) 如果将蓄电池的极性接反，有可能将发电机的磁场绕组烧毁。（　　）
(14) 为了防止冬天结冰，蓄电池电解液的密度越大越好。（　　）
(15) 交流发电机中硅整流器中正极管的负极为发电机的正极。（　　）
(16) 交流发电机中性点 N 的输出电压为发电机电压的一半。（　　）
(17) 三相桥式整流电路中，每个二极管导通的时间占整个周期的 1/2。（　　）
(18) 内搭铁电子调节器和外搭铁调节器可以互换使用。（　　）
(19) 交流发电机的激磁方法为：先他激，后自激。（　　）
(20) 通过检查发电机的励磁电路和发电机本身，查不出不充电故障的具体部位。（　　）

**3. 简答题**

(1) 蓄电池按其结构特点可分为哪两大类？

(2) 汽车上装有哪两个直流低压电源？

(3) 蓄电池在汽车哪四种情况下放出或充入电能？

(4) 蓄电池由哪几部分组成？简述各自的作用。

(5) 蓄电池负极板组中的负极板为什么比正极板组中的正极板多1片？

(6) 简述8管式、9管式、11管式交流发电机结构特点的异同。

(7) 如何判断交流发电机与调节器的搭铁类型？

(8) 交流发电机及调节器使用维修中的注意事项有哪些？

(9) 交流发电机和调节器的检查与测试的内容包括哪些？如何进行？

## 二、技能部分

### 1. 蓄电池的就车拆装（见表 1-1）

表 1-1 蓄电池的就车拆装

| 基本信息 | 姓名 | | 学号 | | 班级 | | 组别 | |
|---|---|---|---|---|---|---|---|---|
| | 规定时间 | | 完成时间 | | 考核日期 | | 总评成绩 | |
| 任务工单 | 序号 | 步骤 | 完成情况 | | 标准分 | 评分 |
| | | | 完成 | 未完成 | | |
| | 1 | 考核准备<br>材料：<br>工具：<br>设备： | | | 10 | |
| | 2 | 车上电脑故障码读取情况 | | | 10 | |
| | 3 | 蓄电池连接电缆拆卸情况 | | | 5 | |
| | 4 | 蓄电池固定支架拆卸情况 | | | 5 | |
| | 5 | 蓄电池外壳检查清洁情况 | | | 5 | |
| | 6 | 蓄电池极桩及连接电缆接头清洁情况 | | | 10 | |
| | 7 | 蓄电池安装情况 | | | 10 | |
| | 8 | 整理工具、清理现场 | | | 10 | |
| | 9 | 最后检查 | | | 10 | |
| 安全 | | | | | 5 | |
| 5S | | | | | 5 | |
| 团队协作 | | | | | 5 | |
| 沟通表达 | | | | | 5 | |
| 工单填写 | | | | | 5 | |

## 2. 发电机的拆解与装配（见表 1-2）

表 1-2　发电机的拆解与装配

<table>
<tr><td rowspan="2">基本信息</td><td colspan="2">姓　名</td><td colspan="2">学号</td><td colspan="2">班级</td><td colspan="2">组别</td><td></td></tr>
<tr><td colspan="2">规定时间</td><td colspan="2">完成时间</td><td colspan="2">考核日期</td><td colspan="2">总评成绩</td><td></td></tr>
<tr><td rowspan="14">任务工单</td><td rowspan="2">序号</td><td colspan="4" rowspan="2">步骤</td><td colspan="2">完成情况</td><td rowspan="2" colspan="2">标准分</td><td rowspan="2">评分</td></tr>
<tr><td>完成</td><td>未完成</td></tr>
<tr><td>1</td><td colspan="4">考核准备<br>材料：<br>工具：<br>设备：</td><td></td><td></td><td colspan="2">10</td><td></td></tr>
<tr><td>2</td><td colspan="4">拆卸电刷架总成</td><td></td><td></td><td colspan="2">5</td><td></td></tr>
<tr><td>3</td><td colspan="4">拆卸前、后端盖</td><td></td><td></td><td colspan="2">5</td><td></td></tr>
<tr><td>4</td><td colspan="4">拆卸转子总成</td><td></td><td></td><td colspan="2">5</td><td></td></tr>
<tr><td>5</td><td colspan="4">拆卸定子总成</td><td></td><td></td><td colspan="2">5</td><td></td></tr>
<tr><td>6</td><td colspan="4">零部件清洗</td><td></td><td></td><td colspan="2">15</td><td></td></tr>
<tr><td>7</td><td colspan="4">安装定子总成</td><td></td><td></td><td colspan="2">5</td><td></td></tr>
<tr><td>8</td><td colspan="4">安装转子总成</td><td></td><td></td><td colspan="2">5</td><td></td></tr>
<tr><td>9</td><td colspan="4">安装前、后端盖</td><td></td><td></td><td colspan="2">5</td><td></td></tr>
<tr><td>10</td><td colspan="4">安装电刷架总成</td><td></td><td></td><td colspan="2">5</td><td></td></tr>
<tr><td>11</td><td colspan="4">清洁及整理</td><td></td><td></td><td colspan="2">5</td><td></td></tr>
<tr><td>12</td><td colspan="4">最后检查</td><td></td><td></td><td colspan="2">5</td><td></td></tr>
<tr><td colspan="2">安全</td><td colspan="7"></td><td>5</td><td></td></tr>
<tr><td colspan="2">5S</td><td colspan="7"></td><td>5</td><td></td></tr>
<tr><td colspan="2">团队协作</td><td colspan="7"></td><td>5</td><td></td></tr>
<tr><td colspan="2">沟通表达</td><td colspan="7"></td><td>5</td><td></td></tr>
<tr><td colspan="2">工单填写</td><td colspan="7"></td><td>5</td><td></td></tr>
</table>

# 学习任务 2　汽车起动系统结构与拆装学习评价

## 一、理论部分

**1. 选择题**

（1）直流串励式起动机中的"串励"是指（　　）。
A. 吸引线圈和保持线圈串联连接
B. 励磁绕组和电枢绕组串联连接
C. 吸引线圈和电枢绕组串联连接

（2）下列不属于起动机控制装置的作用的是（　　）。
A. 使活动铁芯移动，带动拨叉，使驱动齿轮和飞轮啮合或脱离
B. 使活动铁芯移动，带动接触盘，使起动机的两个主接线柱接触或分开
C. 产生电磁力，使起动机旋转

（3）永磁式起动机中用永久磁铁代替常规起动机的（　　）。
A. 电枢绕组　　　　B. 励磁绕组　　　　C. 电磁开关中的两个线圈

（4）起动机的磁力开关工作时，是（　　）。
A. 先接通主电路，然后使小齿轮与飞轮啮合
B. 先使小齿轮与飞轮啮合，然后接通主电路
C. 接通主电路及小齿轮与飞轮啮合同时进行
D. 没有先后的要求

（5）起动机在起动瞬间，（　　）。
A. 转速最大　　　B. 转矩最大　　　C. 反电动势最大　　　D. 功率最大

（6）起动机在起动过程中，是（　　）。
A. 先接通起动电源，然后让起动机驱动齿轮与发动机飞轮齿圈正确接合
B. 先让起动机驱动齿轮与发动机飞轮齿圈正确接合，然后接通起动电源
C. 在接通起动电源的同时，让起动机驱动齿轮与发动机飞轮齿圈正确接合
D. 以上都不对

**2. 判断题（对打"√"，错打"×"）**

（1）起动机转速越高，则流过起动机的电流越大。　　　　　　　　　　　　（　　）
（2）常规起动机中，吸引线圈、励磁绕组及电枢绕组是串联连接的。　　　　（　　）
（3）起动机中的传动装置只能单向传递力矩。　　　　　　　　　　　　　　（　　）
（4）在起动机起动的过程中，吸引线圈和保持线圈中一直有电流通过。　　　（　　）
（5）起动机驱动齿轮与飞轮不啮合并有撞击声，是由于起动开关闭合过晚。　（　　）

(6) 起动机开关断开而停止工作时，继电器的触点张开，保持线圈的电路便改道，经吸拉线圈、电磁开关回到蓄电池的正极。（　　）

(7) 起动机励磁线圈和起动机外壳之间是导通的。（　　）

(8) 用万用表检查电刷架时，两个正电刷架和外壳之间应该绝缘。（　　）

(9) 起动机电枢装配过紧可能会造成起动机运转无力。（　　）

(10) 减速起动机中的减速装置可以起到降速增扭的作用。（　　）

**3. 简答题**

(1) 直流电动机由哪几个部分组成？各起什么作用？

(2) 起动机传动装置由哪些部件组成？其中滚柱式单向离合器是如何工作的？

(3) 电磁操纵强制啮合式起动机的主电路接通后，吸拉、保持线圈中的电流方向有何变化？为什么？

(4) 简述带起动机继电器的起动控制电路的工作过程。

(5) 复合继电器控制电路为何对起动机具有保护作用？

## 二、技能部分

**1. 起动机的就车拆装（见表 2-1）**

表 2-1 起动机的就车拆装

| 基本信息 | 姓 名 | | 学号 | | 班级 | | 组别 | |
|---|---|---|---|---|---|---|---|---|
| | 规定时间 | | 完成时间 | | 考核日期 | | 总评成绩 | |

| | 序号 | 步骤 | 完成情况 | | 标准分 | 评分 |
|---|---|---|---|---|---|---|
| | | | 完成 | 未完成 | | |
| 任务工单 | 1 | 考核准备<br>材料：<br>工具：<br>设备： | | | 10 | |
| | 2 | 车上电脑故障码读取情况 | | | 10 | |
| | 3 | 蓄电池连接电缆拆卸情况 | | | 5 | |
| | 4 | 起动机固定支架拆卸情况 | | | 5 | |
| | 5 | 起动机连接电缆拆卸情况 | | | 5 | |
| | 6 | 起动机拆卸情况 | | | 10 | |
| | 7 | 起动机安装情况 | | | 10 | |
| | 8 | 整理工具、清理现场 | | | 10 | |
| | 9 | 最后检查 | | | 10 | |
| 安全 | | | | | 5 | |
| 5S | | | | | 5 | |
| 团队协作 | | | | | 5 | |
| 沟通表达 | | | | | 5 | |
| 工单填写 | | | | | 5 | |

## 2. 起动机的拆解与装配（见表2-2）

表2-2 起动机的拆解与装配

| 基本信息 | 姓名 | | 学号 | | 班级 | | 组别 | |
|---|---|---|---|---|---|---|---|---|
| | 规定时间 | | 完成时间 | | 考核日期 | | 总评成绩 | |

| | 序号 | 步骤 | 完成情况 | | 标准分 | 评分 |
|---|---|---|---|---|---|---|
| | | | 完成 | 未完成 | | |
| 任务工单 | 1 | 考核准备<br>材料：<br>工具：<br>设备： | | | 10 | |
| | 2 | 拆卸电磁开关总成 | | | 5 | |
| | 3 | 拆卸起动机磁轭总成 | | | 5 | |
| | 4 | 拆卸电刷弹簧 | | | 5 | |
| | 5 | 拆卸离合器总成 | | | 5 | |
| | 6 | 零部件清洗 | | | 15 | |
| | 7 | 安装离合器总成 | | | 5 | |
| | 8 | 安装电刷弹簧 | | | 5 | |
| | 9 | 安装起动机磁轭总成 | | | 5 | |
| | 10 | 安装电磁开关总成 | | | 5 | |
| | 11 | 清洁及整理 | | | 5 | |
| | 12 | 最后检查 | | | 5 | |
| 安全 | | | | | 5 | |
| 5S | | | | | 5 | |
| 团队协作 | | | | | 5 | |
| 沟通表达 | | | | | 5 | |
| 工单填写 | | | | | 5 | |

# 学习任务 3　汽车照明与信号系统结构与拆装学习评价

## 一、理论部分

**1. 元件识别**

标注出图 3-1、图 3-2、图 3-3 中元件的名称。

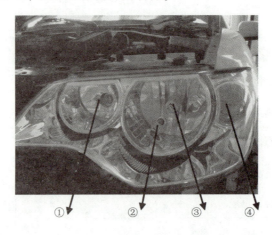

图 3-1

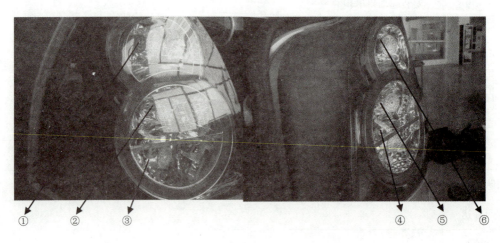

图 3-2

图 3-3

**2. 选择题**

(1) 前照灯灯泡的功率一般为（　　）。
A. 20~40 W　　　　B. 40~60 W　　　　C. 60~80 W　　　　D. 80~100 W

(2) 对汽车前照灯照明的要求，下列哪种说法是正确的？（　　）
A. 有防炫目装置　　　　　　　　　B. 照亮前方 100 m 以上
C. 灯泡亮度随外界环境自动调节　　D. 灯泡是卤钨灯泡

(3) 下列哪种说法是错误的？（　　）
A. 前照灯的光束是可调的　　　　　B. 前照灯需要防水
C. 远光灯的功率比近光灯的功率大　D. 前照灯的灯泡是不能单独更换的

(4) 当转向开关打到某一侧时，该侧转向灯亮而不闪，故障可能是（　　）。
A. 闪光继电器坏　　　　　　　　　B. 该侧的灯泡坏
C. 转向开关有故障　　　　　　　　D. 该侧灯泡的搭铁不好

(5) 当转向开关打到左右两侧时，转向灯均不亮，检查故障时首先应做的是（　　）。
A. 检查继电器
B. 检查熔断器
C. 检查转向开关
D. 按下紧急报警开关，观察转向灯是否亮，以此来判断闪光继电器是否有故障

(6) 灯光继电器常见的故障是（　　）。
A. 触点烧蚀　　　B. 触点间隙不当　　　C. 触点松动　　　D. 触点氧化

**3. 判断题（对打"√"，错打"×"）**

(1) 汽车前照灯反射镜的作用是将光源的光线聚集成强光束。（　　）
(2) 前照灯的近光灯丝位于反射镜的焦点上，远光灯丝位于焦点的前方。（　　）
(3) 安装继电器的目的是保护灯开关或喇叭按钮。（　　）
(4) 电喇叭的音调大小取决于通过喇叭线圈中的电流大小。（　　）
(5) 电喇叭的音量可通过调整喇叭触点的接触压力改变其大小。（　　）

**4. 简答题**

（1）汽车照明系统由哪几部分组成？各部分的作用是什么？

（2）对前照灯的基本要求是什么？

（3）前照灯防炫目的措施有哪些？

（4）说明盆形电喇叭的工作原理。

## 二、技能部分

### 1. 前照灯的就车拆装（见表3-1）

表3-1 前照灯的就车拆装

| 基本信息 | 姓名 | | 学号 | | 班级 | | 组别 | |
|---|---|---|---|---|---|---|---|---|
| | 规定时间 | | 完成时间 | | 考核日期 | | 总评成绩 | |
| 任务工单 | 序号 | 步骤 | | 完成情况 | | 标准分 | 评分 |
| | | | | 完成 | 未完成 | | |
| | 1 | 考核准备<br>材料：<br>工具：<br>设备： | | | | 10 | |
| | 2 | 检查举升机，将车辆开进工位 | | | | 5 | |
| | 3 | 顶好车辆位置，稍微举升车辆，检查是否平稳 | | | | 5 | |
| | 4 | 举升车辆至举升机上部 | | | | 10 | |
| | 5 | 断开前雾灯插接器 | | | | 5 | |
| | 6 | 拆卸前保险杠 | | | | 15 | |
| | 7 | 拆卸前照灯 | | | | 5 | |
| | 8 | 安装 | | | | 5 | |
| | 9 | 最后检查 | | | | 10 | |
| | 10 | 清洁及整理 | | | | 5 | |
| 安全 | | | | | | 5 | |
| 5S | | | | | | 5 | |
| 团队协作 | | | | | | 5 | |
| 沟通表达 | | | | | | 5 | |
| 工单填写 | | | | | | 5 | |

## 2. 尾灯的就车拆装（见表3-2）

表3-2 尾灯的就车拆装

| 基本信息 | 姓 名 | | 学号 | | 班级 | | 组别 | |
|---|---|---|---|---|---|---|---|---|
| | 规定时间 | | 完成时间 | | 考核日期 | | 总评成绩 | |

| | 序号 | 步骤 | 完成情况 | | 标准分 | 评分 |
|---|---|---|---|---|---|---|
| | | | 完成 | 未完成 | | |
| 任务工单 | 1 | 考核准备<br>材料：<br>工具：<br>设备： | | | 10 | |
| | 2 | 检查举升机，将车辆开进工位 | | | 5 | |
| | 3 | 顶好车辆位置，稍微举升车辆，检查是否平稳 | | | 5 | |
| | 4 | 拆卸楔形垫块和杂物盒 | | | 10 | |
| | 5 | 拧下行李箱内螺母 | | | 10 | |
| | 6 | 脱开插接器 | | | 5 | |
| | 7 | 拆卸尾灯 | | | 10 | |
| | 8 | 安装 | | | 5 | |
| | 9 | 最后检查 | | | 10 | |
| | 10 | 清洁及整理 | | | 5 | |
| 安全 | | | | | 5 | |
| 5S | | | | | 5 | |
| 团队协作 | | | | | 5 | |
| 沟通表达 | | | | | 5 | |
| 工单填写 | | | | | 5 | |

# 学习任务 4　汽车仪表与报警系统结构与拆装学习评价

## 一、理论部分

**1. 元件识别**

标注出图 4-1、图 4-2 中元件的名称、标志符号的含义。

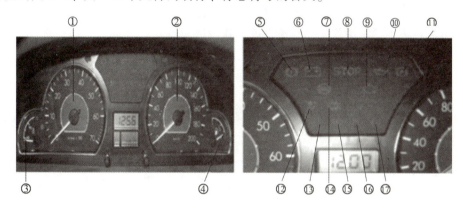

图 4-1

图 4-2

**2. 选择题**

（1）机油压力传感器上安装标记与垂直中心线偏角不得超过（　　）。
A. 50°　　　　　　B. 40°　　　　　　C. 30°

（2）发动机处于正常工作情况下，冷却液温度的指示值为（　　）。
A. 70 ℃～90 ℃　　B. 65 ℃～80 ℃　　C. 85 ℃～100 ℃

（3）燃油油位警告灯所使用的电阻是（　　）。
A. 正热敏电阻　　　B. 普通电阻　　　　C. 负热敏电阻

(4) 机油压力警告灯亮时,说明机油压力(　　)。
A. 过高　　　　　B. 过低　　　　　C. 可能过高也可能过低
(5) 车辆正常行驶,放电警告灯亮,说明(　　)。
A. 电源系统有故障　B. 电源系统正常　　C. 无法确定
(6) 水温警告灯亮时,说明发动机冷却液温度(　　)。
A. 过高　　　　　B. 过低　　　　　C. 可能过高也可能过低

**3. 判断题**

(1) 负温度系数热敏电阻传感器的电阻值与温度大小成反比。　　　　　(　　)
(2) 当发动机的机油压力过低时,机油压力报警灯应闪亮。　　　　　　(　　)
(3) 当冷却液温度过高或液面过低时,冷却液温度报警灯应闪亮。　　　(　　)
(4) 电热式水温表传感器在短路后,水温表将指向高温。　　　　　　　(　　)
(5) 机油压力传感器在机油压力越高时,所通过的平均电流就越大。　　(　　)
(6) 电子仪表中的车速信号一般来自点火脉冲信号。　　　　　　　　　(　　)
(7) 当发动机的冷却液温度高于80 ℃时,水温警告灯亮。　　　　　　　(　　)
(8) 汽车电路中,仪表与传感器的关系通常为并联。　　　　　　　　　(　　)
(9) 发动机转速表的信号通常来自凸轮轴。　　　　　　　　　　　　　(　　)
(10) 为了使机油压力表指示准确,通常在其电路中安装稳压器。　　　 (　　)

**4. 简答题**

(1) 根据图4-3,简述制动液液位报警灯的工作原理。

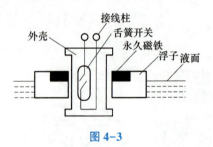

图4-3

(2) 汽车常用仪表有哪些?

(3) 电子式仪表有何优点?

(4) 汽车上常用的报警装置有哪些?

## 二、技能部分

**1. 组合仪表的拆装（见表 4-1）**

表 4-1 组合仪表的拆装

| 基本信息 | 姓　名 | | 学号 | | 班级 | | 组别 | |
|---|---|---|---|---|---|---|---|---|
| | 规定时间 | | 完成时间 | | 考核日期 | | 总评成绩 | |

| | 序号 | 步骤 | 完成情况 | | 标准分 | 评分 |
|---|---|---|---|---|---|---|
| | | | 完成 | 未完成 | | |
| 任务工单 | 1 | 考核准备<br>材料：<br>工具：<br>设备： | | | 10 | |
| | 2 | 拆卸变速杆护罩、支架、烟灰盒 | | | 5 | |
| | 3 | 拆卸收录机、仪表板中控台面罩 | | | 5 | |
| | 4 | 拆卸点烟器 | | | 10 | |
| | 5 | 拆卸转向柱上下护罩 | | | 5 | |
| | 6 | 拆卸仪表板外壳 | | | 15 | |
| | 7 | 拆卸组合仪表 | | | 5 | |
| | 8 | 安装 | | | 5 | |
| | 9 | 最后检查 | | | 10 | |
| | 10 | 清洁及整理 | | | 5 | |
| 安全 | | | | | 5 | |
| 5S | | | | | 5 | |
| 团队协作 | | | | | 5 | |
| 沟通表达 | | | | | 5 | |
| 工单填写 | | | | | 5 | |

## 2. 机油压力传感器的拆装（见表 4-2）

表 4-2　机油压力传感器的拆装

| 基本信息 | | 姓名 | | 学号 | | 班级 | | 组别 | |
|---|---|---|---|---|---|---|---|---|---|
| | | 规定时间 | | 完成时间 | | 考核日期 | | 总评成绩 | |
| 任务工单 | 序号 | 步骤 | | | 完成情况 | | | 标准分 | 评分 |
| | | | | | 完成 | 未完成 | | | |
| | 1 | 考核准备<br>材料：<br>工具：<br>设备： | | | | | | 10 | |
| | 2 | 检查举升机，将车辆开进工位 | | | | | | 5 | |
| | 3 | 顶好车辆位置，稍微举升车辆，检查是否平稳 | | | | | | 5 | |
| | 4 | 安装防护用品 | | | | | | 10 | |
| | 5 | 举升车辆至举升机上部 | | | | | | 5 | |
| | 6 | 拆卸机油压力传感器线束插接器 | | | | | | 15 | |
| | 7 | 拆卸机油压力传感器 | | | | | | 5 | |
| | 8 | 安装 | | | | | | 5 | |
| | 9 | 最后检查 | | | | | | 10 | |
| | 10 | 清洁及整理 | | | | | | 5 | |
| 安全 | | | | | | | | 5 | |
| 5S | | | | | | | | 5 | |
| 团队协作 | | | | | | | | 5 | |
| 沟通表达 | | | | | | | | 5 | |
| 工单填写 | | | | | | | | 5 | |

# 学习任务 5　汽车辅助电气设备结构与拆装学习评价

## 一、理论部分

**1. 选择题**

（1）电动座椅的调节开关由一组开关组合而成，通过这组开关可以对（　　）电动机分别进行控制。
　　A. 2 个　　　　　B. 3 个　　　　　C. 4 个

（2）电动座椅系统中，调节（　　），可以控制座椅前端上下的升降动作，改变座椅的水平角度，以适应不同身材驾乘人员的需要。
　　A. 前后调节电动机　　　　　　B. 前端上下调节电动机
　　C. 后端上下调节电动机

（3）电动座椅系统中，调节（　　），可以控制座椅后端上下的升降动作，以适应不同身材驾乘人员的需要。
　　A. 前后调节电动机　　　　　　B. 前端上下调节电动机
　　C. 后端上下调节电动机

（4）电动座椅出现（　　）故障常常会引起座椅运动不灵活或不到位。
　　A. 机械　　　　B. 电路断路　　　C. 电路短路

（5）为了防止电动车窗电动机或电路过载，在电动机内部或电路上装有（　　），当由于某种原因引起故障而使电流过大时，该装置会自动断开电路，从而起到保护作用。
　　A. 电阻丝　　　B. 电容　　　　C. 热敏开关

（6）电动车窗出现所有车窗都不能上升或下降的故障时，引起该故障的原因可能是（　　）。
　　A. 熔丝或搭铁线出现故障　　　　B. 安全开关出现故障
　　C. 开关原因或控制电路问题

（7）电动车窗出现车窗只能向一个方向运动的故障时，引起该故障的原因可能是（　　）。
　　A. 熔丝或搭铁线出现故障　　　　B. 安全开关出现故障
　　C. 开关原因或控制电路问题

（8）当电动车窗出现（　　）故障时，电动车窗虽然不能工作，但在操纵升降开关时，能听到继电器的响声和电动机的工作声。
　　A. 电气　　　　B. 机械　　　　C. 机械和电气

（9）每个电动后视镜上有（　　）套调整电动机和驱动器。
　　A. 1　　　　　B. 2　　　　　C. 3

（10）汽车电动座椅能调节的方向比较多，许多车辆使用 4 个电动机，能够对座椅的（　　）方向进行调节。

A. 8 个 B. 6 个 C. 4 个

（11）不同车型的座椅过载保险安装位置有所区别，但现在一般过载保险和（　　）装在一起。

A. 电动机 B. 开关 C. 熔断器盒

（12）汽车的电动车窗电动机一般为（　　），它可以双向旋转，通过改变电动机的电流方向，使电动机得到不同的旋转方向来控制车窗玻璃的上升或下降。

A. 交流型 B. 直流型 C. 永磁型

（13）清洗刮水器刮片时，可用蘸有（　　）的棉纱轻轻擦去刮片上的污物，刮水器刮片不可用汽油清洗和浸泡，否则刮片会变形而影响其工作。

A. 酒精 B. 香蕉水 C. 清洗剂

（14）用来调节座椅靠背的倾斜角度，使座椅的后背更能贴近驾乘人员背部的装置是（　　）。

A. 前后调节电动机 B. 前端上下调节电动机

C. 倾斜调节电动机

（15）电动后视镜的调整电动机采用（　　），可以正反向转动。

A. 交流型 B. 直流型 C. 永磁型

（16）电动后视镜中，可以控制电动后视镜的展开或收回的装置为（　　）。

A. 折回电动机和驱动器 B. 调整电动机和驱动器

C. 折回开关

（17）电动后视镜中，（　　）接收折回开关的信号，并发出指令使折回驱动机工作，及时准确地控制后视镜的展开或收回。

A. 折回电动机及驱动器 B. 折回控制模块

C. 电动后视镜开关

（18）电动座椅的电路故障会引起（　　）。

A. 座椅运动不灵活 B. 座椅运动不到位

C. 某个方向不能调节

（19）扇形齿轮结构的车窗升降器中，（　　）的作用是使车窗上升和下降时驱动电动机承受相同的负荷。

A. 螺旋弹簧 B. 扇形齿轮 C. 钢丝

（20）电动车窗的（　　）能控制除驾驶员侧外的其他车窗，当该开关接通时，其他车窗能够自由控制升降；当该开关断开时，其他车窗则不能自由控制升降。

A. 安全开关 B. 保护开关 C. 升降开关

**2. 判断题**（对打"√"，错打"×"）

（1）电动座椅中的电动机是步进电动机。（　　）

（2）座椅调节过程中，往往由于某种原因电流会过大，这时过载保险就会起作用切断电路，在恢复故障的时候需要重新更换保险。（　　）

（3）现代汽车的电动车窗电动机都是永磁式电动机。（　　）

（4）现代汽车的电动车窗电动机可以双向旋转，通过改变电动机的电流方向来控制车窗玻璃的上升或下降。（　　）

（5）电动机内部电路上装有热敏开关，在电流过大时，会自动断开电路，从而起到保

护作用。（　　）

（6）安装电动座椅既要满足驾驶员多种姿势下的操作安全要求，也要满足乘员的舒适性和安全性要求。（　　）

（7）在座椅调节过程中，若电动座椅调节电动机电路电流过大，过载保险就会熔断。（　　）

（8）电动座椅故障主要包括电路和机械两方面的故障。（　　）

（9）现代汽车电动车窗的电动机一般有2个，分别控制玻璃的上升和下降。（　　）

（10）电动车窗的开关分为安全开关和升降开关，安全开关能控制所有车门上的车窗。（　　）

（11）电动门窗的螺旋弹簧的作用是使车窗上升和下降时驱动电动机承受相同的负荷。（　　）

（12）在电动门窗中，只有在安全开关断开时，其他车窗才能自由控制升降。（　　）

（13）乘员侧的门窗升降开关受驾驶员侧的安全开关控制。（　　）

（14）在许多中高档汽车上，电动车窗使用控制模块，其主要作用是实现车窗的防夹功能。（　　）

（15）将电动后视镜开关调到调整左侧后视镜位置时，右侧后视镜的位置会随左侧后视镜位置的改变而改变。（　　）

（16）每个电动后视镜上有两套调整电动机和驱动器。（　　）

（17）电动后视镜折回电动机及驱动器由两个能够正反向旋转的电动机和两组齿轮组成。（　　）

（18）电子感应式刮水器根据雨量自动调节刮水器的刮水速度。（　　）

（19）冬季使用刮水器时，若其刮片被冰冻住或被雪团卡住，应立即断开开关，清除冰块、雪团后方可继续使用，否则会因刮片阻力过大而烧坏电动机。（　　）

（20）电子感应式刮水器能根据车辆行驶速度和雨量，自动调节刮水器的刮水速度。（　　）

（21）电动车窗一般装有两套开关，分别为总开关和分开关，这两个开关之间是互相独立的。（　　）

（22）座椅加热系统中可通过调整可变电阻调整座椅的加热速度。（　　）

（23）每个电动后视镜的镜片后面都有4个电动机来实现后视镜的调整。（　　）

（24）永磁式刮水电动机是通过改变正、负电刷之间串联线圈的个数实现变速的。（　　）

（25）检查电动刮水器的自动复位功能时，可以让电动机停在停止时的位置，然后进行相关的检查。（　　）

**3. 简答题**

（1）电动车窗主要由哪些部件组成？其中升降机构有哪几种？

（2）何谓电动车窗手动升降？何谓自动升降？

（3）结合电动车窗、电动座椅、电动后视镜和中控门锁的相关知识，分析双向电动机的检查思路。

（4）叙述电动刮水器的构造及工作原理。

（5）简述汽车刮水片设置定位停止机构的目的及工作原理。

（6）电动车窗控制电路有何特点？怎样进行电路分析？

## 二、技能部分

### 1. 车门内饰板的拆装与更换（见表 5-1）

表 5-1 车门内饰板的拆装与更换

| 基本信息 | 姓 名 | | 学号 | | 班级 | | 组别 | |
|---|---|---|---|---|---|---|---|---|
| | 规定时间 | 30 min | 完成时间 | | 考核日期 | | 总评成绩 | |

| | 序号 | 步骤 | 完成情况 | | 标准分 | 评分 |
|---|---|---|---|---|---|---|
| | | | 完成 | 未完成 | | |
| 任务工单 | 1 | 作业前整理工位，熟悉安全防护用品的使用情况 | | | 5 | |
| | 2 | 工具使用情况 | | | 5 | |
| | 3 | 拆卸蓄电池负极电缆 | | | 5 | |
| | 4 | 拆卸门角撑内护板 | | | 5 | |
| | 5 | 拆卸固定螺钉 | | | 5 | |
| | 6 | 拆卸扶手座，断开插接器 | | | 5 | |
| | 7 | 拆卸音响喇叭 | | | 5 | |
| | 8 | 拆卸装饰扣、装饰板 | | | 5 | |
| | 9 | 安装装饰扣、装饰板 | | | 5 | |
| | 10 | 安装音响喇叭 | | | 5 | |
| | 11 | 安装扶手座，连接插接器 | | | 5 | |
| | 12 | 安装固定螺钉 | | | 5 | |
| | 13 | 连接蓄电池负极电缆 | | | 5 | |
| | 14 | 检查安装复位情况 | | | 5 | |
| | 15 | 清洁及整理 | | | 5 | |
| 安全 | | | | | 5 | |
| 5S | | | | | 5 | |
| 团队协作 | | | | | 5 | |
| 沟通表达 | | | | | 5 | |
| 工单填写 | | | | | 5 | |

## 2. 车门锁锁芯的拆装与更换（见表5-2）

表5-2 车门锁锁芯的拆装与更换

| 基本信息 | 姓 名 | | 学号 | | 班级 | | 组别 | |
|---|---|---|---|---|---|---|---|---|
| | 规定时间 | 10 min | 完成时间 | | 考核日期 | | 总评成绩 | |

| | 序号 | 步骤 | 完成情况 | | 标准分 | 评分 |
|---|---|---|---|---|---|---|
| | | | 完成 | 未完成 | | |
| 任务工单 | 1 | 作业前整理工位，熟悉安全防护用品的使用情况 | | | 10 | |
| | 2 | 工具使用情况 | | | 5 | |
| | 3 | 拆卸蓄电池负极电缆 | | | 5 | |
| | 4 | 拆卸堵塞 | | | 5 | |
| | 5 | 拆卸卡簧 | | | 5 | |
| | 6 | 拆卸锁芯 | | | 5 | |
| | 7 | 更换新的锁芯 | | | 10 | |
| | 8 | 安装卡簧 | | | 5 | |
| | 9 | 安装堵塞 | | | 5 | |
| | 10 | 连接蓄电池负极电缆 | | | 5 | |
| | 11 | 检查安装复位情况 | | | 10 | |
| | 12 | 清洁及整理 | | | 5 | |
| 安全 | | | | | 5 | |
| 5S | | | | | 5 | |
| 团队协作 | | | | | 5 | |
| 沟通表达 | | | | | 5 | |
| 工单填写 | | | | | 5 | |

## 3. 后视镜的拆卸（见表 5-3）

表 5-3 后视镜的拆卸

| 基本信息 | 姓 名 | | 学号 | | 班级 | | 组别 | |
|---|---|---|---|---|---|---|---|---|
| | 规定时间 | 10 min | 完成时间 | | 考核日期 | | 总评成绩 | |

| | 序号 | 步骤 | 完成情况 | | 标准分 | 评分 |
|---|---|---|---|---|---|---|
| | | | 完成 | 未完成 | | |
| 任务工单 | 1 | 作业前整理工位，熟悉安全防护用品的使用情况 | | | 5 | |
| | 2 | 工具使用情况 | | | 10 | |
| | 3 | 拆卸门角撑内护板 | | | 5 | |
| | 4 | 拆卸后视镜拉线线束 | | | 5 | |
| | 5 | 拆卸后视镜总成固定螺栓 | | | 5 | |
| | 6 | 拆下后视镜总成 | | | 10 | |
| | 7 | 安装后视镜总成 | | | 10 | |
| | 8 | 安装后视镜固定螺栓 | | | 5 | |
| | 9 | 检查后视镜总成工作情况 | | | 10 | |
| | 10 | 安装门角撑内护板 | | | 5 | |
| | 11 | 清洁及整理 | | | 5 | |
| 安全 | | | | | 5 | |
| 5S | | | | | 5 | |
| 团队协作 | | | | | 5 | |
| 沟通表达 | | | | | 5 | |
| 工单填写 | | | | | 5 | |

# 学习任务6　汽车空调系统结构与拆装学习评价

## 一、理论部分

### 1. 元件识别

标注出图6-1中元件的名称、标志符号的含义。

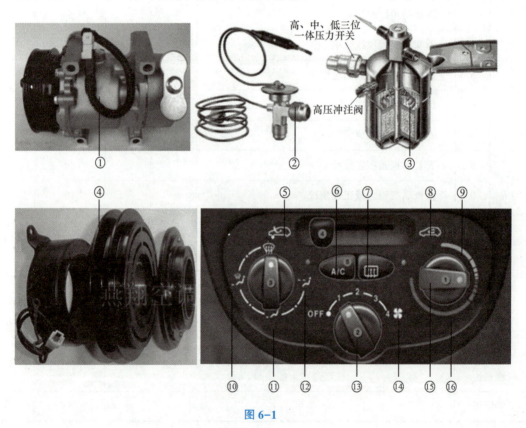

图6-1

### 2. 选择题

（1）外平衡式膨胀阀膜片下方的压力来自（　　）。

A. 蒸发器入口　　　B. 蒸发器出口　　　C. 压缩机出口

（2）蒸发器出口处的制冷剂应（　　）。

A. 全部汽化　　　B. 部分汽化　　　C. 全部液化

（3）膨胀管式制冷系统中的集液器应安装在（　　）。

A. 冷凝器与膨胀管之间　　　　　B. 膨胀管与蒸发器之间

C. 蒸发器与压缩机之间

(4) 如果低压开关断开，导致压缩机电磁离合器断电，原因可能是（　　）。

A. 制冷剂过量　　　　　　　　B. 制冷剂严重不足

C. 鼓风机不转

(5) 蒸发压力调节器的作用是（　　）。

A. 防止膨胀阀结冰　　　　　　B. 防止制冷剂流量过大

C. 防止蒸发器结霜

(6) 空调制冷循环系统包括（　　）、冷凝器、储液干燥器、膨胀阀、蒸发器、管路等部件。

A. 压缩机　　　　B. 皮带　　　　C. 鼓风机

(7) 选择进入车内的空气是外部的新鲜空气，即为（　　）。

A. 外循环　　　　B. 内循环　　　　C. 大循环

(8) 从（　　）可观察制冷剂的流动情况，以确定制冷剂的数量。

A. 蒸发器　　　　B. 储液干燥器　　　　C. 冷凝器

(9) 在空调系统中，下列哪个部件可以对制冷剂进行气液分离？（　　）

A. 膨胀阀　　　　B. 集液器　　　　C. 储液干燥器

(10) 空调系统的（　　）一般安装在发动机散热器的前面。

A. 储液干燥器　　　　B. 冷凝器　　　　C. 蒸发器

### 3. 判断题（对打"√"，错打"×"）

(1) 提高压强，可使液体更容易蒸发。（　　）

(2) 冷凝器的作用是将制冷剂从气体转变为液体，同时放出热量。（　　）

(3) 热力膨胀阀在制冷负荷增大时，可自动增加制冷剂的喷出量。（　　）

(4) 低压开关的作用是在系统低压管路中压力过低时，切断压缩机电磁离合器的电路。（　　）

(5) 冷凝器冷却不良时，可能会造成高压管路中压力过高。（　　）

(6) 制冷管路中无制冷剂时，接通空调开关将使空调压缩机因缺油而烧毁。（　　）

(7) 空调储液干燥器一般整体更换。（　　）

(8) 汽车空调压缩机检修阀芯与轮胎气门嘴芯通用。（　　）

(9) 低压开关的作用是当系统低压管路中压力过低时，切断压缩机电磁离合器的电路。（　　）

(10) 汽车空调空气净化系统的作用是除去车内的灰尘和异味。（　　）

### 4. 简答题

(1) 将制冷循环划分为高压区域和低压区域，制冷剂在什么地方是液态？什么地方是气态？

（2）压缩机电磁离合器起什么作用？

（3）膨胀阀的作用是什么？

（4）空调控制面板上有哪些开关？

（5）空调系统中的冷冻润滑油有哪些作用？

## 二、技能部分

### 1. 压缩机的拆装（见表6-1）

表6-1 压缩机的拆装

| 基本信息 | 姓 名 | | 学号 | | 班级 | | 组别 | |
|---|---|---|---|---|---|---|---|---|
| | 规定时间 | | 完成时间 | | 考核日期 | | 总评成绩 | |
| 任务工单 | 序号 | 步骤 | | 完成情况 | | 标准分 | 评分 |
| | | | | 完成 | 未完成 | | |
| | 1 | 考核准备<br>材料：<br>工具：<br>设备： | | | | 10 | |
| | 2 | 连接空调加注回收一体机，回收制冷剂 | | | | 5 | |
| | 3 | 拆卸电磁离合器线束插接器 | | | | 5 | |
| | 4 | 拆卸压缩机高低压连接管 | | | | 10 | |
| | 5 | 用专用堵塞堵住高低压管接头及压缩机端口 | | | | 5 | |
| | 6 | 拆卸压缩机皮带 | | | | 15 | |
| | 7 | 拆卸压缩机固定螺栓 | | | | 5 | |
| | 8 | 安装 | | | | 5 | |
| | 9 | 最后检查 | | | | 10 | |
| | 10 | 清洁及整理 | | | | 5 | |
| 安全 | | | | | | 5 | |
| 5S | | | | | | 5 | |
| 团队协作 | | | | | | 5 | |
| 沟通表达 | | | | | | 5 | |
| 工单填写 | | | | | | 5 | |

## 2. 压缩机的分解与组装（见表6-2）

表6-2 压缩机的分解与组装

| 基本信息 | | 姓 名 | | 学号 | | 班级 | | 组别 | |
|---|---|---|---|---|---|---|---|---|---|
| | | 规定时间 | | 完成时间 | | 考核日期 | | 总评成绩 | |
| 任务工单 | 序号 | 步骤 | | | 完成情况 | | 标准分 | 评分 |
| | | | | | 完成 | 未完成 | | |
| | 1 | 考核准备<br>材料：<br>工具：<br>设备： | | | | | 10 | |
| | 2 | 将压缩机支架安装在台钳上，将压缩机固定在支架上 | | | | | 5 | |
| | 3 | 将传动盘拆装扳手安装在传动盘上，拆卸中心螺母 | | | | | 5 | |
| | 4 | 安装传动盘拔出器，拆卸传动盘 | | | | | 10 | |
| | 5 | 拆卸传动盘垫片、半圆键、卡簧 | | | | | 5 | |
| | 6 | 安装两爪拉拔器，拆卸皮带轮 | | | | | 15 | |
| | 7 | 拆卸卡簧、电磁离合器线束和线圈 | | | | | 5 | |
| | 8 | 组装 | | | | | 5 | |
| | 9 | 最后检查 | | | | | 10 | |
| | 10 | 清洁及整理 | | | | | 5 | |
| 安全 | | | | | | | 5 | |
| 5S | | | | | | | 5 | |
| 团队协作 | | | | | | | 5 | |
| 沟通表达 | | | | | | | 5 | |
| 工单填写 | | | | | | | 5 | |

## 3. 储液干燥器的拆装（见表6-3）

表6-3 储液干燥器的拆装

| 基本信息 | 姓名 | | 学号 | | 班级 | | 组别 | |
|---|---|---|---|---|---|---|---|---|
| | 规定时间 | | 完成时间 | | 考核日期 | | 总评成绩 | |

| | 序号 | 步骤 | 完成情况 | | 标准分 | 评分 |
|---|---|---|---|---|---|---|
| | | | 完成 | 未完成 | | |
| 任务工单 | 1 | 考核准备<br>材料：<br>工具：<br>设备： | | | 10 | |
| | 2 | 安装前格栅、翼子板护套 | | | 5 | |
| | 3 | 将空调加注回收一体机连接到空调高低压维修阀上 | | | 5 | |
| | 4 | 用空调加注回收一体机回收制冷剂 | | | 10 | |
| | 5 | 拆卸储液干燥器线束插接器 | | | 5 | |
| | 6 | 拆卸储液干燥器连接管，并用专用堵塞堵住管接头 | | | 15 | |
| | 7 | 拆卸储液干燥器固定螺栓 | | | 5 | |
| | 8 | 安装 | | | 5 | |
| | 9 | 最后检查 | | | 10 | |
| | 10 | 清洁及整理 | | | 5 | |
| 安全 | | | | | 5 | |
| 5S | | | | | 5 | |
| 团队协作 | | | | | 5 | |
| 沟通表达 | | | | | 5 | |
| 工单填写 | | | | | 5 | |

# 学习任务7　汽车防盗系统结构与拆装学习评价

## 一、理论部分

**1. 选择题**

（1）汽车防盗系统是一种安装在车上，用来（　　）的装置。
A. 增加盗车难度，延长盗车时间　　B. 用于提高汽车性能
C. 用于满足驾驶员要求　　D. 用于保护车辆

（2）防盗器密码记载着防盗器的身份资料，还含有（　　）。
A. 指令资料　　B. 车辆的 VIN 码　　C. 发动机防盗码　　D. 用户码

（3）汽车防盗系统一般由（　　）组成。
A. 解除装置、传感器、防盗电控单元（ECU）、报警装置
B. 传感器、防盗电控单元（ECU）、报警装置
C. 传感器、防盗电控单元（ECU）、报警装置、报警调置/解除装置

（4）热释电式红外线传感器能以（　　）形式检测出物体放射出来的红外线能量变化，并将其转换成电信号输出。
A. 非接触　　B. 接触式　　C. 机械式　　D. 电子式

（5）振动式传感器主要用来检测汽车受到的（　　）。
A. 冲击　　B. 振动　　C. 加速　　D. 起步

**2. 判断题（对打"√"，错打"×"）**

（1）当所有的车门及发动机盖关闭时，车主通过报警设置/解除装置使所有的车门进行锁止。（　　）

（2）防盗电控单元能接收传感器的信息，并能发送信号使汽车处于报警状态。（　　）

（3）当车门处于全部关闭状态时，车辆即处于防盗设置。（　　）

（4）发动机防起动措施与汽车防盗无关。（　　）

（5）遥控防盗装置的遥控器丢失后无法配置新的遥控器。（　　）

**3. 简答题**

（1）电子式防盗系统是如何分类的？

（2）汽车防盗系统的传感器有哪几种？

（3）汽车防盗电控单元的功能和作用是什么？

（4）汽车防盗系统如何设定和解除？

## 二、技能部分

**防盗器的安装见表 7-1。**

表 7-1　防盗器的安装

| 基本信息 | 姓　名 | | 学号 | | 班级 | | 组别 | |
|---|---|---|---|---|---|---|---|---|
| | 规定时间 | | 完成时间 | | 考核日期 | | 总评成绩 | |

| | 序号 | 步骤 | 完成情况 | | 标准分 | 评分 |
|---|---|---|---|---|---|---|
| | | | 完成 | 未完成 | | |
| 任务工单 | 1 | 考核准备<br>材料：<br>工具：<br>设备： | | | 10 | |
| | 2 | 检查各系统是否工作正常 | | | 5 | |
| | 3 | 将防盗器排插线与主机连接好 | | | 5 | |
| | 4 | 查找与防盗器连接的配线 | | | 15 | |
| | 5 | 拆下 A 柱、方向盘下方护板 | | | 5 | |
| | 6 | 对应防盗器主机接线示意图连接 | | | 15 | |
| | 7 | 用遥控器检查连接效果 | | | 5 | |
| | 8 | 装回各处护板 | | | 5 | |
| | 9 | 最后检查 | | | 5 | |
| | 10 | 清洁及整理 | | | 5 | |
| 安全 | | | | | 5 | |
| 5S | | | | | 5 | |
| 团队协作 | | | | | 5 | |
| 沟通表达 | | | | | 5 | |
| 工单填写 | | | | | 5 | |

# 学习任务 8　安全气囊结构与拆装学习评价

## 一、理论部分

**1. 选择题**

（1）安全气囊的碰撞传感器感应的是（　　）。
A. 碰撞冲击力　　　　　　　　　　B. 碰撞破坏力
C. 碰撞减速度　　　　　　　　　　D. 碰撞角速度

（2）安全气囊产生的气体是（　　）。
A. 氢气　　　　B. 氮气　　　　C. 氧气　　　　D. 氯气

（3）以下哪项不属于汽车防盗装置的类型？（　　）
A. 机械式　　　B. 电子式　　　C. 磁电式　　　D. 卫星定位监控

（4）安全气囊系统包括以下哪些零件？（　　）
A. 碰撞传感器　　　　　　　　　　B. 安全气囊组件
C. 安全气囊指示灯　　　　　　　　D. 安全气囊开关

（5）安全气囊警告灯位于组合仪表上，当自诊断机构检测出某一故障时，警告灯就会向驾驶员发出故障警告。在正常情况下，当点火开关转到 ACC 或 ON 位置时，警告灯会亮大约（　　），然后熄灭。
A. 2s　　　　　B. 4s　　　　　C. 6s　　　　　D. 10s

**2. 判断题**（对打"√"，错打"×"）

（1）安全气囊的气袋可用加热的方法进行打开。（　　）
（2）安全气囊的有效期一般为 8~10 年。（　　）
（3）在安全气囊的维护过程中，安全气囊可以用水直接冲洗。（　　）
（4）安全气囊不与座椅安全带配合使用也可为驾乘人员提供有效的防撞保护。（　　）
（5）汽车上的安全气囊系统均设置有防误爆装置。（　　）
（6）只有当车辆速度超过 50 km/h 发生碰撞事故时，电子控制单元电脑 ECU 才能接收传感器的信息。（　　）

**3. 简答题**

（1）简述安全气囊的工作过程。

（2）简述安全气囊的组成及滚球式碰撞传感器的工作过程。

## 二、技能部分

**方向盘安全气囊的拆装见表 8-1。**

表 8-1　方向盘安全气囊的拆装

| 基本信息 | 姓　名 | | 学号 | | 班级 | | 组别 | |
|---|---|---|---|---|---|---|---|---|
| | 规定时间 | | 完成时间 | | 考核日期 | | 总评成绩 | |
| 任务工单 | 序号 | 步骤 | | 完成情况 | | 标准分 | 评分 |
| | | | | 完成 | 未完成 | | |
| | 1 | 考核准备<br>材料：<br>工具：<br>设备： | | | | 10 | |
| | 2 | 拆卸蓄电池负极电缆 | | | | 5 | |
| | 3 | 拆卸方向盘下方护盖螺栓 | | | | 5 | |
| | 4 | 拆卸方向盘护盖 | | | | 5 | |
| | 5 | 拆卸螺栓，取出安全气囊组件 | | | | 10 | |
| | 6 | 拆卸喇叭及气囊组件插接器 | | | | 10 | |
| | 7 | 放置方向盘气囊组件 | | | | 10 | |
| | 8 | 安装 | | | | 10 | |
| | 9 | 最后检查 | | | | 5 | |
| | 10 | 清洁及整理 | | | | 5 | |
| 安全 | | | | | | 5 | |
| 5S | | | | | | 5 | |
| 团队协作 | | | | | | 5 | |
| 沟通表达 | | | | | | 5 | |
| 工单填写 | | | | | | 5 | |

# 学习任务 9　车载网络系统结构与拆装学习评价

1. 选择题

（1）在车载网络结构中，车身系统的控制单元可采用（　　）的总线连接。
A. 低速　　　　　B. 中速　　　　　C. 高速

（2）在车载网络结构中，信息与车载媒体系统的控制单元可采用（　　）的总线连接。
A. 低速　　　　　B. 中速　　　　　C. 高速

（3）在汽车网络中，用（　　）来约定各模块的优先权。
A. 数据总线　　　B. 通信协议　　　C. 总线速度

（4）CAN 的直接通信距离在速率为 5 kb/s 下，最远可达（　　）。
A. 10 km　　　B. 20 km　　　C. 5 km　　　D. 5 km

（5）在通信距离不超过 40 m 时，CAN 的通信速率最高可达到（　　）。
A. 1 000 kb/s　　B. 500 kb/s　　C. 250 kb/s　　D. 100 kb/s

（6）在 CAN 总线各部分中，能对单片机和 CAN 收发器传来的数据进行处理的是（　　）。
A. CAN 数据传输线　　　　　　B. CAN 数据传输终端电阻
C. CAN 控制器

2. 判断题（对打"√"，错打"×"）

（1）在通常的汽车网络结构中，可采用多条不同速率的总线分别连接不同类型的控制单元。（　　）
（2）多路传输线路比常规线路简单，系统所用导线减少。（　　）
（3）在车载网络系统中，数据总线相当于各模块间进行信息传输的"高速公路"。（　　）
（4）CAN 到目前为止还没有成为国际标准。（　　）
（5）CAN 总线的汽车网络中，其上的节点数实际是没有限制的。（　　）
（6）在 CAN 总线中，位速率越高，传输距离越大。（　　）
（7）CAN 总线中数据传输终端电阻的作用是防止数据在线端被反射。（　　）
（8）CAN 控制器对控制单元传输的数据不处理，直接传给 CAN 收发器。（　　）
（9）在双线式总线系统的故障检测中不需要关闭点火开关。（　　）
（10）在 LIN 总线中，数据总线可采用单线。（　　）

3. 简答题

（1）车载网络的分类有几种？分别是什么？

（2）试说明 CAN 总线的数据传输原理。

（3）试说明 CAN 总线的数据传输过程。

（4）目前的车载网络协议和标准有几种？分别是什么？

# 学习任务 10　全车线路结构与拆装学习评价

**1. 元件识别**

图 10-1 所示元件是_____，标注出图中各部分的名称。

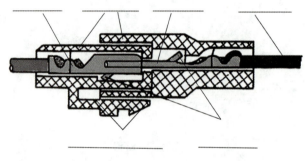

图 10-1

**2. 选择题**

（1）一般工作电流大、工作时间短的用电设备的电流不经过（　　）。

A. 开关　　　　　　　　　　　B. 熔断器

C. 继电器　　　　　　　　　　D. 电流表

（2）起动机电缆线为（　　）。

A. 高压线　　　　　　　　　　B. 低压线

C. 屏蔽线　　　　　　　　　　D. 网线

（3）大部分用电设备都通过（　　），形成许多条并联的支路。

A. 继电器　　　　　　　　　　B. 配电器

C. 电容器　　　　　　　　　　D. 熔断器盒

（4）汽车上一般的低压导线根据机械强度要求，其标称截面积不得小于（　　）。

A. 0.3 $mm^2$　　　　B. 0.5 $mm^2$　　　　C. 0.85 $mm^2$

（5）技师甲说，所有的半密封式插接器都用公端子；技师乙说，两种半密封式插接器分别被称为拉入座式或推入座式，是为了描述将端子装到插接器护套中所用的方式。谁正确？（　　）

A. 甲正确　　　　　　　　　　B. 乙正确

C. 两人均正确　　　　　　　　D. 两人均不正确

（6）技师甲说，每种车型可能有不同的电路图；技师乙说，有必要使用 VIN 号码以取

得正规的汽车电路图。谁正确？（　　）

A. 甲正确　　　　　　　　　　B. 乙正确
C. 两人均正确　　　　　　　　D. 两人均不正确

（7）在汽车电路中，一根红色为主、黑色为辅的双色线用（　　）字母表示。

A. W-B　　　　　　　　　　　B. W-R
C. R-B　　　　　　　　　　　D. B-R

（8）在线路图中，导线的中断处（或导线的上方）有"-1.0R-"，其中"1.0"表示该导线（　　）。

A. 标称截面积为 $1.0\ mm^2$　　　B. 标称截面积为 $1.0\ cm^2$
C. 是红色的

（9）在全车线路中所有用电设备均是（　　）连接的。

A. 串联　　　　　　　　　　　B. 并联
C. 混联　　　　　　　　　　　D. 无所谓

（10）汽车电气系统的搭铁形式是（　　）。

A. 正极搭铁　　　B. 负极搭铁　　　C. 无所谓

### 3. 判断题（对打"√"，错打"×"）

（1）汽车电气元件的连接导线有低压导线和高压导线两种。（　　）
（2）点火开关是一个双挡开关，需用相应的钥匙才能对其进行操纵。（　　）
（3）电路原理图是用图形符号将每个系统随意连接、排列而成的。（　　）
（4）电路图中绘制的电气元件及配电装置都是不工作状态。（　　）
（5）电气设备电路同时具有主回路和控制回路。（　　）

### 4. 简答题

（1）简述汽车线路遵循的一般原则。

（2）汽车线束安装时应注意哪些问题？

（3）汽车电路大体由哪几部分组成？

（4）汽车电路读图的基本方法是什么？

（5）结合图10-2分析该图是＿＿＿＿系统电路；受＿＿＿＿开关控制；该系统主开关

插接器编号是_____；主开关电源线是_____颜色，截面积是_____mm²。叙述一条完整回路。

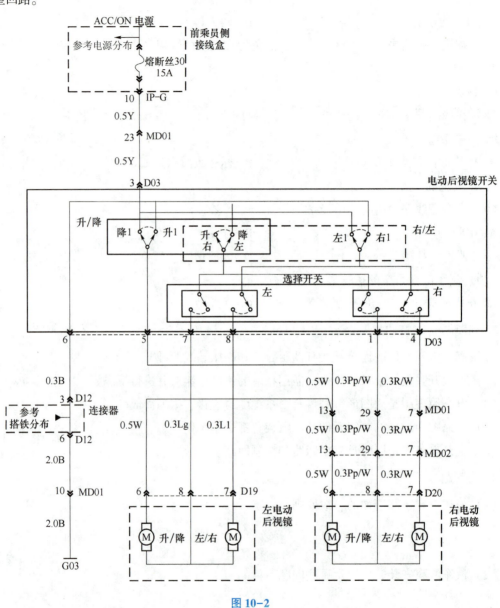

图 10-2

**5. 综合题**

10-1 大众汽车电路图分析